为生活而教

WEI SHENGHUO ER JIAO

胡兵祥 著

哈尔滨出版社
HARBIN PUBLISHING HOUSE

图书在版编目（CIP）数据

为生活而教 / 胡兵祥著 — 哈尔滨：哈尔滨出版社，2022.8
ISBN 978-7-5484-6574-4

Ⅰ.①为… Ⅱ.①胡… Ⅲ.①教育研究 Ⅳ.①G40-03

中国版本图书馆 CIP 数据核字（2022）第 100236 号

书　　名：为 生 活 而 教

WEI SHENGHUO ER JIAO

作　　者：胡兵祥　著
责任编辑：韩伟锋
封面设计：树上微出版

出版发行：哈尔滨出版社（Harbin Publishing House）
社　　址：哈尔滨市香坊区泰山路 82-9 号　　邮编：150090
经　　销：全国新华书店
印　　刷：武汉市籍缘印刷厂
网　　址：www.hrbcbs.com
E-mail：hrbcbs@yeah.net
编辑版权热线：（0451）87900271　87900272
销售热线：（0451）87900202　87900203

开　　本：710mm×1000mm　1/16　印张：17　字数：269 千字
版　　次：2022 年 8 月第 1 版
印　　次：2022 年 8 月第 1 次印刷
书　　号：ISBN 978-7-5484-6574-4
定　　价：88.00 元

凡购本社图书发现印装错误，请与本社印制部联系调换。
服务热线：（0451）87900279

自序

说句实话，没想过要出一本书，更没想过要写一本书的序。

作为教师，我常常思考自己的使命担当——没错，教书育人，或者说是立德树人。如何实现使命担当？当然离不开课堂。课堂是实现育人的主要场域。

我也时常思考：教书育人、立德树人的方向何在？是促进学生德智体美劳的全面发展，是促进学生的健康成长……

答案可能有很多种，但归根结底是为了促进学生更好地生活。这种更好地生活包括但不限于学生自己能更好地生活，还在于学生通过课堂学习、师生交往，树立起与他人连接、与社会连接、与世界连接的大格局和大视野意识，成为一名合格的公民。通过课堂但不限于课堂，学习知识、增强本领、提高素养，更好地担起责任，减少人世间的苦难，让人们诗意地栖居在大地上，以自己的力量造福人类。

从宏观角度来看，课堂教学首先需要思考的是课程的价值。也就是说，在开始设计一节课时要扪心自问：这节课的价值在哪里？要帮助学生解决什么样的困惑？给予学生什么样的帮助？不管是学生学科知识的增长、必备品格的培养，还是关键能力的提高，绝大部分都是在一节节课上一步一步实现的。在思考好课程的教学价值之后，将进入微观层面的课堂教学设计。教学设计是一节课的灵魂，没有好的教学设计，就很难有好的课堂。从新课导入到情境选择，到问题设计，从师生对话到板书设计，从核心知识的梳理到关键能力的落实，从国情、道德、心理健康到法治等不同内容的处理，从新授课到复习课的设计，如此等等，都需要不断思考并在实践中优化。

为此，在这些年教育教学中，我紧紧抓住课堂这块"自留地"，筚路蓝缕，深耕细作，不断摸索与优化，不断总结与反思。慢慢地积累，对学科教学，以及对学科教学的逻辑理论变得越来越清晰，越来越呈现出个性化的理解，不管这种理解是否有偏颇的地方，但我总觉得在实践中不断反思带给自己的进步还是比较大的。换句话来说，反思成为我成长的巨大推力。

回看过去所写的文章（这些文章绝大部分在一些刊物上得以发表，收入本书时略有改动），自己从中也发现了一些值得回味的地方。俗话说，独乐乐不如众乐乐，此言不假。所以就有了把过往的文章结集出版的冲动。一方面给自己以鼓励，给自己一点小确幸，促使自己继续努力，持续思考，让自己每天都充满着工作的热情，竭尽全力做好每天的教育教学工作，以最佳的状态全身心地服务学生、影响学生。另一方面，也是我个人一点朴素的想法，即通过自己的教育教学实践试图给同行一点点参考，并提供思维碰撞的载体和机会。如果您从本书中获得哪怕是一句话的收获，也不枉费阅读本书所花费掉的时间。因为您空闲可能更喜欢刷刷手机、追追剧、看看电影，或者是其他休闲项目。我说的是可能啊！但我总觉得如果能够静下心来阅读一本好书，也是一件非常有趣和值得的事情，您说是不是？

本书除了在课堂教学方面进行言说外，还在班主任工作及德育管理方面做了些思考，并提供了一些实践策略。本书的最后，结合自己的经历，对教师专业发展也做了粗浅的阐述，如教师如何克服职业倦怠，教师要加强阅读、持续写作和不断进

自序

行教学反思等。期冀对您的教育教学有所帮助。

另外需要说明的是，因为初中道德与法治课程的名称原来叫思想品德。所以，本书的一些地方还是按照当时教科书的名称表述，称之为思想品德；而有些地方按照现行教材的名称表述为道德与法治。目前，中小学思想政治、道德与法治课程统称为思想政治课，简称思政课。因此，有的地方也表述为思政课。特此说明。

读过很多书，当然也读过很多书中的序。感觉"序"还是短点的好！那我就按照这样的想法写个短的吧！

好的，赶快看正文吧——

胡兵祥

2022年2月

目录

目录 / 1

第一辑 担好责 / 1

当好学生成长的引路人 / 2

幸福，课堂上空的一面旗帜 / 5

做具有工匠精神的思政课教师 / 7

思政课教师的五个"让" / 10

因不一样而精彩 / 13

教师的习惯也很重要 / 15

与"有意表扬"同行 / 16

珍惜承诺 / 17

面对不交作业的学生 / 18

思政课堂应有的样子 / 19

心中有学生 / 22

第二辑 上好课 / 25

打造"有价值"的道德与法治课堂 / 26

指向生活价值的教学策略 / 31

思想品德课教学重点确立的依据 / 37

思想品德课教学设计的站位 / 41

让课堂导入来得更有趣一些 / 45

让板书扮靓课堂 / 49

运用数学知识 破解教学难题 / 54

课堂对话要循"矩"而行 / 58

自创漫画为课堂教学添光增彩 / 62

在倾听中还原学生的本真 / 67

以语文视角构建思想品德课堂之美 / 71

课堂本真：促进学生的"学" / 76

基于尊重学生的课堂教学实践 / 81

让课堂充满惊喜 / 90

中国元素让课堂充满文化味 / 97

带着学生"穿越" / 104

教具：思想品德课教学的有力支撑点 / 111

有用的技能教学不能缺位 / 116

基于学生立场的复习课 / 118

促进式试卷讲评课课型构建 / 125

赢在最后 / 133

初中道德与法治课加强法治教育的策略思考 / 135

初中法治教育的三个关键维度 / 139

道德与法治课应用法律文本的教学价值 / 148

法治教育中情境设置的艺术 / 154

体验：初中法治教育的一种样态 / 163

用好法治案例，培养法治素养 / 170

初中法治教育的使命 / 176

初中道德与法治八年级下册教材的解读与教学思考 / 179

"两观"视域下的说课之道 / 184

讲讲自己的故事 / 188

我的"课堂规范" / 189

思维的碰撞 / 191

第三辑　育好人 / 195

不忘孩子,方得始终 / 196

评语撰写的优化策略 / 198

学生报告单应该"长"什么样 / 202

座位,不如让学生自选 / 206

表彰之后怎么办 / 207

家长会变脸 / 208

班主任专业成长的四种意识 / 210

教育有用还是无用 / 212

毕业班的孩子们 / 214

第四辑　做好事 / 217

教师的突围与解救 / 218

教师发展的现实困境与可能 / 221

不能让阅读缺位 / 224

雷夫:教育人的观照对象 / 226

不要因为走得太远而忘记为什么出发 / 228

教育当细致而微 / 231

做自己的英雄 / 234

坚守爱心教育 / 237

阅读之思 / 240

寻教育之梦 / 243

教育应该向电影学点什么 / 247

成为改变的力量 / 249

立德树人，可以这样做 / 252

给七年级教师的建议 / 255

第一辑

DAN HAO ZE

担好责

当好学生成长的引路人

习近平总书记在学校思想政治理论课教师座谈会上指出,青少年阶段是人生的"拔节孕穗期",最需要精心引导和栽培。思政课教师,要给学生心灵埋下真善美的种子,引导学生扣好人生第一粒扣子。这些话语读来,字字珠玑,深受启发。思政课教师应当好学生成长的引路人。

育好人。说到教师,我们自然会想到韩愈的"师者,所以传道受业解惑也"这句话。每一位教育工作者都承担着"传道受业解惑"的职责,这也是对教育工作者的要求。作为一名思政课教师,更是责无旁贷。从初中思政学科的本质来看,要关注学生德行的养成,传道解惑,促进初中生正确思想观念和良好品质的形成与发展,使学生成为有理想、有道德、有文化、有纪律的社会主义合格公民。思政课教师首先应该是一名德育工作者,要牢牢把立德树人这个根本目标放在工作首位。

作为一线思政课教师,我们没有惊天动地的大事,每天要面对的就是一个个生龙活虎、极具个性差异的学生。我们是他们成长过程中的陪伴者。在他们成长过程中,会有喜怒哀乐。他们快乐时,我们就与他们同乐;他们困惑时,我们会义无反顾地帮助、引导他们从困境中走出来。

比如,面对迷恋手机的学生,我们会根据家长的情况反馈,面对面地和学生沟通,晓之以理动之以情,用我们自己对手机的认识和理解,结合迷恋手机已经给这些孩子带来的危害,帮助这些孩子认识到,迷恋手机会极大影响自己学习和生活。有时，学生能欣然接受，并改正；有时，这项工作要做两遍，甚至更多遍。但不管多少遍，我们都深信，方法总比困难多。虽然有时难以获得立竿见影的效果，但要学会静下心来等待、反思，并给出多种可能——可能是改变孩子认知的时间节点还没到，可能是孩子对这个问题的看法还没能从内心深处接受，可能是我们的方式方法针对性不够，如此等等。

上好课。学校处处都是育人的场所，时时都可以育人，而课堂则是育人的主阵地。思政课教师要当好学生成长的引路人，必须尽心尽力上好每一节思政课。没有一节节精心准备的思政课堂，当好学生成长的引路人就成了无源之水、无本之木。

为了上好每一节思政课，需要我们悉心研究课标，反复阅读教材，站在学生角度，不断打磨每一份教学设计；为了能上好每一节思政课，我们需要订阅思政课方面的杂志，阅读最前沿的信息，汲取他人的智慧；为了让每一节思政课都有趣、有意思，需要阅读大量文史哲方面的书籍，让阅读的力量改变课堂，提升课堂的品位；为了让思政课紧跟时代节拍，我们要学会把时政新闻拿到课堂上，让学生阅读、体验、讨论、发表见解，使课堂充满时代气息；为了让思政课更有说服力和感染力，我们需要呈现真实的案例，播放震撼人心的视频，讲述教师自己的亲身经历，带领学生进行研究性学习，积极实践，参与社会调查，用事实说话；为了让思政课成为学生成长的精神家园，需要我们与学生共同约定，一起确定目标，定期展示，相互激励，相互促进，共同进步。

做好事。教育是复杂的。因为教育的对象是人。教育的复杂性在于，我们无法预料孩子在下一秒会是怎样的。所以，我们必须敬畏孩子，悉心地呵护他们稚嫩的心灵，学会"察言观色"。教育的复杂性还在于，每个孩子都来自不同的家庭，不同家庭的孩子在个性、品行、习惯等方面都不是千人一面，而是迥异的。罗素说，须知参差多态，乃是幸福本源。不过，正是参差多态，才加大了教育工作者的教育难度。由此，面对成长中的孩子，教育者需要抱着一颗虔诚的心，遵循孩子的成长规律，备好上好每一节课，精心策划组织好每一次学生活动，让课堂浸润孩子们的精神世界，让活动激发孩子们追梦的热情。从另外一个角度来说，孩子们的参差多态，也正是教育工作的迷人之处，让我们有无限多的可能性，也让我们在不断探索、不断和孩子们交往的过程中获得乐趣。一花一世界，把每件事做好，把每件事做成孩子们喜欢的事。帮助了孩子，也幸福了自己，成长了自己。

树好样。亲其师，信其道。榜样的力量是巨大的，更是潜移默化的。学生是教师的影子。学校是什么样子，教师就是什么样子，学生就是学校和教师的样子。一名教师就是一面旗帜，一名教师就是一间教室，能影响这间教室里的学生。走进这间教室"传道受业解惑"的教师如何，这间教室就会如何，这间教室里的学生就会如何。教师是什么样子，取决于学校，更取决于教师。

教师应该是一个阅读者。费尔巴哈说："人就是他所吃的东西，通过一个人所读的东西大致可以判断他的精神品格。"唯有不断吸收，不断吐故纳新，才有可能呈现给学生有思想的内容。教师应该是一个农夫。面对孩子，精心栽培，一丝不苟，只问耕耘，无问西东。

担好责。身为思政课教师，我们深感使命光荣，责任重大。因为我们现在培养的学生怎样，不仅仅是现在的他们会怎样，还意味着今后的他们将会怎样。今后的他们怎样，我们国家今后就会怎样。如果我们不竭尽全力，没有为孩子的成长打上真善美的底色，没有扣好人生第一粒扣子，我们将愧对孩子、愧对家长、愧对国家。未来已来，希望在望。我们没有理由掉以轻心，没有理由不全力以赴。

我们有足够的理由相信，只要广大思政课老师能清晰地认识并解决好思政课要培养什么人、怎样培养人、为谁培养人这个根本问题，把教育当成自己终生的事业，坚定我将无我、不负学生的教育信念，不忘初心，我们一定能在自己的"责任田"里培育出德智体美劳全面发展的社会主义建设者和接班人。

（本文发表于《中学政治教学参考》2019年第10期）

幸福，课堂上空的一面旗帜

教育，从根源上说，就是为了促进人向健康方向上发展。时下，"追求幸福"成为很多人不懈努力的奋斗目标。仔细品味，我们会发现，这种生活态度，仅把幸福当作追求的目标，而漠视了当下生活的幸福感受。换句话来说，追求的过程可以不幸福，现在可以不幸福。

对于基础教育而言，如果不在儿童的成长中种下幸福的种子，那么，幸福之花将成为一种真正意义上的"追求"，甚至是乌托邦。学校应该成为儿童幸福的乐园，课堂应该成为最直接的幸福园地。怎样让学生在课堂中享受幸福？

幸福，体现在精心的教学设计里。课堂上，学生是神采飞扬，还是昏昏欲睡，无他法，只在于教师教学的精彩与否。没有对教材的透彻研究，没有联系学生生活，没有与社会接轨，照本宣科，无论你怎么口若悬河，都是南辕北辙，激发不了学生参与课堂的热情，而缺乏热情的课堂就像白开水一样无味。精心的教学设计会把学生带入到思想者的园地，汲取到精神的甘露，体悟到做人的本质。环环相扣的情境，层层推进的问题，逻辑严密的板书，和谐融洽的对话，无不让学生如沐春风，享受课堂，享受幸福！

幸福，体现在合适的评价里。"你真棒！""很好！"当廉价的评价充斥课堂，并大行其道的时候，我们是不是要思考一下，还有没有更好的评价。几乎不怎么认真对待学习的禹同学，竟然在下课的时候把他自主选择的做好的题目拿到我面前让我批阅，我感动得真想拥抱他一下，我把他的表现印制在所有学生和家长都能看得到的"家校信息交流单"上，实事求是地表扬了他。看到他拿到"家校信息交流单"时不好意思的表情，我想，这比多少次谈心来得更加深刻和有意义。这时，无声评价不知胜过多少倍有声评价。

幸福，体现在悉心的关照里。"华仔，是不是不舒服，平时的课堂你发言最积极了，今天好像不在状态。"面对与平时表现不一样的学生时，您是不是这样关心着他（她）？一次，璟同学因为赶时间，衣服领子没有理好，笔者在他回答问题的过程中靠近他，轻轻地帮他理好，这节课上他举手了好多次，表现特好，害得我后来不得不临时增加一个本节课的意外话题，宣布他为最佳发言奖获得者。家伟的字总是写得不好，一次巡视发现，他的指甲特别长，原来长指甲影响了他的书写，我建言把指甲修一修看看写字效果如何。他接受了，而他的字也写得越来越有样儿了。一个动作，一句建言，无不影响着孩子的道德生长，道德有了牢固的根基，如雨后春笋，静静地听到了拔节的声音，"言传身教"的意义即在于此。

幸福，体现在要让学生有用武之地。班级里需要一些绿色植物，我就采取自愿原则，招募志愿者，成绩不好的周同学第一个举手，表示愿意带盆景。我在班级大声宣布：非常感谢周同学为班级做出的贡献……忘记是哪位教育先哲说过大概意思是这样的一句话：每个人的内心深处都有一种想得到他人认可的愿望。教育"首先是人学"（苏霍姆林斯基），是与人有关的活动，与成绩无关。我们需要摒弃功利的教育观，让学生在学校、班级生活中舒展自己的个性与人性，自由呼吸教育的清新空气！

幸福，体现在……

歌曲《幸福在哪里》中唱到：幸福在哪里？朋友啊告诉你，她不在月光下，也不在睡梦里，她在精心的耕耘中，她在知识的宝库里，啊！幸福就在你闪光的智慧里。

是啊，就让幸福飘荡在课堂上空！在我们的课堂里生根发芽，茁壮成长，开花结果！

（本文发表于《辽宁教育》2012年第10期）

做具有工匠精神的思政课教师

李克强总理在2016年政府工作报告中指出："鼓励企业开展个性化定制、柔性化生产，培育精益求精的工匠精神，增品种、提品质、创品牌。"这是从国家层面对工匠精神的解读和要求。在此之前，李克强总理曾在一次座谈会上说过："我们还不具备生产模具钢的能力，包括圆珠笔头上的'圆珠'，目前仍需要进口。"诚哉斯言。

中国历史上不乏工匠精神，气势恢宏的故宫、闻名遐迩的赵州桥、栩栩如生的龙门石窟、技艺精湛的敦煌壁画，还有饱含中华文化精髓的唐诗宋词、明清小说等，都是工匠精神的杰出代表。只是近些年来，在遇到发展瓶颈时，我们才蓦然发现，不知何时丢失了工匠精神。重拾工匠精神，匡正浮躁功利之气，成为当务之急。

工匠精神的精髓是精益求精、精雕细琢。细细想来，思政课教师何不需要工匠精神？

精确地了解学生。思政课程也好，负责课程实施的教师也罢，最终都要为学生成长服务，最终指向的是把学生教育成人、教成真人，实现课程终极目标——立德树人。唯有了解学生，才能把学生教育成人，把学生教成真人。细致了解学生，诸如他们成长的环境、喜好、困惑等，都要纳入教师的视野。家访、面对面交流、作业批阅、课堂观察等都是了解学生的路径。要为每个学生把好脉，记录下他们的成长故事。思政教师不一定是班主任，但也可以做班主任的工作。对于"特殊"学生,要不断给予激励,通过笔端的文字对他们进行精准跟踪服务,不求立竿见影,但求无愧于心。其实,教育从来都不是单枪匹马,而是抱团取暖,不能把"特殊"学生都推给班主任,每位任课教师都是学生的"人师",有责任承担起教育学生的义务。我也深信,教育从来不是快刀斩乱麻,而是小火慢炖、润物无声、滴水穿石。

精当地呈现课程。教师最大的乐趣在于课堂,学生最大的乐趣本也在于课堂,但是,被应试绑架的课堂更多呈现的是了无生气的固化模式,过多的知识讲解、单纯的知识记忆、频繁的题目训练抹杀了课堂本真生态……让课堂成为学生学习的乐园,需要教师精雕细琢。比如,精当地设计教学。课堂教学设计需要回答以下几个问题:每一个教学设计是否紧扣教学目标;每一个环节设计是否直接服务于教学目标;每一个环节是否与学生生活对接,能否激发学生参与热情,让学生从中获得生命成长。再如,是否可以想一想课堂上除了使用多媒体课件外,还有没有更好的呈现方式,能否不唯课件是瞻。

精细地书写人生。字如其人,亦如人生。在参与教师基本功大赛中我们发现,出彩的粉笔字寥寥无几,与老一辈教师相比,"相去"不说"甚远",起码也差了一大截。这里可能有大学教育疏忽的问题,也可能与个人重视程度不够有关。以前的师专、师范院校对"三字一话"要求极为严格。记得初中时教物理的易老师,每每他在黑板上一笔一画地写,我们就在下面一笔一画地模仿。"学高为师,身正为范",此言丝毫不差。不妨扪心自问:我们能不能写出漂亮的粉笔字?我们时常为学生写不出像样的字而耿耿于怀,却没有对自己的字精雕细琢。惠特曼说:"有一个孩子每天向前走去,他最初看到的东西,他就成为那东西,那东西也成为他的一部分……"

精准地表达话语。语文教学讲究语言表达的精准度。思政课教学也要对语言细加斟酌,虽然不能做到字字珠玑,但起码不能有科学性错误。思政课教学言语表达要用学科术语对问题进行阐述。当然,话语的表达也要照顾学生的感受。语言的表达要有一种波澜壮阔的气势、抑扬顿挫的起伏,甚或有清人林嗣环《口技》一文所表现出来的高超技艺。热情如火的语言会感染学生,幽默风趣的语言会触发学生,连珠妙语会"征服"学生。在课堂上,教师的话语不在多寡,所谓"要言不烦",重在恰到好处,在紧要处加以点拨,一针见血,一语中的。"不愤不启,不悱不发"是原则。课堂以学生为中心,教师能少讲则尽量少讲,最大限度地减少对学生学习的干扰,即使讲也要让学生多讲。

中华民族历史上不乏能工巧匠,也不缺工匠精神。时下,思政课教师能做的就是传承工匠精神,以课程与时代要求为依据,精雕细琢地做好教育,让教育成为充满生机、精益求精的事业。

(本文发表于《中学政治教学参考》(初中版)2016年第8期)

思政课教师的五个"让"

一直以来，对于如何上好思政课，可谓是"仁者见仁，智者见智"，没有统一的标准。但大家都在努力打造符合自己个性化的思政课堂，这是一个可喜的现象。在教学实践中，笔者对如何上好思政课，探索性地采取了以下一些做法。

一、让幽默成为一种常态

"虎头蛇尾"形容有好的开头而没有好的结尾。在教学中，我们取"虎头"而舍"蛇尾"。"良好的开端是成功的一半"。为了增强导入的趣味性和吸引力，我们可以在上课伊始由教师或学生讲个小幽默。

享誉中外的幽默大师林语堂曾经说过："达观的人生观，率直无伪的态度加上炉火纯青的技巧，再以轻松愉快的方式表达出你的意见，这便是幽默。"幽默的谈吐往往反映一个人的机智、豁达和乐观。一段幽默的话语能使人在笑意中有所领悟。幽默能够营造一个安全和谐的教学环境，使学生处在快乐的环境下开始一堂课的学习。

幽默的内容一开始由教师选择，实施一段时间后，交由学生在课后轮流收集，教师把好关即可。所选的幽默，内容要健康、符合学生的认知。

二、让笑声成为一种花香

记得在一次教研活动中教研员说过:"一节课要让学生笑几回。"究其原因,不难理解,在人们心目中思政课是枯燥无味的。而枯燥无味的一个重要原因就是课堂没有乐趣,没有生机,激发不了学生的兴趣。对此,除了教师要转变观念之外,还要在教学过程中结合教学的实际情况加入佐料——笑话,让学生在精神高度紧张的状态下放松一下,缓解压力,提高听课效率。笑的本身对于身心健康是有利的。俗话说:"笑一笑,十年少。"思政课教师要学会给学生带来笑声,让笑声成为课堂教学中一支散发芳香的花朵。

三、让学生喜欢成为一种追求

曾经读过一篇文章,其中有一句话至今印象深刻,这句话是,"作为一个好的思政课教师,要达到这样一种境界,就是当你走到教室门口时,学生已经喜欢上你了。"要求很高,但应成为我们追求的目标。当"学生已经喜欢上你"之后,一切事情都将成为"囊中之物";当"学生已经喜欢上你"之后,他们就会喜欢上你的学科;当"学生已经喜欢上你"之后,就会把你的话当成"圣旨",你就可以"为所欲为";当"学生已经喜欢上你"之后,对你的要求不是在降低,而是在提高,能有效促使自己不断提升各方面能力,不然,学生可能又不喜欢你了。"怎样让自己成为学生喜欢的教师"是值得我们研究的课题。

四、让问候成为一种流行

如何让学生喜欢你?剔除其他因素来看,主动跟学生打招呼,主动问候学生不失为一剂良药。校园内外,我们看到的主要是学生主动问候老师,少见老师主动与学生打招呼。先后顺序不一样,体现出教育理念的巨大差别。主动问候学生体现出教师对学生的关心与爱护,体现出教师对学生的"尊重"与"服务"。不妨让问候成为校园里的流行行为。

五、让提高学生思想道德素养成为一种永恒

提高学生思想道德素养是思政课程设置的重要维度。思政课教师对于这

一点必须牢记。在考试仍然作为评价学生学业的重要指标的前提下,不能忽视对学生思想道德素养的培养和评价。一堂课下来,不能期望学生有立竿见影的素养提高,但起码要在其心灵深处留下"飞过的痕迹"。让提高学生思想道德素养成为思政课教学的一种永恒。

(本文发表于《教育艺术》2010年第5期)

因不一样而精彩

因为每位教师的秉性不同,所以每位教师的课堂会呈现不一样状态。但不管如何,都要尽可能呈现得精彩。

变革问候语。改"同学们好"为"各位同学上(下)午好,很高兴给你们上课,让我们一起快乐地度过40分钟!"这种改变体现出课堂是师生的,为此,需要大家共同努力,营造幸福课堂。

"请"字当先。我校一位老师到英国研学归来,她说感触最深的是英国人的礼貌,不管做什么,都会把"please"挂在嘴边。受此启发,我在和学生交往的过程中,"请"字当先。时日一长,学生受到了熏陶,变得礼貌多了。

把你放在"心"上。把学生称为"您",学生感到诧异。我告诉他们:"您看,你们多可爱,'您'的真正内涵是把你放在心上。老师把同学放在心上,希望大家把父母、老师、他人放在心上,把世界放在心上。"

给学生一个昵称。但凡一些重大体育盛会,都会设计出可爱活泼的吉祥物。受此启发,我叫班上学生不叫名字,而是喊昵称:"车轮子""昊昊""煜煜""华仔"……这种叫法拉近了师生距离,师生情谊逐步牢固。

生日祝福。笔者通过班主任提供的学生信息,在学生生日当晚送出祝福。"感人心者,莫先乎情",让学生、家长感受到老师对孩子的关心,点燃学生进取的火花。

幽默的味道。学生喜欢风趣幽默的、朋友般的学习指导者和帮助者。有一次评讲练习，部分学生的答案只有短短一行字，我就说："这种答案有个名字，叫'木乃伊'式答案，谁这样答题，晚上睡觉就会梦见木乃伊，如果哪位同学被吓醒，本人概不负责。为了避免此类事件的发生，请各位同学慎重答题。"

（本文发表于《中学政治教学参考》（初中版）2012年第4期）

教师的习惯也很重要

教师在课堂教学中的言谈举止对学生的影响是潜移默化的,须认真对待。

一、有声语言的表达习惯

有的教师上课时会用一些口头禅,比如"是不是""对不对""对吧""啊",等等。这在很大程度上影响学生的思维和学习效果,在某种程度上势必影响学生的语言表达。此外,语言表达还包括语言的抑扬顿挫,那种一节课一个节奏、一个音调的语言很容易成为"催眠曲"。

二、肢体语言的表达习惯

课堂教学中,教师的肢体语言的表达要适度。微笑、和蔼传递给学生的是和谐、安全、温馨的信息,严肃、严厉传递给学生的是担心、恐惧的信息。这都会或多或少影响学生学习的心境。如果教师过于严肃,学生恐怕要时刻提防着老师,难免影响学生的思维。

三、书写的习惯

听课中,我发现,有的教师随手用自己的手掌擦黑板。这等于是在学生面前摆了一面做事随便、不严谨的镜子。我们时常批评学生作业写得不认真,我们有没有对自己的板书反思过,我们的书写是不是认真,是不是严谨?

(本文发表于《德育报》2011 年 5 月 30 日第 1077 期)

与"有意表扬"同行

每次教师例会，校长主持，先是对前两周工作进行回顾与小结，而后是对后两周工作的布置与要求。可是，有一天的会议却有点不一样。不一样表现在中间多了一个环节——从每个年级组中选取一位教师进行点名表扬，而且表扬的角度不同——有对老师主动学习的表扬；有对老师关注细节、经常帮助同事倒开水的表扬；有对老师主动承包办公室卫生打扫的表扬；有对深受学生喜欢的老师的表扬……我发现，被点到名表扬的教师，有一种幸福而快乐的神情。这样的会议还是第一次。表扬的切入点小但很有创意。

这一次例会，让我不由自主地联想到自己对学生的表扬。我总是在为寻找机会表扬学生而感到不知所措，而机会往往就在身边。想着想着，一种表扬学生的新想法出现在脑海里，即"有意表扬"。我们的表扬能不能像这次会议上这样进行呢？能不能从不同角度，每节课有计划地表扬学生？作业做全对的表扬，做对一半的表扬，甚至做对一题的也表扬，遇到老师主动问好的表扬，主动打扫卫生的表扬，主动帮助同学的表扬……

有意表扬的理论立足点在于，表扬的内容是源自学生的客观存在，是发生在学生身上的事实，不存在半点虚构。这种表扬让学生感到真实，而真实的表扬才能真正激起学生内在的潜能和激情，使学生更好地投入到学习、生活中去，让学生从教师的表扬中感受到学习的快乐与生活的愉悦。

有意表扬学生的机会无时不在，无处不在，我们要善于发掘和发挥。我们有足够的理由相信，通过有意表扬，你的教育教学定会熠熠生辉。

（本文发表于《德育报》2010年6月21日第1028期）

珍惜承诺

一次,到外地上课,课上学生在讨论问题。我巡视的时候,该班班长向我提出了一个问题:做班长难,如何做好班长工作?学生正在讨论,我三言两语无法解释清楚,就跟她说,我们课后交流吧。

课上完后,我吃了午饭准备乘车离开,忽然间想到了此事,就让同去的老师等我一会儿。而后我到上课的教室,找到那位女生,并与她交流。交流时,吸引了许多同学驻足倾听。虽然没有一个明确的讨论结论,但我却没有食言,兑现了上课时的诺言。

同去的老师在我回来后,问我干什么去了。我把事情说了一遍,他们表示疑惑。我说,这很重要!

教育,有时就体现在一言一行之中。"一句话,一辈子。"不要忽视一句话,一个承诺,对于你来说可能只是说说,但对学生来讲,可能会影响他们一辈子。你可能不在乎,但学生在乎。如果你不及时兑现,就会给学生一个"老师说话只是说说而已"的印象。

(本文发表于《德育报》2011年8月15日)

面对不交作业的学生

教学实践中，我们往往会遇到不交作业的学生，怎么办呢？

某位同学第一次不交作业，我不需要他说明任何理由。但我要和他说说我的心里话："你今天作业没交，肯定是遇到了麻烦事！"学生欲解释原因，我会马上阻止道："你没有必要解释原因，我有足够的理由相信你，因为在我的心目中，你是一个非常努力的学生，你知道该怎么做的！"

绝大部分学生不会再有第二次，但仍会有少数学生出现第二次。怎么"对付"？我的办法是，一句话不讲，只是冲着他笑笑就过去了。我不讲话，学生却会忍不住要向我解释原因。如果明知学生没有做作业是有意所为，最好不要听他解释，但一定要向他讲几句话，而且要让他理解我的"话外音"。我会说："我知道你今天的作业是迫不得已才没做的，你是一个勤奋努力的人，我对勤奋努力的人从来不多说一句话，因为我要讲的话你都明白，可以了，你该做什么就做什么去吧！"我这样处理，学生一般都会勤奋努力起来，他不好意思再撒谎，不好意思再不做作业，因为他害怕谎言被老师揭穿，否则就显得自己非常愚蠢。

没有批评，也不必让学生写检查，只要尊重和相信学生向善、向真的本性，每个学生都会朝着好的方向发展。

（本文发表于《德育报》2011年12月19日第1106期）

思政课堂应有的样子

2019年，习近平总书记在学校思想政治理论课教师座谈会上指出，办好思想政治理论课关键在教师。教师的主阵地在课堂，课堂是教师的课堂，更是学生的课堂。课堂是怎样的样态，对学生来说显得非常重要。思政课堂应该是什么样子的呢？

有思想的样子。思政课作为落实立德树人根本任务的关键课程，要站位高、立意深，要牢记"培养什么人、怎样培养人、为谁培养人"这个根本问题。立德树人根本任务需要在一节一节思政课上落实。一节一节思政课要通过有效的路径，帮助学生确立正确的政治方向，培育政治认同、科学精神、法治意识和公共参与等学科核心素养，弘扬中华民族优秀传统文化，践行社会主义核心价值观，以培养合格的社会主义建设者和接班人为己任。

有爱的样子。没有爱就没有教育。教育之爱不是空洞的口号，而是教师在与学生交往中，通过点滴举动体现出来的。对因睡眠不足而在课堂上打盹的学生，不是责怪，不是惊醒，而是与他一起探讨解决的办法；发现学生面对家庭变故而备受煎熬时，不是长吁短叹，而是悉心开导，解开心结；面对学生未完成作业时，给予补做的机会；当学生做出一些淘气甚至令人气愤的行为时，不是大声呵斥，而是换位思考——当我们自己还是孩子时，是否也有过类似的举动；面对一而再再而三犯错误的学生时，要有耐心，因为纠错需要一定的时间……爱，就体现在这些具体而微的一言一行、一举一动之中。

有目标的样子。思政课教学要有目标,但我们更多的时候把目标定位在教的层面。诚然,教学要有教的目标。但又必须确信,教的目的是促进学生的学。所以教的目标要服务于学生学的目标。教师要时刻告诫自己,课堂上不能只顾自己的教,而忘记学生的学。进教室前,问问自己,这节课学生的学习目标有哪些,要让学生有哪些收获。学习目标的确定要遵循"少即是多"的原则,不要贪多,多则难以消化,每一节课都要力争让学生有真正意义上的收获,哪怕是一丁点收获,都善莫大焉。学习目标不是摆摆样子的,要一直放在心中。心中有目标是一个方面,另一方面要有评价标准,且操作可行。根据评价标准评估学生,通过这节课的学习在多大程度上实现了预定的学习目标。教师教得怎么样要清清楚楚,学生学得怎么样也要清清楚楚。

有方法的样子。思政课教学中,学生学习目标不是凭空就能实现的,它需要支架和工具。比如,在学习"天下兴亡,匹夫有责"时,教师出示某某企业家和一位清洁工的照片,然后让学生思考、辨别、选择:你认为谁的贡献大。在学生讨论发言并争论不休时,教师没有说话,而是出示了一位日本清洁工人的照片。教师问学生:"同学们认识她吗?你们知道她是谁吗?"在学生疑惑之时,出示日本"国宝级匠人"新津春子的故事。"请同学们阅读新津春子的故事,读完后再来谈谈你的看法。"教师通过提供学习支架,即学生基于素材思考、辨别、选择——发表看法——呈现材料——阅读材料——产生观念冲击——形成新观点——纠正不正确的看法——形成正确的价值观,学生自主阅读、对比、辨析、反思、体悟,逐步认识到职业只有分工不同,没有高低贵贱之分,各行各业都能为社会做出贡献。即使再不起眼的工作,用心去做,都可以做出巨大贡献,俗话说,事在人为。课堂不在于教师说了多少,而在于你提供了多少促进学生思考的支架。

有思维的样子。思政课堂应该是思维的课堂,要有思维含量。思维的课堂需要有让学生思维动起来的任务或问题。思维动起来不单是指学生身体上的动,也不单指学生有了学习活动,而是指让学生的思维动起来,这样才能有效减少甚或是消除"假学习"现象的发生。有思维的样子,可以是一个辩题,如"挫折是垫脚石,还是绊脚石";可以是一个两难选择,如"看到路人闯红灯,你会怎么做";可以是一次演讲,如"班级里准备开展一次'如何面对生活中的挫折'演讲活动,请你写一份演讲稿";可以是一个预测,如"结合材料,谈谈如果你今后有幸成为某企业负责人,怎样才能推动企业更好地发展下去";可以是一次有趣的续写,如"请你把他的观点补充完整";可以是一次活动倡议书的拟定,如"请你就如何解决随手扔垃圾这一现象向全校同学拟一份倡议书"。

有等待的样子。学生是学习的主人,是课堂的主人,这种观念要牢牢扎根于心中。正确的学生观不是喊喊口号就能实现的,要有行动。思政课教学离不开有创意的设计。教学设计要删繁就简,少而精,要在课堂上留给学生足够的阅读、思考、交流展示的机会,把时间让位给学生。那种跟着课件满堂跑的课堂,谈何有思维的深度。一如蜻蜓点水,徒有热闹的场面,没有思维的运动。唯有给予学生阅读、思考、交流展示的时间和机会,才有可能出现多元、深入和独到的见解。等待的课堂,还表现在承认学生间的差异,承认学生的领悟能力有差别。善于等待一时半会儿回答不了问题的学生。因为,每个学生的花期各不相同。

心中有学生

罗素说，教育的目的不是制造机械，而是在造就人。是的，教育旨在促进学生成长，使学生成为能自我完善和健康快乐生活的人。正如《义务教育思想品德课程标准（2011版）》所说的那样，本课程的任务是"引领学生了解社会、参与公共生活、珍爱生命、感悟人生，逐步形成基本的是非、善恶和美丑观念，过积极健康的生活，做负责任的公民。"作为思政课教师，要实现这个任务，必须做到心中有学生，把学生融入心中。

能说出所教的每一名学生的名字。每接手一个班，思政课教师都要在最短时间内记住所有学生的姓名。当我们短时间内能随口喊出每一名学生姓名的时候，每一名被喊出名字的学生，该是多么幸福和快乐啊！记住并能喊出学生的姓名是对他们的尊重、热爱和关心。短时间内喊出每名学生的名字是困难的，因为相比较而言，思政课教师任教的班级多，学生人数当然也多。但这不是不去记住学生姓名的理由。身为教师，记住学生的姓名，理所当然，责无旁贷。

能说出每个学生三个或更多优点。记住学生的姓名只是"万里长征"第一步，还要利用课余时间与学生交流，走进学生，了解学生，全景式地熟悉学生，包括他们的家庭、性格、爱好、交友、喜怒哀乐等。从交流中知晓每个学生身上的三个或更多的优点。这不仅仅是了解学生，而是真正意义上对学生的珍爱。这也是构建和谐师生关系的重要方面，有利于引导学生扬长补短，实现教学相长。

每节课表扬至少三名学生。每个人身上都有其独特的闪光点。每个人都希望自己成为他人的榜样,每个人都希望自己很重要,每个人也都希望自己的人生价值得以实现。对于学生来说,在成长过程需要得到他人的肯定,希冀被表扬。思政课教师在备课时,不仅要备学科内容,也要备如何表扬学生。作业书写认真,答题规范,上课发言响亮,积极回答问题,有自己独到的见解,哪怕作业中有一句话写得好,都可以成为被表扬的对象。当然,表扬不是无具体事实的虚化表扬,而是指向学生具体的言和行。表扬要有理有据,让学生感受到老师的表扬是真诚的,是真心的,是真实的。

备课时关注学情。这是思政课教师必须具备的一项教学基本功。备课须从学情出发,站在学生立场上进行教学设计,与学生生活对接,与学生经历发生共振,与学生情感发生共情,产生同理心,与学生思维产生碰撞,培养学生"独立之精神,自由之思想",引导学生形成正确的价值观、世界观和人生观,用社会主义核心价值观引导学生,以便处理好与自己、与他人、与社会、与国家之间的关系,参与社会,融入社会,增强社会责任感。

积极参与学生活动。班级和学校都会有计划地举行相应活动。只要有机会,作为思政课老师,都要尽可能参与。在活动中,你会发现,课堂上不善言辞的学生在表演中竟然滔滔不绝;你会发现,学习成绩不好的学生在接力比赛中却健步如飞;你会发现,作业书写不够认真的学生在歌唱时却有模有样……如果,为师的你能够用自己的特长在学生面前展露一手,学生当会刮目相看,佩服得五体投地,说不定会成为你的"粉"。

不让一名学生掉队。世界上没有两片完全相同的树叶,也没有两个完全相同的学生。学生是有差异的,亦各不相同。教师的职责在于,尽可能让学生在原有基础上得到进步和发展。今天比昨天有进步,就是发展。思政课教师需要关注每个学生,因材施教。让优者更优,后进生有进步。即使遇到所谓的"问题"学生,我们也要去找寻打开学生心扉的钥匙,哪怕这个过程是艰辛的,甚至是艰难的,也应在所不辞。因为,在学生需要帮助而没有得到应有帮助时,很有可能会养成不良习惯,甚至造成更严重的后果。师者仁心,当如此。

尊重和关爱学生。学生面前人人平等。不同学生犯同样错误,不厚此薄彼,而应一视同仁。尊重和关爱学生,体现在教师的一言一行里。我们要时常扪心自问：自己的语言有冷暴力吗？自己的行为是属于体罚或变相体罚吗？"你的教鞭下有瓦特，你的冷眼里有牛顿，你的讥笑里有爱迪生。"每个学生都希望得到他人的尊重。多一些评价的尺子，将会发现每个学生都是一块宝玉，起码是一块有待"雕刻"的璞玉。

给予学生展示机会。课堂是学生的课堂，需要给予学生更多表达与展示的机会。根据教学需要，尽可能安排学生到讲台上发言。比如时政播报，时事点评，或小组代表发言，既锻炼学生胆量，又增强学生自信。既然学生是课堂的主人，教师就要有意识地让渡课堂，而不是霸占课堂的话语权。敢于放手，相信学生的力量。因为学生终究是要独立的。

给予学生展示的机会，需要把课堂还给学生。不是说越热闹的课堂越好，而是说在课堂上要给予学生独立思考的时间，懂得留白。好的课堂在于，让学生在思维碰撞中学会思考，学会辨别，掌握思考问题的方法，形成学科核心素养，学会迁移，学会解决问题。

苏霍姆林斯基说，"老师的心目中不应该有坏学生，只应该有心理不健康的学生。"思政课教师不仅要热爱学生，还要学会热爱学生，要有热爱学生的艺术。

第二辑

SHANG HAO KE

上好课

打造"有价值"的道德与法治课堂

一次大规模的优质课展评与观摩,就是一次饕餮大餐。2017年9月在江苏南通举行的江苏省初中道德与法治优质课展评研讨活动无疑属于此类。不过,饕餮大餐也有一个致命的弱点,就是信息量太大,如果观者不能基于自己的思考点有效提取信息,就可能出现"眉毛胡子一把抓"的局面。弱水三千,我只取一瓢饮。

在观课过程中,笔者一直在思考,道德与法治课堂应该是一种怎样的课堂?对于这个问题可能是仁者见仁,智者见智。但笔者觉得,道德与法治课堂要"有价值"。一是课堂要有正确的主题价值或主题思想,做到主题价值鲜明、准确;二是课堂要有价值澄清,帮助学生明辨是非,让学生明白为什么,明确倡导什么,反对什么,什么事能做,什么事不能做,实现明理;三是课堂要有价值指导,把价值观变成可操作的行动,实现明理基础上的导行,让道德之花绽放。

一、有内核:主题价值鲜明

教育,特别是道德与法治课教育要培养什么样的人?毫无疑问,要培养有德之人。何谓有德之人?实乃难以回答。我们不妨化繁为简。按照《义务教育思想品德课程标准(2011版)》的解读,有德之人可以理解为"合格公民",当然这有窄化之嫌,但不失为一种解读。

对于一节课而言,我们首先要考量的是,它的价值何在,也就是为什么要上这节课?是为了上这节课,还是为了帮助学生解决某些问题或困惑?如果是为了解决某些问题或困惑,那么这些问题或困惑是什么?这些问题或困惑是不是学生真实存在而且急需解决的?是大部分学生需要解决的,还是小部分学生需要解决的?解决这些问题或困惑对学生的成长有没有实质性的指导和帮助,在多大程度上有帮助。学生上了这节课和学生没上这节课,会不会有比较明显的区别。换句话来说,上这节课对学生会不会产生一定的影响,而且这种影响是不是积极的、有价值的?

比如,《理解我们的老师》的主题价值在于:从多个角度理解老师,能够自觉自我反省,升华对老师的情感;设置情境,让学生通过自主探究、合作交流,体验感知理解老师的方法;知道理解老师的原因,正确认识对待老师的安排与叮嘱,正确看待老师处理问题的因人而异,正确对待老师的表扬与批评。

再如,《处处有竞争》的主题价值表现在如下几个方面。一是帮助学生用积极的心态面对竞争。通过"哪里有竞争"及"是否只能被动接受竞争"的讨论,帮助学生理解竞争具有超越自我,促进成长的重要意义。二是帮助学生理解竞争与合作的辩证关系。通过对"竞争只是竞争吗"的探讨,培养学生辩证看待竞争与合作的关系,树立共赢的竞争理念。

我们唯有不断追问自己,甚至是拷问自己,从学生的生活实际出发,直面他们成长中遇到的问题与困惑,满足他们发展的需要,才有可能使课堂成为学生成长的生命场域,才有可能"促进初中学生正确思想观念和良好道德品质的形成与发展,使学生成为有理想、有道德、有文化、有纪律的社会主义合格公民"。

二、有冲突:澄清价值认识

对于学生而言,他们在生活中会碰到各种各样的问题和困惑。这些问题和困惑用他们自身的经验一时半会儿还不能认清,还不能辨别,更无法解决之。

这时，课堂的价值在于能够帮助学生实实在在地厘清这些问题和困惑，使学生"豁然开朗"，实现"柳暗花明"。显然，这需要教师通过选取基于学生生活、社会生活等真实情境，设置诸如辩论、两难问题等让学生通过独立思考、合作探究、活动体验等方式澄清认识，辨别是非，以形成正确的思想观念。在此基础上做出道德选择。

如一位选手在教学《处处有竞争》内容时，设计几个反问。"只能被动接受竞争吗？""输了的竞争还有意义吗？""竞争只是竞争吗？"通过对有关竞争问题的追问，使学生对"竞争"中存在的一些困惑有了深刻理解和认识——要乐观地面对竞争，竞争有其积极的意义；输了的竞争也有价值，从中可以吸取教训，认识到自己的不足；竞争中有合作，合作中有竞争。这样的课堂思维含量高，不是浅显问题的堆砌，而是思维的不断进阶，使学生原本对竞争的一些困惑得以释然，并有了正确的深刻认识。

再如，一位选手在教学《理解我们的老师》内容时，其中设计了这样一个问题，"你认为老师处理问题应不应该因人而异？"通过师生对话，学生从中明白：在不同情况下，针对同一名学生可能会出现两种不同的处理方式（表扬和批评）；在相同的情况下，对不同的同学也可能出现不同的处理方式（表扬和批评）。由此，学生从中感受到，在与老师相处过程中要学会理解老师，正确面对老师的表扬和批评。这里，对于问题的思考就不再是线性的，而是多维度的，有利于培养学生的辩证思维。

《彬彬有礼》一课中设计了"彬彬有礼，可以装"与"内心真诚、有他人，外在可以不拘小节"观点的碰撞；《入乡随俗》一课中设计了"这些习俗，让人窒息，应当去除"与"这些习俗，体现文明，可以弘扬"问题的争辩等。这些思辨性的问题一步步把学生的问题暴露，同时又在辩论中达成某种意义上的共识，解决问题。这个过程一方面利于澄清学生的认识误区，一方面利于培养学生的独立思考和批判能力，做到不人云亦云，对存在的问题充满好奇，并能给出自己的意见。我不同意你的观点，但我尊重你发言的权利。通过思辨，不断培养敢于直视问题的有独立思考特质的精神明亮的人。

课堂教学中唯有多思忖学生的困惑，直面学生生活中真实存在的问题，通过非线性思考路径，在此基础上帮助和导引学生，澄清困惑，做到明理，进而帮助学生进行有效道德行为选择，才是教者的不二法则。

三、有践行：价值指导落地

课堂教学在选择了有价值、有思想的内容，并进行了价值澄清后，要做的是帮助学生做基于价值澄清基础上的选择，即践行，"我该怎么做"。没有行动的道德只是教化，而不是"立德树人"。立德树人不是形而上的，而是形而下的。课堂教学要对学生进行行为引导，学以致用，让学生真正感受到学习的价值——对自己、对他人、对社会——让自己幸福地成长在美好的社会之中。课堂，要让学生感受到所学确实能够帮助自己解决现实的问题和困惑！

一位选手在教学《用心交友》内容时提出，"如果朋友过生日，你准备用什么平凡之举让他感动？"此问题意在指导学生用所学内容解决如何交友。同样是这个内容，另一位选手设计了"心灵相约：遇见你，真好"环节。让学生围绕着下面的内容来对好朋友表示感谢，颇具匠心。

我的好朋友是（　　　）。遇见你，真好！因为有你，我感受到/收获了＿＿＿＿＿＿，我多了一些＿＿＿＿＿＿，少了一些＿＿＿＿＿＿，我学会了＿＿＿＿＿＿。

学生通过自己的笔墨，把同学间的故事呈现出来，不仅给予了学生表达感谢的机会，更是以此点题，即"用心"交友，记住对方对自己的"好"，引导学生向上、向善、向美。

另一位选手在教学《同学之间》内容时，设计了"海纳百川，有容乃大——相互谅解"环节。

师：曾经，你和哪位同学有过矛盾、误会还没有解开吗？请将他（她）写在爱心卡（设计如下）上，让文字代替语言去化解矛盾、消除误会吧！

学生书写爱心卡并交流。

生：（略）

上述片段中，学生在安静的书写中，与曾经和自己有矛盾或误解的同学进行无声的对话，某种程度上也是一个自己与自己对话，对自己的过往言行举止进行反思的过程；是一次难得的精神洗礼和内心的净化，由此感悟到今后如何更好地与同学相处。当然，这也是一次化解曾经不快的绝佳机会。

此外，学生由于生活经历的限制，经验的欠缺，加上认知方面的不足，对事物的认识往往不够全面，不够准确，甚至是发生偏差。由此，课堂教学中教师对学生的行为指导还表现在对偏差认识的及时纠正方面。一位选手在教学《时移礼易》时，其中一个环节是让学生学习握手礼仪。

师：请同学们以同桌为单位互行握手礼，并体会握手礼的行礼原则。

要求：1. 用右手握手；2. 握手的时间约三秒、力度适中；3. 女性、年长者、职务高者先伸手；4. 站立握手、神态庄重友好，眼神注视对方；5. 一边握手一边语言问好。

学生相互握手。学生在握手的同时，教师用手机录制几位同学的握手情况，随后把视频通过大屏幕展示出来。

师：同学们看看他们的握手礼有哪些不妥之处？

生1：幅度太大，不够适中。

生2：不够尊重对方，在大笑。

……

师：把存在的问题都讲了出来。请两位同学到后面，与我们的评委老师握手。

两名学生走向后面坐着的评委，和他们握手。

师：请同学们再次相互握手。

在上述教学片段中，教师基于学生在握手礼中存在的问题，不是通过单一的说教，也不是通过单纯的纠错，而是在学生自己体验到不足之处后，经由学生的口说了出来。教学到此并没有戛然而止，教师更进一步，让学生再次体验。到此，学生经过出错到纠错，最终掌握正确的握手礼仪方式。这个过程是由学生自我纠偏完成的，教师隐藏在背后，不显山不露水，润物无声。

学无止境，教亦无止境。如何在教的过程实现课程的价值，使教师成为学生生命成长中的重要他人？是每个为师者值得终身思考的问题。且行且思，且思且行，努力打造"有价值"的课堂，让课堂成为学生向往的家园。

（本文发表于《课程与教学》2018年第2期）

指向生活价值的教学策略

具有生活价值，是指知识对学习者的生活有意义，是道德与法治课程的客观要求。一方面，学科核心知识要能够帮助学生认识生活、参与生活、创造生活，并帮助学生在此过程中形成正确的价值取向，增强学生的生活能力。另一方面，让学生能够整合所学知识去解决问题、做出决定、计划，接纳并享受这一经历，创造自己的幸福生活。学生生活包括三个层面：学生的个人生活（含学校、家庭生活）、学生平时参与的社会生活和学生应该关注的社会生活。下面结合统编《道德与法治》八年级下册内容，就如何使教学指向具有生活价值，谈谈具体做法。

一、从"书本"走向"温馨和谐的家庭生活"，提高学生解决问题的能力

书本上的知识是静止的，有些内容离学生比较远，缺乏生活气息。为此，要使书本上的知识与学生生活发生关联，如可以选择学生熟悉的家庭生活场景作为教学素材，让学生在自己的经历中理解书本知识，并借助所学知识解决问题。

在教学"国家行政机关"时，为了让国家行政机关与学生生活联系起来，让学生体会国家行政机关就在身边，与自己的日常生活息息相关、密切相连。笔者以学生的家庭生活场景作为媒介，设计了如下导入过程——

师：各位同学，家有小弟弟、小妹妹的请举手。

学生举手，并让一名学生站起来。

师：有一个问题想问问你。你家里是小弟弟还是小妹妹？

生1：小妹妹。

师：你爸爸如果问你，小妹妹要报户口，你知道去哪里办理吗？

生1：民政局。

师：你确定？

学生笑。有学生在下面说是派出所。

师：应该是派出所！你知道派出所属于哪个部门吗？

生1：不太清楚。

……

师：没错。公安机关隶属于人民政府，是人民政府的一个部门。当然，有时公安机关还兼有司法机关的性质。今天我们要讨论的就是人民政府——国家行政机关。

课程源于生活，更是为了让生活更美好。上述教学片段中，把学生熟悉的家庭生活困惑置于课堂场景之中，真实，有趣，对生活具有指导价值。基于学生家庭生活实际，帮助学生解决问题，体现教学的问题性、指导性和生活性。学生的困惑也在课堂对话中暴露出来，并通过对话得以解决。

二、从"个体"走向"应该关注的社会生活"，拓宽学生生活广度和宽度

学生的个体生活范围不可能囿于狭小的教室和有限的家庭，不可避免地与社会发生关联。作为当下和未来的社会主人，他们需要了解社会、关注社会、亲近社会、融入社会。

教学"国家行政机关"时，笔者选取《溧阳市人民政府工作报告》部分内容并设问：2019年溧阳市政府完成交通干线沿线环境整治1446公里，农村清垃圾、拆违章、拆围墙"一清两拆"成效初显，综合整治村庄282个、河塘598口，新建垃圾收集点超1000个。杨家村、塘马村、牛马塘村、礼诗圩村被命名为全省首批特色田园乡村。"美意田园"催生"田园经济"，实现农旅收入40亿元，带动5.4万农户增收。完成化工企业安全环境整治提升22家、关闭退出5家。关闭取缔172家"散乱污"企业，完成78家重点单位废气治理，获评全省首家"中国天然氧吧"。

（1）根据上述材料，归纳2019年溧阳市人民政府所做的事情。

（2）结合教材，说说溧阳市人民政府除了要做好上述事情之外，还要承担哪些行政工作。

上述教学片段，通过市政府报告中一组数据，让学生在阅读、分析、归纳过程中理解市政府的职责。将鲜活的地方资源引入课堂，可亲可信，能激发学生的兴趣点和关注点，指引学生关注应该关注的社会生活，关心家乡发展，拓宽学生生活的广度和宽度，培养热爱家乡的情感。

三、从"课堂"走向"应该参与的社会生活"，增强学生公共参与的能力

从学生学习过程来看，一方面，学生的课堂学习是重要的，但又是有限的，需要走向社会，参与社会。学生只有从课堂走出来，并把所学知识运用于社会实践，并指导社会实践、解决实际问题，才能发挥所学知识的价值。另一方面，课堂教学如果能借助学生参与过的社会实践活动，则有利于上出有烟火味的好课。

2019年暑假，我们组织学生开展了"关于溧阳市公共场所母婴设施建设的调查研究"社会实践。学生从前期的问题征集、筛选，到问题的确定；从活动开始时的无从下手，到后期的有板有眼、按计行事；从开始时遇见路人不知如何开口，到后来的游刃有余；从开始时的生涩，到后来的落落大方；从面对问卷调查和现场采访的繁杂理不出头绪，到后来的条分缕析。学生在实践过程中不断获得解决问题的方法，自信、沟通、合作、写作等必备品格和关键能力得到培养和提升。经过一系列实地调查和分析，学生在教师指导下完成了《关于溧阳市公共场所母婴设施建设的调查研究》报告。这些都是课堂学习中难以获得的实践成果和智慧，正所谓"实践出真知"。

在教学"公民权利的保障书"时，笔者以本次活动为情境，让学生说说本次社会实践给作为国家小主人的我们带来了怎样的收获。课堂上，亲身参与的同学畅谈了自己的经历和感受，其他同学投来了羡慕的眼光。本次社会实践以及以本次社会实践为情境的教学，向学生传递这样一种价值导向：社会的发展需要我们每个人参与，需要我们积极主动地提出意见和建议，"国家兴亡，我的责任"。

四、从"局外"走向"我的生活",激发学生对未来的憧憬

教学如果仅仅传递课本上的概念、知识点,无论教师怎样教,学生都可能会置之于课堂之外,变成局外人。认识到这一点,教学才会有不一样的思考和呈现,才会找寻知识对学生生活的价值,而且这种生活价值需要表现出来。

教学"基本经济制度"内容时,需要学生理解其内涵。我国实行公有制为主体、多种所有制经济共同发展,以按劳分配为主体、多种分配方式并存和社会主义市场经济体制等基本经济制度。就教学的价值来说,要向学生传递的不仅仅是知道基本经济制度的内容,更要让学生认识到基本经济制度对自己会产生怎样的影响。为此,我们进行了如下设计——

王琪同学有时周末会缠着在一家国有企业上班的爸爸带她到肯德基,让爸爸请客。她爸爸每个月工资收入1万多元,年底还有2万多元奖金。有时爸爸没空,她就拉着妈妈去。妈妈是一家私营企业的技术骨干,年收入15万元左右。有时她会随爸妈到叔叔家玩。叔叔在老家经营家庭农场,种植有机茶,叔叔依托农场办起了旅游观光,年收入有20多万元。有时,他们一家会去看望患有重度残疾的舅舅(每个月享受政府提供的最低生活保障700元)。

(1)结合王琪家里几位亲人所在的工作单位和他们的收入,谈谈我国实行基本经济制度的价值。

(2)结合王琪家里人的工作实际,你认为今后自己如何才能走上致富之路?

(3)今天的学习内容,对你今后选择就业有何启发?

第一个问题意在让学生明白,实行基本经济制度,一方面关系到王琪一家人的工作和收入,使家人的工作更有保障,收入水平不断提高,生活更加幸福。另一方面,有利于促进我国经济高质量发展和社会和谐稳定,使国家更加富强。第二、第三个问题是建立在第一个问题基础上的。由基本经济制度对家庭和国家的影响到对学生个人的影响,由国家层面转为个人层面——细小而微又很接地气,与"我"有关。于学生而言,这些问题不再是他人的事情,而是"我"的事情,是自己未来必须要面对的必然选择。这种思考不是单一的,而是多角度、全方位的思维运转。走上致富之路,需要爱岗敬业、勤劳、敢于创新,不断学习新技术,善于管理、依法经营、诚信经营等。未来的"我",可以选择到国有企业就业,也可以到民营企业就业,还可以自主创业。不管选择何种就业方式,都要善于创新、肯钻研、勤奋努力,勤劳致富。如此，激发学生对未来美好生活的憧憬，引导学生学会规划生活，增强生活能力，实现了学科教学知识性和价值性的统一。

五、从"接受"走向"实景体验"，培育学生爱国主义情感

中共中央办公厅、国务院办公厅印发的《关于深化新时代学校思想政治理论课改革创新的若干意见》指出：初中阶段重在开展体验性学习。华东师范大学安桂清教授指出，教师要以发现学科对学生的意义、进而创造学生的学科为使命。思政课对学生的意义多半不是靠教师讲出来的，更不是灌输，而是靠学生体验出来的。

教学"中华人民共和国主席"时，笔者设计了如下情境——

八年级学生张加腾立志成为国家主席，请阅读教材81、82页内容并回答：
（1）他怎样才能成为国家主席（如需具备哪些条件、要经过怎样的程序等）。
（2）成为国家主席之后，他要肩负起哪些职责？

学生看到上述情境后，都不约而同地笑了。张加腾是班级里的一位学生。这不仅是一个情境、一个人物，而且是一种暗示、一种激励。这一情境设计了具有代入感的学习任务,让学生在真实生活中体验,既关注当下又关注未来，有利于培养学生爱国主义情感和责任意识。

同样是教学"中华人民共和国主席"，为了让学生理解国家主席有荣典权，笔者播放了"中华人民共和国国家勋章和国家荣誉称号颁授仪式"视频片段。学生全神贯注，沉浸在视频的情境中，受到熏陶、感染和激励。视频向学生传递的不仅仅是哪些人获得了何种荣誉称号，更为重要的是传递他们身上体现的中国精神、中国力量和中国故事，传递他们在日常工作中一步一个脚印、勤勤恳恳、精益求精的"工匠精神"，以及对人民、对国家、对社会、甚至对全世界所做出的巨大贡献。视频以强大的精神感召力激励着学生，促使他们以更加积极的状态投入学习，为国家建设和发展贡献力量。

随后，学生面对笔者提出的"我国为什么要设立国家勋章、国家荣誉称号"问题各抒己见。学生认为，这样做是对杰出人士艰苦卓绝、努力工作的肯定，有利于激发更多的人投入国家建设。基于此，笔者进一步与学生对话并提出设立"国家勋章、国家荣誉称号"，旨在褒奖在国家各方面建设中做出突出贡献的杰出人士，有利于弘扬民族精神和时代精神。所有的英雄都出身平凡，每个人都可以成为英雄，关键在于自己能不能付诸努力。

　　如何使道德与法治课教学具有生活价值，是一个需要不断探索的实践难题。一方面，我们不得不承认，学生生活是教学的起点，而不仅仅是教学资源。另一方面，具有生活价值的教学，意味着要关注学生，回归到更适合、更能促进学科核心素养养成的学生生活。

　　　　　　（本文发表于《中学政治教学参考》2021年第3期）

思想品德课教学重点确立的依据

有效教学的起点始于教学设计，而教学设计又绕不开课堂教学重点的确立，因为只有确立了重点才能更好地实施教学，实现教学的有效性和服务学生的现实可能性。对于教学重点的确立，实践中，很多教师采取拿来主义，即教参上怎么写，教学设计（教案）上也照搬不动，不敢越雷池一步，从而造成课堂教学中不顾学生实际和地域差异等因素而出现南辕北辙的尴尬局面。笔者以为，教学重点的确立需要综合考虑以下因素。

一、基于学生实际

《义务教育思想品德课程标准（2011年版）》指出："初中学生逐步扩展的生活，尤其是处在青春期的初中学生的身心发展特点是思想品德课程设计的基础，课程从学生的生活实际出发，直面他们成长中遇到的问题，满足他们发展的需要。"为此，思政课教学需要在学生原有知识背景、能力状况、情感等基础上，促使学生在这些方面有更深层面的认识、发展，在人性方面有更多的感悟和体验，能够更好地适应生活、学习以及社会发展的需求，更好地"正确处理与自我、与他人和集体，以及与国家和社会的关系"。在这个意义上，教学赋予学生的，不仅仅是单纯的知识、能力和情感，观照当下，还应包括学生迫切需要的适应社会发展的各种需求以及处理各种关系的能力和核心素养。所以，在教学设计过程中，重点的确立离不开对学生现实生活，特别是他们的所思所想进行理性分析，以及对学生在学校、家庭、社会（社区）生活中已经发生的，或可能即将发生的客观存在的思考和斟酌。

比如，在教学苏人版《思想品德》八年级下册第12课第三框"抵制不良诱惑"内容时，教学目标之一是让学生能够自觉抵制毒品、赌博、"黄毒"、邪教等四方面的不良诱惑。在对教材解读的基础上，教学设计者首先需要考量的是，在学生现实生活中接触比较多的，或者说有机会接触的"不良诱惑"会有哪些？基于这样的思考，笔者认为：第一，对于毒品，在我们这样一个县级市中，在学生所见所闻的场域中很少涉及，所以在设计时可以略讲。具体设计教学时，笔者通过一段视频"毒品对于身心的危害"让学生感悟毒品的危害性。第二，对于邪教，教材中主要阐述了在我国以及在日本、美国等国家存在的一些邪教的危害。某些邪教对广大人民群众的危害在以前某一段时期内曾经影响着人们的生活和社会的稳定、发展，但就目前情况来看，已不是焦点，为此，也不作为重点。

就学生的现实情况来看，"黄毒"即淫秽书刊、光盘等黄色出版物，不良网站的色情、暴力等有害信息对学生的危害却是现实存在的，而且在学生的身边就有真实的事例。出于对学生现实生活的分析和梳理，在教学设计时，笔者采用了一个真实的案例。一名初三学生，由于沉迷于网络色情而不能自拔，作为单亲家庭只有母亲在身边照顾他。母亲平时忙于上班，疏于对孩子的教育，该同学迷恋上网络，积习难改，最后发展到半夜三更趁母亲熟睡之际起床上网，作业不做，白天课堂上睡觉，成绩一落千丈。身体骨瘦如柴，两眼深陷，整个人没有一点血气。老师、母亲、亲朋好友晓之以理，动之以情，不见成效。基于此，笔者两次与之面对面交流，并通过写信的方式，告知他，必须好好思考一下自己的"光辉历史"，改掉了，老师继续欢迎你；改不掉，后果自负。用激将法，让这头迷失的"羔羊"终于找到了回头的路。使用身边的事例，真实、鲜活，用在课堂上，学生感触很大，加深了对"黄毒"危害的认识。同时也让学生明白，犯错误不要紧，重要的是犯错误之后能及时改正，但尽可能不要犯这样的错误。

二、基于地域特点

每个地域在文化习俗、经济社会发展、人文地理等方面都有别于他地。

当然，正是这种差异才使得地域间呈现异彩纷呈的独特魅力。这种地域的特点也要求教师在教学设计时作为重点确立的依据。

在"抵制不良诱惑"教学中，就笔者所在地区而言，赌博流行于坊间，形式主要有打麻将、"比鸡"（流行于笔者所在地）等。每逢春节，亲朋好友聚在一起，基本上就是以赌博的方式打发相聚的时间。笔者在进行教学设计时，把本地的现实情况纳入其中。先是让学生看教材中的一段材料，体会赌博对赌博者自身、家庭和社会的危害，进而让学生思考"每年春节的时候，亲戚朋友聚在一起进行所谓的'娱乐'，小伙伴们，你怎么看？"学生热烈讨论后，形成了两种意见。一种认为"小赌怡情，大赌伤身"，春节期间亲朋好友难得聚在一起，娱乐娱乐未尝不可，但要注意把握好"度"。另一种观点认为，大赌小赌都不好，毕竟都是赌，都有输赢，而且有时熬到深夜，伤害了身体。有些人可能因为春节期间参与了所谓的"小赌"之后而上瘾，春节之后仍然不能戒掉，染上恶习，一发而不可收。两种意见的存在说明一部分学生对赌博认识还不到位。有人说，"教师的工作不是拯救孩子的灵魂，而是提供机会让他们拯救自己的灵魂。"通过孩子们的讨论交流，对赌博的危害有了感性认识，但在认识上有了冲突，这时笔者就参与到学生的交流中来，笔者引导说："如果让我参与大家的讨论，我会站在第二种意见这边。赌就是赌，没有所谓大赌、小赌之分。赌博都伤身，赌胜的还想赢，赌输的想翻盘，最终，都是输得一无所有，小赌也变成大赌！亲朋好友之间可以换种交流方式，并非只有赌博。"

基于地域的实际情况，笔者把赌博这一不良诱惑作为教学重点，以纠正学生的错误观点，发挥思政课明理导行的作用。

三、基于认知薄弱

学生对事物的认识，是建立在原有经验基础之上的。当他们原有的生活经验、知识储备无法完成对某一问题的解释或理解时，他们需要"启"和"发"，而教师的及时介入则能起到四两拨千斤的作用，在学生认知薄弱点托一把，教学效果将大不一样。为此，在进行教学设计时，需要厘清学生的认知薄弱点，并把此点作为教学重点之一。

在学习苏人版《思想品德》八年级下册第13课第一框"学会休闲"内容时，

让学生理解休闲的功效是教学目标之一。通过学情分析，我们认为，对于休闲能够"解除体力上的疲劳，恢复生理平衡；获得精神上的慰藉，使紧张的心情得到放松"的功效，学生通过生活体验可以感知。但是，对于"休闲行为不只是寻找快乐，也是寻找生命的意义"的说法就很难理解，为此，把此内容确定为教学重点之一。

教材提到旅游对人的功效，"通过旅游，将整个身心融入大自然中，使疲惫的身心得以放松。在旅程中还可以结识新朋友，获取新知识和审美体验。"的确，走进大自然，听一听翠谷鸟鸣，嗅一嗅奇葩飘香，看一看鱼翔浅底，银泉飞瀑，会给我们带来一份轻松，一份释然。就教材的表述而言，已经把旅游这种休闲方式带给人的那份美的感受表现得淋漓尽致。但是，笔者认为，旅游的过程不仅要用眼睛看，用鼻子闻，用耳朵听，还要用头脑想。想什么？比如参观布达拉宫，就要想一想布达拉宫所经历的沧桑，思一思她的构造，她的文化背景，她的魅力所在，她所蕴含的用眼睛看不到，用耳朵听不到，用鼻子嗅不出来的东西。如此，对于所到之处的那景、那物、那人、那事……就有了更深层次的思考，对人生、对生命的存在及其意义的理解就有了新的体会，收获的不仅仅是风景，还有对世界的新认识和对人生的新体悟。在教学过程中，在教材原有基础上进行点拨，学生对教材中"休闲行为不只是寻找快乐，也是寻找生命的意义"的理解也就水到渠成了。

（本文发表于《课程与教学》2015年第3期）

思想品德课教学设计的站位

《义务教育思想品德课程标准（2011年版）》指出："教师要善于利用并创设丰富的教育情境，引导和帮助学生通过亲身经历与感悟，在获得情感体验的同时，深化思想认识。"在教学实践中，"创设丰富的教育情境"必须做到"贴近生活、贴近学生、贴近实际"。具体到实际操作层面，如何做到"三贴近"呢？

《中国教育报》一篇文章讲述了这样一个故事，贵州省印江土家族苗族自治县第二完小校长讲到，学校办公室旁的水龙头经常坏，三天两头都要请师傅修理，这让校长和老师们很头疼。后来，校长就此事征求学生的意见。一个学生说："水龙头装高了，个子矮的同学需要垫脚去扳才够得到，因此就容易坏。"这话让校长茅塞顿开。是啊，水龙头的高度是按照教师的使用设计的，学生用显然是有些高了。于是，学校降低了水龙头的高度。"一改"胜"十修"，水龙头再也不经常坏了。这个故事给了我们很大启发：我们的教学在很多时候是站在成人角度来设计的，并没有了解学生的想法和需求。但我们还往往抱怨学生如何上课不认真听讲，如何不参与课堂，如何不遵守纪律，等等。细细想想我们是不是错怪了学生？从这个角度来看，教学设计的选材站位就毋庸置疑了。正如成尚荣先生所言："教师是派到儿童世界的文化使者。"作为儿童世界的文化使者，就必须为儿童服务，教学设计的站位应该在儿童那里。

为生活而教

一、站在学生的兴趣点上

"兴趣是最好的老师"这颠扑不破的真理,已成为所有教育者的共识,并被教育工作者积极地践行着。一次听课,苏州工业园区第一中学的王莉老师,在教学"多彩的情绪"内容时,播放了两段精彩视频。一段是泼水节的快乐场面,一段是2012年热映影片《泰囧》中的一个片段:王宝强从楼上往下泼水,正巧泼在徐铮电脑上。两段视频简洁明了,学生非常感兴趣,并从中很快领悟到了"不同的人,面对同一件事,往往会有不同感受"的道理,教学"水"到渠成。再比如,南通启秀中学的孙丽燕老师,在教学"做个有教养的现代人"内容时,也选择了播放两段视频。一段是说一位外国年轻女子在餐馆用餐时不注意卫生,但很友好的故事;一段是一位从外表上看温文尔雅、很有修养的中国女子在就餐时,对不小心碰到她的小孩进行大声呵斥的情节。然后,孙老师让学生进行对比,从中感悟出"有教养的人要注重内外兼修"的道理。整个过程,学生积极参与,效果极佳。由于选择了学生感兴趣的素材,学生参与的积极性很高,教学效果很好。

二、站在真实的生活之中

教学中,我们都有这样的经验和做法,为了达成教学目标,自己编制(创设)情境,这本是值得倡导的,但要尽量避免创设假情境。因为不真实的情境会让学生生发反"诚信"行为,导致假教育。一位老师设计了这样一个情境:期中考试,小明数学考砸了,感到很难过;一连几天都闷闷不乐,情绪很低落……你有什么方法来帮助他呢?这实际上是一个假情境。如果教师事先了解一下班级里某位同学最近遇到的烦心事,然后让学生来帮帮他要比生硬的假情境要有意义得多。

在学习苏人版《思想品德》八年级下册"做个成熟的消费者"内容时,笔者根据自身的经历创设了如下情境:

胡老师准备买一部单反相机,为了买到称心如意的相机,跑了几家商场,得到了如下信息:

A商场:5100元,开正式发票,同时送200元的购物券。

B商场:4900元,不开正式发票,如果开正式发票,价格为5100元。

C商场:4900元,没有现货,需要预定,并要交订金,开正式发票,同时送4G的内存卡一张。

请你帮胡老师选择一下，到哪家商场买相机，为什么这样选择？

教学中，学生积极建言献策，详细说明了到哪家买，并把理由解释得清清楚楚。个人认为，基于教师或学生的生活经历创设教学情境，一般都可以视为真实的。

三、站在成长的困惑点上

学生在成长过程中会遇到这样或那样的问题，思政课程就是要帮助学生解决问题，为学生的成长提供帮助和指导。在社会转型期，一些不良因素影响着学生的思想与品德——农民工子女求学的艰辛，单亲家庭背景下孩子的痛苦内心，留守儿童得不到亲情的呵护与温暖……面对激烈的学习竞争，面对学生成长中的困惑……作为教师如何了解，如何帮助解决，如何发挥思政课的功能，这些都是思政教师需要面对的。每一节课，我们都要思量：学生在某个方面存在的问题通过本节课的学习能否得以解决或为问题的解决提供一些帮助和指导。而要解决上述问题，则需要我们深入到学生中间，与学生建立良好的师生关系，让学生愿意接纳你，通过谈心、交流、问卷、观察等途径了解学生的所思所想，他们喜欢什么，讨厌什么，他们最近有什么烦恼，他们在关注什么，等等，教师通过不断记录，悉心研究，时常反思，把学生在学校、家庭、社会生活中遇到的问题了解清晰、摸透，再经过教师的精加工、细雕琢，转化成问题情境，带领学生共同进入有价值、能帮助学生道德健康成长的课堂，通过体验来提高学生的道德水平，这才是理想思政课的应有追求。

在学习苏人版《思想品德》八年级下册"法律保护公民隐私"内容时，有一位学生举手提出问题："父母亲翻我的书包属不属于侵犯我的隐私？""我该怎样维护我的隐私权？"……这些就是学生现实生活中实实在在存在的需要教师帮助解决的问题。

四、站在当下的正能量处

当下，当我们打开网络、电视等各种媒体的时候，各种社会问题扑面而来。不可否认，社会的主流是好的。但是，问题的存在也是无法回避的。作为思政课，其思想性始终处于首要位置。面对海量信息，需要我们去伪存真，去粗取精，取其精华，去其糟粕，选择具有积极意义、教育意义、紧扣时代脉搏、具有时代气息的素材设计课堂情境。一次听课，南通启秀中学的孙丽燕老师在教学苏人版《思想品德》八年级"做个有教养的现代人"时，在导课环节播放了端庄大方、魅力非凡的习近平夫人彭丽媛出访时的照片，配上优美的背景音乐，让人感受到了美，感受到现代人所具有的那种内在和外在兼秀的典范，既具有时代感，又传递着积极健康的信息，让人耳目一新。

当然，选择正面的，不代表不好的现象就刻意回避，如果教学需要，我们仍然要利用。比如，在学习苏人版《思想品德》八年级下册"依法维护消费者合法权益"内容时，笔者就播放了2013年央视3·15晚会上曝光苹果公司采取的不平等做法的视频以及后来苹果公司的致歉信，以引导学生正确对待生活中的不良现象，增强社会责任感。再比如，在学习"学会正确行使监督权"时，笔者结合刘志军案，让学生探讨如何行使监督权，如何减少腐败现象等问题。

（本文发表于《课程与教学》2014年第2期）

让课堂导入来得更有趣一些

一、借助成语，水到渠成

中国古代有许多优秀的传统文化值得我们现代人认真体悟和思考，并发扬光大。反映古人勤奋学习的成语有很多，如凿壁借光、悬梁刺股、韦编三绝、囊萤映雪、牛角挂书、昼耕夜读等。苏人版《思想品德》九年级第3课"勤奋学习，善于学习"旨在让学生明确学习是一个勤奋的过程，同时要善于学习。为了激发学生的兴趣，笔者利用学生已有的知识和学习经验，设计了如下导入，效果很好。

教师先在黑板上写上"凿壁借光、悬梁刺股、韦编三绝、囊萤映雪"四个成语。

师：这四个成语有什么共同之处？

生1：古代的人学习很勤奋。

师：回答得很好！（教师板书"学习"，并在"学习"前面用红粉笔写上"勤奋"两个字）用现在的眼光来看，这些成语有没有什么不妥的地方？

生2：不利于身体健康，特别是伤害眼睛。

生3：破坏公物，"凿壁"把墙凿坏了。

师：我们传统文化中有许多优秀的成果值得我们学习，但是从刚才同学们的回答中可以看出，这四个成语中没有提到要善于学习，在某种程度上他们并不怎么善于学习。（教师同时板书：善于学习）

没有过于复杂的形式，利用学生耳熟能详的成语导入新课，既温习了所学过的成语，又培养了学生的求异思维，而且也自然地把学生引入到课堂学习中来，可谓一举三得。

二、制造"矛盾"，山重水复

一般情况下，人的内心世界都是向别人关闭的，对别人会有所防备。根据教学需要，如果设计出让学生感到难以选择的内容进行导入，想必是一件非常有趣的事情。在教学苏人版《思想品德》九年级第5课第三框"尊重隐私，保守秘密"时，按照课标要求，要让学生学会交往，在交往中懂得尊重别人隐私，保守秘密。笔者是这样设计导入的：

师：上节课，我们一起学习了要"做诚实的人"，而做一个诚实的人需要我们从说实话开始。下面，请同学们实话实说。

（教师邀请一个同学）

师：请问你家住在什么地方？

生：略。

师：家里有几口人？

生：略。

师：家里有多少存款？

生：不知道。

师：你家的银行卡放在哪里？密码是多少？

（全体学生笑）

生：不告诉你。

师：你看看，刚才我们还说做老实人要说实话，你怎么不说实话呢？这不矛盾吗？做诚实的人，并不是要把所有的事情都告诉别人，该保守的秘密要保守，不该说的秘密不说。我向刚才这位同学致以真诚的歉意，没有尊重你的隐私。下面我们就来一起探讨做诚实的人与保守秘密的话题。（板书：尊重隐私　保守秘密）

利用学生已有的知识和情感，通过简短的对话，形成师生交融的场域。在这种场域中，逐步推进，把学生的思维引入两难境地，构成矛盾心理，把学生的情感、思维和学习的欲望提升起来，在有趣而又不失真实的情境中导入新课。

三、旧闻新貌，老树新芽

《义务教育思想品德课程标准（2011版）》指出，教师在教学中，要面向丰富多彩的社会生活，开发和利用学生已有的生活经验，选取学生关注的话题。很多教师在上课时都把时事引入课堂，使课堂熠熠生辉。教学中，笔者却时常把旧闻搬上课堂，利用旧闻激发学生学习兴趣，使课堂更富有意味。

2002年11月，众多媒体曾刊登过一张吻驴的照片（如下图），那个躬身低头把自己的大嘴巴吻在驴屁股上的男人，是美国NBA前巨星巴克利。事情是怎样的呢？

原来，这位前巨星曾宣布，如果来自中国的小伙子姚明能在本赛季单场比赛中拿下19分，他将亲吻他的评论搭档肯尼·史密斯的屁股。仅过了两天，姚明就在与湖人队的比赛中一举拿下了20分，巴克利面临着与史密斯的臀部零距离接触的窘境。史密斯不愿意在观众面前暴露自己的臀部，所以租来一头驴子作为自己的替身。巴克利对此没有异议，"大嘴"凑上去亲吻了这头驴子屁股……TNT解说员艾伯特说："这真是体育转播历史上最激动人心的一刻。"球星巴克利这一吻，吻得惊人，吻得可爱，吻得活色生香。

笔者出示这则旧闻和真实的图片，让学生思考：巴克利这一轰动全球的举动给了我们什么启示？人要讲究诚信，从而引入新课"人贵诚信"（苏人版《思想品德》九年级第5课第一框）。

四、教师"献身"，触手可及

我们通常把教师、学生、教材和环境作为教学的四要素。在现实教学中，我们很多时候只关注了学生、教材和环境，而忽略了教师自身宝贵的资源。

一次，笔者到一所学校上课，课题是"探究学习"（苏人版《思想品德》七年级上册第12课第三框），利用自身实践经验，设计了如下导入：

师生问好后，教师问学生：你们认识我吗？

生1：不认识。

师：不认识，你们为什么要喊老师好。

生1：因为你是老师，值得尊敬。

师：回答得很好！

生2：因为你先向我们问好。

师：礼尚往来，很好。人与人之间要相互尊重！既然大家不认识我，很有必要介绍一下自己。

师：我来自溧阳，名叫胡兵祥，不是胡兵。胡是胡说八道的胡（学生笑），兵是兵器的兵，刀光剑影，杀气腾腾，祥是穿着衣服的喜羊羊，经常被灰太狼捉拿，但又经常捉弄灰太狼。（学生笑）你们看，我像不像个坏人？（有说像的，有说不像的）

生3：从你刚才的介绍中可以看出来，你是一个坏人。

生4：不像。因为你总是与灰太狼斗智斗勇，也就是与坏人斗智斗勇。

生5：不像。因为你戴着眼镜，很斯文。

生6：不像。因为你很幽默，面带微笑。坏人的面貌使人感到害怕。

师：很好，大家观察得很仔细！刚才我们一起探究了胡老师是不是一个坏人这个命题。初步掌握了判断一个人是不是坏人的方法。有的同学认为我像个坏人，有的认为不像坏人。不管我是不是坏人，有一条我们必须记住：看一个人是不是坏人需要一个过程，不要轻易下结论。我们刚才进行的就是一种学习方式，接下来我们要一起学习这堂课的话题——探究学习（板书）。

（本文发表于《中学政治教学参考》（中旬·初中）2012年第1-2期）

让板书扮靓课堂

新课程提出的"三维目标"要求,是对传统课堂教学目标单一化所带来的弊端的深刻反省,突出了课堂教学的多元化和人性化,强调了"以人为本"。在教学实践中,如何把"三维目标"落到实处,广大一线教师提出了不同的见解,进行了不断探索和实践。在教学过程中,笔者通过精心设计板书,将"三维目标"寓于其中,用板书扮靓课堂,取得了良好的效果。

一、通过板书表达"情感态度价值观",润物无声

思政课的内容以"情感、态度、价值观"为主线,注重对学生的心理疏导和能力锻炼。对此,不仅要求教师能够创设生活化的情境,而且要求教师通过课前预设、课堂生成、师生的互动,以情引情、以情动情、以情换情、以情育情。苏联教育家赞可夫曾经说过:"教学方法一旦触及学生情绪和意志领域,触及学生的心理需要,这种教学就变得高度有效。"思政课要真正落实"情感、态度、价值观"目标,靠传统的说教无济于事。这时,教师如果能够根据教学内容设计出有人情味的板书,以板书"传"情,教学定会锦上添花。以苏人版《思想品德》七年级第6课第二框"人人为我,我为人人"为例,笔者在教学的最后画了一颗心状的图案,把本节课的内容全部涵盖进去。突出一个"爱"字。通过这样有"心"的设计,让学生在"爱"中感悟生活、

感悟亲情,体会爱就在我们身边,并懂得"爱"是可以传递的,从而实现了"情感、态度、价值观"目标。

```
           人人为我:感受爱
                  ┌ 为他人开一朵花:表达爱——责任、情感
                  │ 心动不如行动:传递爱——从我做起,从
                  │                        小事做起
      我为人人:  ┤
                  │              他人:解决困难
                  │ 体味余香:奉献爱  社会:和谐稳定
                  └(爱要有原则)  自己:心灵的净化
                                        精神的满足
                                        道德的升华
```

二、通过板书构建"知识网络",一网打尽

"知识与技能"是新课程提出的"三维目标"之一。无论是新授课,还是复习课,掌握基础知识是思政课教学的应然性需求。"巧妇难为无米之炊",学生没有掌握基础知识,没有相应的知识储备,综合运用知识分析问题、解决问题能力就是一句空话。不管课堂教学发展到什么程度,基本知识与技能的学习与加强都是不可忽略的。对于学生而言,一节课要有一定知识的收获。但基础知识的把握又不能零散,因为零散的知识只是静态的。对此,教师必须引导学生整体把握、宏观建构。这种建构可以理解为通常所说的"知识网络"或是"知识树"。其表征是环环相扣,相互间有着逻辑联系,让学习者(学生)把所学的单个知识(点)通过一条主线串联起来,形成一个"知识链"。以苏人版《思想品德》九年级第10课"走共同富裕道路"为例,在学习完本课后,不妨构建下列"知识网络"("知识树"):

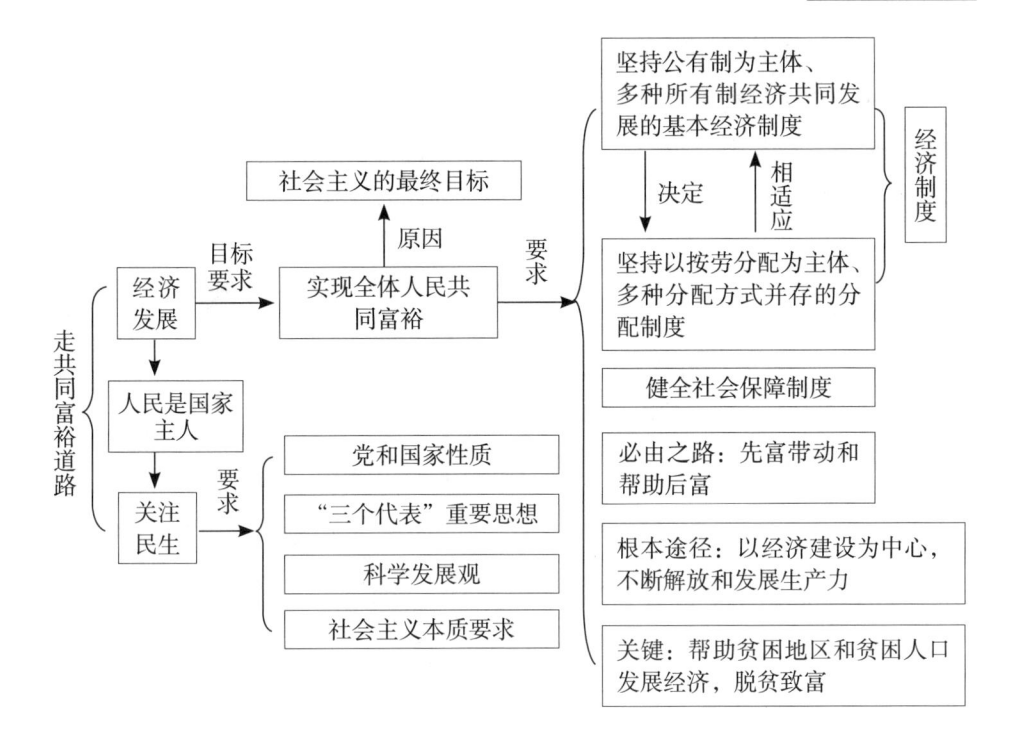

```
                                        ┌─ 坚持公有制为主体、
                                        │  多种所有制经济共同发  ┐
                                        │  展的基本经济制度       │
                                        │         ↓ 决定  ↑ 相适应 │ 经济
                  社会主义的最终目标       │                        │ 制度
                         ↑原因            │  坚持以按劳分配为主体、│
         目标          ┌──┴──┐   要求    │  多种分配方式并存的分  │
      ┌ 经济 ── 要求 →│实现全体│───────→│  配制度               ┘
      │  发展         │人民共同│          │
      │               │ 富裕  │          │  健全社会保障制度
 走 ──┤ 人民是国家    └───────┘          │
 共   │   主人                            │  必由之路：先富带动和
 同 ──┤              ┌ 党和国家性质      │  帮助后富
 富   │        要求  │                   │
 裕 ──┤ 关注  ─────→│ "三个代表"重要思想│  根本途径：以经济建设为中心，
 道   │  民生         │                   │  不断解放和发展生产力
 路   │               │ 科学发展观         │
      │               │                   │  关键：帮助贫困地区和贫困人口
      │               └ 社会主义本质要求   │  发展经济，脱贫致富
```

三、通过板书掌握"过程与方法"，真情告白

现代教学论认为，教学不再是教师的单向活动，而是师生双方的互动过程，这个过程更多关注学生的学，而非教师的教。教师课上得好与不好，不在于教师讲得如何精彩，而在于学生学得精彩与否，是否有收获。新课改提出"使学生获得基础知识与基本技能的过程，同时成为学会学习和形成正确世界观的过程"。理想的教学要突出学生的"学会学习"，让学生获得知识的过程同时成为获得学习方法和能力发展的过程。无论是从学生发展的角度，还是就学生面临的考试来说，让学生通过课堂不断增强综合运用所学知识分析问题、解决实际问题的能力刻不容缓。教师在课堂上设计出具有探究价值的板书，让学生沿着板书，通过阅读教材，自主学习，自主探究，对所学内容层层深入、有序内化，从而形成学习能力。在探究过程中，不断发现问题，解决问题，不仅使学生思维得到锻炼，而且大大激发了学生的思维潜能，让思考向更深处漫溯。以苏人版《思想品德》九年级第8课第二框"科学的行动指南"为例，中国共产党的指导思想随着时代的变化而不断丰富和发展，在不同历史时期有不同的内容。为此，教师布置学生看书，同时把板书画出来（见下图），

但其中的"时间"和"指导思想"的具体内容"留白",让学生通过自学完成。通过这样一种学习过程,学生很清楚地看到党的指导思想的发展历程,并明白党的指导思想并不是一成不变的,而是随着时代的发展、具体国情和现代化建设实际情况的变化而不断完善的,更加充满时代感。

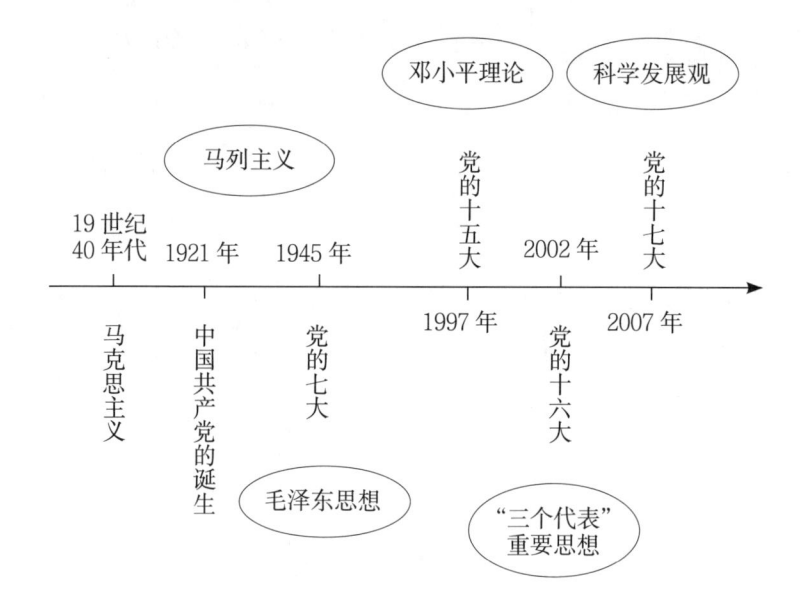

```
                    邓小平理论      科学发展观

         马列主义      党          党
                      的          的
  19世纪                十          十
  40年代  1921年  1945年  五          七
                       大  2002年   大
  ──────┼──────┼──────┼──────┼──────┼──────→
                      1997年       2007年
   马    中   党              党
   克    国   的              的
   思    共   七              十
   主    产   大              六
   义    党                   大
         的    毛泽东思想
         诞
         生                "三个代表"
                          重要思想
```

四、通过板书培养学生"图解教材"的能力,庖丁解牛

法国著名哲学家、数学家笛卡尔说:"没有图形就没有思考。"斯蒂恩也说:"如果一个特定的问题可以转化为一个图像,那么就整体地把握了问题,并且能够创造性地思考问题的解决。"

经济学中有一种"眼球经济",被戏称为"抓住了眼睛就抓住了财富"。科学研究表明,人接受外界事物的途径中,视觉所占的比重比听觉、味觉、嗅觉等大得多。研究发现,人对图形是最为敏锐的,通过图形能够更直观地理解事物的本质。而另外一个不争的事实是,每个人的思维方式都是不一样的。就教学而言,教材的编者和学习者(包括教师和学生)对同一个问题有着不同的看法和思路,学习者要想在短时间内转到教材编者的思维上去,可以一边读一边进行图解,加快对教材编写意图的理解,提高阅读效率,把握教材的核心思想。以"人民是国家的主人"(苏人版)一框为例,人民、人

民代表、人民代表大会、管理国家的权力等内容之间的关系是本节课的重点，只有让学生厘清上述内容，才能真正理解"人民是国家的主人"的内涵。为此，可以布置学生边读教材边对教材内容进行个性化图解。在学生图解的基础上，教师展示下列板书：

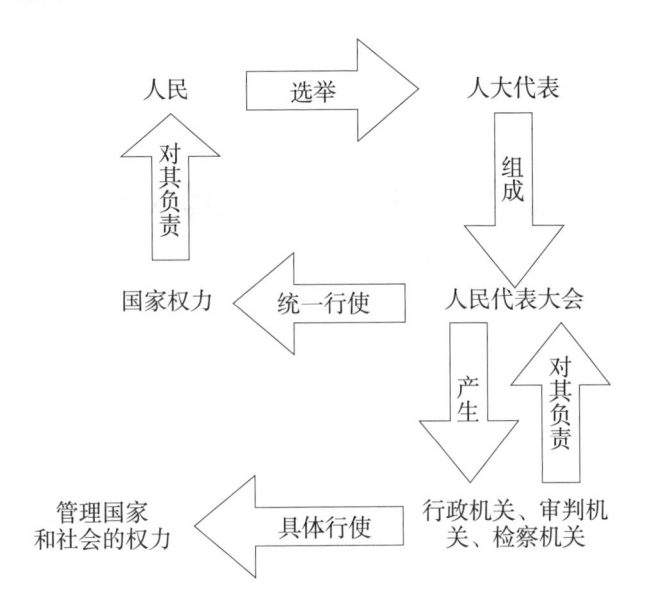

```
人民 ──选举──▶ 人大代表
 ▲                │
 │对其负责         │组成
 │                ▼
国家权力 ◀─统一行使─ 人民代表大会
                  │         ▲
                  │产生     │对其负责
                  ▼         │
管理国家    ◀─具体行使─ 行政机关、审判机
和社会的权力                关、检察机关
```

越是传统的，越是拥有独特的魅力。在教学设备越来越现代化的今天，我们不能把"古老"的板书人为地逼出教学舞台。该坚守的，还是要坚守！

（本文发表于《中学政治教学参考》（中旬·初中）2011年第10期）

为生活而教

运用数学知识 破解教学难题

在课堂教学中,有很多难点与重点如果单纯靠教师的讲解,学生很难理解,而借助数学知识加以阐述后,就会变得更加形象,更加直观,同时也使相关难点与重点内容更易于理解和体悟。现结合教学实践,试举几例。

一、"1"和"0"的妙用

人身自由权是公民最基本的权利,是公民享有其他一切权利的先决条件。因为公民只有具备人身自由,才有可能进行正常的生活、学习和工作,才有可能参与国家管理,享受民主权利和其他权利。对于公民来说,人身自由权显得尤为重要。在学习这部分内容(苏人版《思想品德》八年级下册第15课)时,教师用语言阐述道理,总感觉不够到位,于是就想到了"1"和"0"。避开数学上的内涵与意义,0对于我们来说一文不值,毫无意义,而且单个的"0"给人的感觉就是空空的。但是,如果与"1"联系起来,情况就大不一样了。10、100、1000、10000……这些数字就变得很有价值。之所以有价值,原因在于前面有了"1"。在教学中,我们就运用了类比的方法。告诉学生,人身自由权相对于公民来说,就相当于"0"前面的"1",没有前面的"1",后面的"0"再多也没有意义,没有价值。利用"1"和"0"之间的这种简单关系,让学生在对数字的理解中掌握了人身自由权的重要性。

二、"数轴"的直观表达

在学习"法律与道德的关系"（苏人版《思想品德》八年级下册第14课）内容时，让学生理解两者的调整范围是教学目标之一。法律和道德作为调整人们行为的规范，都约束着人们的行为，但法律和道德的调整范围不一样，法律只调整人们的行为，而道德则调整人们的一切，包括人们的行为和思想。道德调整的范围大于法律，法律调整不到的地方由道德加以弥补。为了帮助学生理解，笔者在黑板上画了数轴（见下图）。通过这个数轴的展示，让学生直观地感悟到道德与法律在调整范围上的不同。很明显，道德调整的范围远远大于法律。

三、"四分之一"的生命历程

在学习对未成年人的保护中，特别强调学校保护（苏人版《思想品德》七年级下册第20课）。我们知道，学校是未成年人受教育的基地，是他们成长的摇篮。他们有很长一段时间是在学校里度过的，所以，学校保护在未成年人的成长过程中有着举足轻重的作用。如何让学生更加自觉地配合学校的教育，并理解学校保护在未成年人成长过程中的作用，我们让学生算了一笔账：我们在幼儿园里一般要度过 3～4 年（如果上小小班就是 4 年），小学 6 年，初中 3 年，高中 3 年，大学 4 年，到此，在校的时间合计 19～20 年，其中还不包括读研究生、博士的时间。如果按每人平均寿命 80 岁计算，我们每个人有四分之一的时间是在学校里度过的，如果没有良好的学校教育做保障，我们青少年很难健康全面持续的成长。这样简单一算，学校保护的重要性不言自明，理解起来易如反掌。

四、"集合"的交与合

在学习"法律是我们的'保护伞'和'守护人'"（苏人版《思想品德》八年级下册第14课）时，需要理解和掌握公安机关、人民检察院和人民法院之间的关系。"在我国，公安机关、人民检察院和人民法院按照法律规定在党和国家的统一领导下，各司其职，各尽其责，互相配合，协调一致，共同行使国家权力，履行打击犯罪、保护公民合法权益的职责。"对于初中学生而言，这三个部门之间到底有怎样的内在逻辑关系？由于学生基本上没有接触过这三个部门，没有相应的生活经验作为基础，理解起来比较困难。为了破解难题，在教学中我们设计了以下"集合"的图例来说明问题。

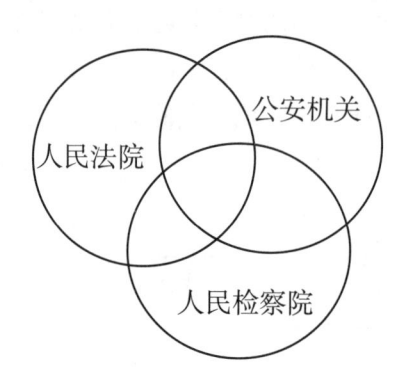

五、"13亿"的大小

在学习"合理利用资源"（苏人版《思想品德》八年级下册第20课）时，教学目标之一是要让学生感受到"我国的资源形势非常严峻"。从总量上看，我国资源丰富，自然资源总量大，资源类型齐全，是一个资源大国；但从人均资源来看，人均占有资源量严重短缺，又是一个资源小国。为了帮助学生更清楚地认识到我国当前的资源国情，增强忧患意识，树立节约资源的意识，提倡低碳生活。教师先是出示温家宝同志的一段话，"一个很小的问题，乘以13亿，都会变成一个大问题；一个很大的总量，除以13亿，都会变成一个小数目。"然后在黑板上出示一个数学算式：地大物博／13亿＝资源小国。通过一段话和一个数学算式，实现了教学目标。

六、"数字"的震撼

不是说数字越大，越震撼；有时数字的不断重复，其震撼力更强。"人生难免有挫折"（苏人版《思想品德》九年级全一册第3课）的教学目标是让学生明白，在人的一生中总会遇到这样或那样的挫折，要正确认识和对待挫折。

"林肯是美国历史上一位著名的总统，他一生经历了无数次挫折。22岁生意失败；23岁竞选州议员失败；24岁再次生意失败；25岁当选州议员；29岁竞选州议长失败；34岁竞选国会议员失败；37岁当选国会议员；39岁连任国会议员失败；46岁竞选参议员失败；47岁竞选副总统失败；49岁竞选参议员再次失败；51岁当上美国总统。"上课伊始，教师出示了这个故事，让学生从林肯的人生经历中感悟"人生难免有挫折"的道理，并让学生懂得要学会在挫折中吸取教训，不能被挫折打倒。每个人都会遇到挫折，问题的关键在于我们如何面对。要像林肯一样，在挫折中迎难而上，理智地分析，努力寻求克服挫折的时机与良策，让挫折成为人生的经验和财富，成为帮助人们走向成功的铺路石。

　　运用数学知识化解思政课教学中的难题，一方面使得思政课堂更加有趣，彰显出学科的魅力与无限的吸引力；另一方面也提醒我们：学科间知识不同，但其内在的科学精神是相同的。在教学中，学科间的有意渗透与交叉，不仅有利于本学科的教学，更能激发和提升学生学习其他学科的兴趣。

（本文发表于《中学政治教学参考》（中旬·初中）2012年第7期）

为生活而教

课堂对话要循"矩"而行

《论语》有云：从心所欲，不逾矩。孔子从人的发展角度解读了人生的最高境界，能够随心所欲，却"不逾矩"，这是何等的洒脱，又是何等的超越。由此，笔者联想到思政课教学，"从心所欲，不逾矩"不也正是我们的教学追求吗？钟启泉教授在《课程的逻辑》中指出："课堂教学本身应当是一种充满活力的对话的实践。"也就是说，课堂本质上是一个对话的实践场域，而在课堂对话中，我们又必须遵循一定的"矩"。

一、对话主题要循"道理"之"矩"

"摆事实，讲道理"是思政课教学中一个非常重要的原则。教材中的一些概念、理论如果只停留在认知阶段，要求学生读读背背记记，学生将无法深入理解，浅尝辄止，不仅体会不到学习的乐趣，反而会增添几分困惑甚或厌恶，严重的还会产生厌学情绪。为此，教师就需要"亲自出马"，通过分析，把道理讲清楚，让学生发出"原来是这样"的感叹。

有一次在复习时政时，笔者提到"普京定于2012年5月迎来他的第三届总统任期，为期6年。"有学生立即说道："不是4年吗？怎么变成了6年？""对呀，是不是打印错了。"有学生附和道。课堂对话的即时场域已经不期而遇，面对此情此景，如果简单地告诉学生就是6年，学生可能知道了这个知识，但由于不知所以然，很可能和不知道一样无用。我告诉学生：从本届起，俄罗斯总统的任期为6年，这是俄罗斯修改宪法之后的结果。为什么要把任期由4年变为6年呢？从根本上来讲是由俄罗斯的国情决定的。对于俄罗斯这样一个复杂而庞大的国家，总统四年的任期实在太短了。为什么呢？因为总统任期的第一年和最后一年都有大量的选举工作，而真正为国家服务的时间大量减少，宪法修改之后，特别是把两个选举分开就能节省很多的时间和资源。俄罗斯的宪法对于总统任期四年的规定是源于美国，经过实践检验，这并不符合俄罗斯的国情。另一个非常重要的原因就是为了维护俄罗斯的政局稳定。苏联解体之后，俄罗斯的民主体系还不够完善，普京执政时期，确立了一系列的发展计划，使俄罗斯基本上走上了正轨。2012年，普京再次上任之后，可以有更多的时间为俄罗斯服务，从而推动俄罗斯的发展。

诚然，这样的解释将花掉不少时间，但对话过程让学生理解了"为什么"，对所学内容的理解由感性认识上升到理性认识，视野得以拓展，理解更加深刻。

二、对话问题要循"逐步推进"之"矩"

课堂教学过程要遵循"提出问题——分析问题——解决问题"的规律。在设计教学问题时，势必要考虑学生思维的规律：由感性上升到理性，由浅入深，也就是说，问题的设计要逐步推进，难易相宜，给学生的思维一个坡度。

笔者在执教"世界因我而精彩"（苏人版《思想品德》九年级第12课第3框）时，按照"逐步推进"的路径，设计了如下环节：

出示四幅漫画

| 爱读书，把国出，报效祖国不服输。 | 喜欢唱，外形靓，学好本领树形象。 | 学女排，特有才，未来奥运夺金牌。 | 干农活，技术好，建设农村新面貌。 |

思考：当前，我国的发展需要什么样的人才？（各种人才）

接着，设计了以下几个问题：

（1）什么是人才？（课本上"知识链接"有介绍）

（2）如何才能成为对国家对社会有用之才？（需要学生从不同角度思考）

（3）将来你会选择什么样的职业？（先写出来，再展示）

（4）选择这个职业时考虑了哪些因素？

（第一，认清时代要求，立足自身实际，找到最能发挥聪明才智的岗位；第二，要服从祖国需要）

（5）你认为什么样的职业是好职业？（略）

在层层推进中，学生对"社会需要什么样的人才""什么是人才""成为什么样的人才""怎样成才"等问题有了清晰而准确的认识，课堂对话如行云流水，学生在对话中习得有关"人才"知识内容的同时，提高了思维水平。

三、对话载体要循"核心价值"之"矩"

《义务教育思想品德课程标准（2011版）》在"课程性质"中指出：课堂教学要"用优秀的人类文化和民族精神陶冶学生心灵，提升学生的人文素养和社会责任感。""用初中学生喜闻乐见的方式组织课程内容、实施教学。"这启发教师在选择教学素材时，要选用积极健康的具有正面引导价值的事例，创设学生喜闻乐见的情境。事例的选择和情境的创设要有利于"实现教育目标"，负面的、消极的事例尽量不要出现，因为这些会给学生留下心理阴影，认为社会一无是处，进而产生内在的反社会心理和行为，与本课程所要求的"帮助学生过积极健康的生活""坚持正确价值观念的引导与学生独立思考、积极实践相统一"等基本理念背道而驰。

某教师在教授"维护正义的意义"内容时，播放了在网络上曝光的一段视频——"女小偷被抓扒光衣服游街示众"，接着教师设问"请你谈谈对这件事的看法"。视频一播放，学生就在下面议论开来，特别是一些男生，更是交头接耳，课堂一度陷入混乱。该教师采用了错误的事例，不仅达不成教学目标，而且偏离了教学方向，不利于学生形成正确的世界观、人生观和价值观，也难以培养学生基本的善恶是非观念。

教学中的对话载体要源于学生生活、社会生活和家庭生活，但不能"眉毛胡子一把抓"；我们不避讳社会的消极方面，但教师在"从心所欲"时要遵循思政课程的基本理念，坚持正确的思想导向和价值引领，不能剑走偏锋，无所顾忌。

四、对话主体要循"学生立场"之"矩"

教学中的对话包括师生、生生、生本（学生与教材文本）对话等。很多时候我们过于注重教师与学生之间的语言对话，没有留下时间和空间让学生在自己的思维空间里织网，重构自己的内部经验。

日本学者佐藤学在《学习的快乐——走向对话》中指出："所谓学习的实践，是构建教育内容之意义的同客体对话的实践，是析出自身和反思自身在自我内在对话性实践。同时，是社会地构建这两种实践同他人对话的实践。"课堂上，我们不必匆匆忙忙为了赶时间而程序般把教学内容倾泻而下。当"我们走得太远的时候"，有必要停下来想想"为什么而出发"。课堂不必步履"矫健"，不必追求完美（也不可能完美），在适当的时间里留一点空隙让学生细细咀嚼、品味、体悟。

在一节市级公开课上，授课教师的课堂设计不可谓不精心，多媒体课件不可谓不华丽，内容不可谓不丰富，整堂课节奏很快，一环套一环，但整个过程有一种压抑感，学生难得有发言的机会，加上教师掌握绝对话语权，看似无懈可击的课堂却没有半点生机。学生处在一个封闭的空间里，思维没有机会运动，语言没有地方表达，耳朵听不到自己的声音，课堂师生对话成了教师单口相声。

所以，课堂教学对话要关注学生，而不是作为"权力主体"的教师，要把作为教师的"我"放进课堂，和学生一样，做学习的参与者。

（本文发表于《中学政治教学参考》2012年第12期）

为生活而教

自创漫画为课堂教学添光增彩

课堂教学永远是处在不断变化之中的创新过程。创新是课堂教学的活水源头，是教学充满吸引力的关键所在。课堂没有了创新，将是一潭死水，毫无生机。创新的呈现方式多种多样，其中漫画的创新就是重要一例。在教学实践中，笔者结合教材，利用漫画的形式把重点、难点呈现出来，让学生在欣赏漫画的过程中掌握知识，提升能力，培养正确的情感态度价值观。

一、权利与义务的关系

在苏人版教材中，有四处提到权利与义务之间关系的表述。七年级下册第22课第二框"依法进行自我保护"中指出："公民的权利与义务是统一的。未成年人依法享有各种权利，同时，也必须履行法律规定的义务。"八年级上册第7课第二框"对自己的行为负责"中写道："在一个崇尚道德和法律的社会，一个人不可能想做什么就做什么。任何人在享有权利的同时，必须同时承担相应的义务。"八年级下册第15课第二框"我国公民的基本权利"中指出："公民的权利和义务是一致的，权利和义务互为条件、互相依存，'没有无义务的权利，也没有无权利的义务'。"九年级第9课第二框"广泛的民主权利"中指出："权利和义务是相统一的，权利是履行义务的前提，义务是享有权利的基础。"《义务教育思想品德课程标准（2011年版）》在课程内容中把"权利与义务"单独列为一项，包含五方面内容。由此可以看出，"权利和义务之间的关系"这一课程内容贯穿整个初中教材,其重要性可见一斑。教学实践中,我们感受到如果仅仅就内容讲内容,很容易陷入从概念到概念,从理论到理论的怪圈。于是,笔者创作了一幅漫画,如下图:

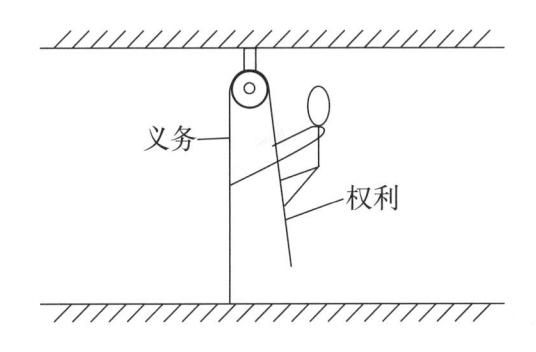

(注:某人想把对面的"义务"用剪刀剪掉,只留下"权利")

教学中,笔者设计了如下问题——根据漫画思考:某人只想享有权利,而不愿履行义务,如果他把义务剪掉,会有怎样的结果?这说明了什么道理?

显然,如果剪掉对面的"义务",只留下"权利",他最终也会因为失去"义务"而不可能真正享有权利。所以,要想享有权利必须履行相应的义务。通过对漫画的观察与思考,"权利与义务之间的关系"这一教学难点迎刃而解。当然,上课时如果把漫画中的他换成是班级中某位同学的名字,幽上一默,那效果将会更好。

笔者认为,由于"权利与义务之间关系"这一内容在七年级教材中最早出现,建议在七年级学习时就及时利用这幅漫画进行教学,八年级和九年级再学习时,只要展示一下漫画,学生就会在记忆中搜索到"权利与义务之间关系"的相关内容,教师根据不同年级的教学要求加以说明即可。

二、任何人都不得凌驾于宪法和法律之上

八年级下册第14课第一框"法律是一种特殊的行为规范"在说明"法律是对社会成员具有普遍约束力的行为规范"特征时指出:"在国家权力管辖范围内,人人都平等地享有法律规定的权利,都必须履行法律规定的义务,国家不允许有超越法律之上的特权。任何人不论职务高低、功劳大小,只要违犯国家法律,就要负法律责任。"笔者为了更加形象地说明法律规范的重要性和不可逾越性，设计了这样一幅漫画：

（说明：圆圈代表宪法和法律；每个"人"都要在圆圈内活动）

设计的问题是：漫画中这个人的举动是否正确？为什么？并举一个事例加以说明。

通过漫画的形式形象说明了宪法和法律的权威地位。任何人都必须在宪法和法律范围内活动，任何凌驾于宪法和法律之上的行为都是违法的，都要受到法律制裁。教学中，通过列举现实生活中的实际事例，说明"任何人都不得凌驾于宪法和法律之上"。

三、未成年人的"五重"保护

七年级下册第20课"法律护我成长"在讲到对未成年人的保护时谈到："保护未成年人的工作是一项十分复杂的社会工作，既包括家庭保护和学校保护，又包括社会保护和司法保护。""为未成年人成长创造一个优良的环境，是国家、社会、家庭、学校的责任，也是每个公民的义务。"此外，对于未成年人的保护还需要未成年人自身提高自我保护意识和能力，即未成年人的自我保护。所以，未成年人的保护要从五个方面加以说明。在教学中，笔者设计了如下漫画：

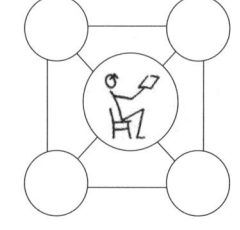

教学中，笔者出示漫画后让学生思考：假如中间圆圈内的那个人就是你，为了保护自己的健康成长，请你结合所学知识，在圆圈内填上相应的短语。学生根据所学知识完成填空，如下图：

这幅漫画向学生传递的信息很丰富——"我"端坐在中间，在认真地看书、学习，而之所以能够如此安全、健康成长，离不开家庭、学校、社会和司法等方面共同编织的保护网。为此，需要珍惜各方面的保护，珍惜良好的学习环境和机会，努力学习，常怀一颗感恩之心，感谢父母、老师，做一名合格的公民。通过这样的教学，学生不仅学到了知识，而且在情感态度价值观方面得到了提升。

四、换个角度看"风景"

在学习"让我们快乐起来"内容时，教学目标之一是让学生学会通过笑来调节自己的情绪，明确笑可以使人肺部得到扩张，血液循环加快，舒筋活络，消除心中的烦恼，让笑意常绽嘴边，永留心田。为此，笔者设计了下面这幅漫画：

仔细观察漫画，回答下列问题：

（1）从正面看，这幅漫画表达了一种怎样的情绪？

（2）请你把漫画倒过来再看一下，又表达了怎样的情绪？

（3）结合（1）（2）的回答，谈谈你有什么收获。

笔者让学生对漫画进行"正面"和"倒过来"两个角度的观察，认识到情绪是可以调节的，青少年学生要学会看到事物的积极一面，不要总是盯着消极方面，换个角度就会有不一样的体验。

自创漫画贵在有趣，有趣才能增强课堂教学吸引力。自创漫画的呈现形式主要是教师根据教学进展情况，徒手在黑板上画出，而非通过多媒体，因为这样的现场感觉更好。自创的漫画结构要简单，构建起来比较方便，操作性要强，无须借助其他辅助工具，而且要容易在黑板上短时间内画出，简单几笔就能完成。

教育家苏霍姆林斯基曾说过："如果你想成为学生爱戴的教师，那你就要努力做到使你的学生不断地在你身上有新发现。你要像怕火一样地惧怕精神的僵化。"教学工作绝不仅仅是简单的知识传授，而是一种交往，而且主要是一种心灵的交往。自创漫画教学就是一条心与心交往、碰撞和融通的路径。让我们的教学常教常新，给学生以期待，给教师以责任，让学生在为师者的身上不断有新的发现。如此，课堂教学就会有不一样的风景。

（本文发表于《中学政治教学参考》（中旬·初中）2013年第5期）

在倾听中还原学生的本真

每个人在生活中都有自己的立场，教育也有自己的立场。说到底，教育的立场是教育对象（学生）的立场。教育，只有站在学生立场上，才是真正的教育；如果抛弃学生立场，教育只可能成为一种虚假教育，甚至是反教育。

一位做教师的妈妈和她5岁的"小芝麻"一起散步。"小芝麻"问母亲："妈妈，月亮的样子为什么不一样呢？今晚的星星为什么很少呢？"妈妈正准备给她讲科学道理，"小芝麻"却自己回答："我看了好多天了，月亮很圆很亮的时候，星星就很少；月亮变成小船的时候，星星就很多。为什么呢？""是呀，为什么呢？"妈妈鼓励她继续说。"因为呀，月亮像小船的时候没吃饱，肚子瘪着呢，所以星星多啊！等到月亮饿到很瘦的时候，她实在受不了了，就开始吃星星，慢慢地肚子变圆了，星星就少了。"妈妈笑着点点头，说："原来'月朗星稀'可以这样解释啊！"这位妈妈的高明之处在于，她没有以自己的想法替代孩子的想法，而是给孩子说话的机会，鼓励孩子自主观察、大胆提问并猜想，不以所谓的科学答案纠正孩子，耐心倾听、悉心观察。反思我们的课堂教学，不也该如此吗？学会倾听，让学生"我口说我心"，讲真话。陶行知先生说过："千教万教教人求真；千学万学学做真人。"思政教学何以"教人求真""学做真人"呢？当然离不开站在学生立场上的倾听。

为生活而教

一、识得庐山真面目，只缘身在学生中

在教学中，教师要"与他们（学生）一起体会成长的美好、面对成长中的问题，为学生正确认识成长中的自己，处理好与他人、集体、国家和社会的关系，提供必要的帮助。"这是一个理念，更是一种实践。通过倾听，了解学生的真实想法，并对症下药，为学生提供有效帮助。

教学"意志的力量"，教师创设这样情境：

周末放学前，明明下定决心要高质量地完成周末作业，并提前进行复习和预习。星期天早晨 7：30，闹钟响起，明明做了一番思想斗争，又继续睡，直到 10：00 被妈妈叫起；下午 1：30，明明开始做作业，刚写了一会，同学刚刚打电话来叫他打篮球，他放下了手中的作业，拿上篮球走出家门；晚上 7：00，明明边看电视边写作业，后来索性放下了手中的笔，专心致志地看电视；晚上 12：00，明明还在拼命赶作业，他又累又困，终于支撑不住，趴在桌上睡着了。

师：同学们，从明明的经历中，是不是也看到了自己的影子？有的请举手。

（部分学生举起手）

师：看样子，胡老师是火眼金睛，讲到了你们的"痛处"。请问同学们，周一明明会有怎样的行动呢？

生1：借别的同学作业抄。

师：抄别人的作业还叫"借"？

（学生笑）

生1：那就是抄！

生2：谎称作业落在家里。

生3：谎称没有记下要做哪些作业。

生4：假装生病，请假在家补。

生5：借口家里有事没时间做。

生6：上课时会打瞌睡，因为睡眠不足。

师：刚才同学们所讲的都是肺腑之言，也是一些同学曾经的"光辉历史"。同学们想想看，长此以往，将会造成怎样的结果？

生1：成绩会下降。

生2：得不到老师的信任，成为一个不诚实的人。

师：很好！这不仅是学习成绩的问题，而且上升到了做人的高度。刚才，同学们的回答中出现了"谎称""假装"等词语，这些都是不诚信的行为。

生3：时间久了，精神压力过重，会得精神病。

师：是呀，心灵受到了创伤，回答得很精辟！

生4：这样下去，对身体也会有极大的伤害。

生5：影响同学关系，其他同学会对他另眼相看，不愿与他交往，他会变得很孤独、难过。

师：同学们回答都很有见地。我们不妨总结一下这样做的后果：一是导致学业成绩下降；二是形成不良行为习惯，影响良好品德的养成；三是影响心理健康；四是造成身体伤害；五是影响同学关系。总之一句话，"后果很严重！"你们都有过这样的经历，而且你们能真实地说出来，非常好！对于刚才的情况，希望同学们有则改之，无则加勉，用坚强的意志克服学习和生活中遇到的困难，做一个坚强的人。

教育是一种唤醒、引导、鼓励。只有站在学生的立场上，倾听他们内心深处的呼唤和表白，才能真正实现思政学科的价值，有效引导学生"逐步形成基本的是非、善恶和美丑观念，过积极健康的生活，做负责任的公民。"

二、教师不是无情物，化作春泥更护花

《义务教育思想品德课程标准（2011年版）》指出："思想品德的形成与发展，离不开学生的独立思考和积极实践，国家和社会的要求只有通过学生的独立思考与实践才能为学生真正接受。"在教学中，教师应该留给学生独立思考的时间，并引导他们把思考的结果表达出来，对的给予肯定，错的加以引导，发挥思政课"明理导行"的价值。

教学"学会承诺"，笔者出示"考考你"，共四项内容，其中一项是"好朋友王飞考试时作弊，央求你别告诉老师。面对这种情况，你会答应他吗？为什么？"预设的答案是："不会答应他。因为这种行为不道德，也违反了校纪校规。但在告诉老师时要注意方式方法，尽量保护王飞的面子。"一位女生举手回答："我不会告诉老师。如果告诉老师，老师会生气，这位同学也会生气，最终我也会生气。"通常情况下，教师对于作弊现象都是难以容忍的，而教师的气往往撒在学生身上，学生变成了教师的出气筒。这位女同

学可能之前见过类似情况,所以她认为不应该向老师反映。我接着追问:"不告诉老师,王飞这道题目还是不会,在今后的考试中遇到类似题目,他不会恨你吗?"只见那位女生不急不忙地说:"如果严重,我就告诉老师;如果不严重,我会让他把这道题目弄懂,并让他保证不再作弊。"我继续问道:"什么叫严重?什么叫不严重?如果他今后还是不改,你该怎么办?"她接着说道:"到时候再告诉老师。"本来我准备继续追问下去,但是我隐约感觉到,再追问下去也不会有多大效果。如果一味地把成人的观点强加于学生,在某种程度上不是在育人,而是在害人,因为在学生的世界里,把同学作弊这种丑事告诉老师简直就是愚蠢的行为。

在本环节的最后,我指出:"不会答应王飞。因为这种行为不道德,同时也违反了校纪校规,所以应该告诉老师。但要注意方式方法,尽量保护王飞的面子。"同时,我补充道:"如果你有把握对方今后不会再犯,你也可以选择不告诉老师。"因为我认为,这是对事实的尊重,是对未成年人世界的保护和尊重。

这节课深深触动了我,我在追问:我们是不是真正了解学生,他们在想什么?做什么?他们的生活是怎样一种状态?思政课教学要贴近学生生活,解决学生成长过程中遇到的困惑,为学生的成长提供服务。而还原学生的真实生活,才是真正的帮助。教学是一种帮助,也是一种解惑,但绝不是用成人的想法进行所谓的"教育"和"控制"。尊重学生生活,就是尊重学生本身,尊重真实世界,尊重教师自己。如此,才是教育的本真——把学生教育成真实的人,而不是教条的人、或口是心非的人。

教育要有一种"零落成泥碾作尘,只有香如故"的情怀。学生立场是崇高的、伟大的,而实践学生立场却依赖点滴的教育行为。教育行为就是学生立场的落脚点和有效载体,思政课堂教学更要如此!

(本文发表于《中学政治教学参考》(初中)2013年第6期)

以语文视角构建思想品德课堂之美

——以"伟大的基本路线"教学为例

语文,作为一门人文性与工具性相统一的学科,为其他学科的学习提供了基石。在思想品德课教学中,笔者把语文学科中一些内容引入课堂,对教学起到了很大的帮助作用。

"伟大的基本路线"是苏人版九年级第8课第三框的内容,旨在让学生知道我国经济快速发展的奥秘,发展是硬道理,"一个中心,两个基本点"之间的关系;理解我国为什么要坚持走中国特色社会主义道路、高举中国特色社会主义伟大旗帜,进而培养学生的爱国主义情感。该框内容理论性特别强,学生原有的学科储备还不具备解读本部分内容的能力。在教学中,笔者把语文教学中的写作手法、修辞手法、表现手法等引进课堂,借用学生已有的语文学科素养,充分发挥学生的主观能动性,使学生在轻松快乐中体验内容,实现道德生长。

一、活化形象,体现"比拟"之美

比拟就是把物当作人或把人当作物来描述、说明,或者是把甲物当作乙物的一种修辞格式,分为拟人和拟物,其作用在于使具体事物形象化。

教学"伟大的基本路线",笔者利用比拟的手法设计了这样的导入:

师：一个人在一生中要经历几个阶段，我们现在处于青少年时期。那我们国家现在处于什么样的时期或阶段呢？

生1：应该是幼儿时期，因为我们国家还是发展中国家。

生2：我觉得应该是中年时期，因为我们国家已成为世界第二大经济体。

师：看样子，你非常关注国家的发展，真是个合格的好公民。

生3：我认为应该是少年时期，虽然我们国家经济发展比较快，但是与美国等发达国家相比还有较大差距。

师：很有见地！我国现在处于青少年时期，叫作社会主义初级阶段，这也是我国当前的基本国情，这个时期至少要经过一百年。我们的一切工作都要从国情出发，围绕基本国情制定一系列正确的方针、政策。改革开放后，我们国家发生了翻天覆地的变化，其中最重要的原因就是我们牢牢坚持了党在社会主义初级阶段的基本路线。今天，我们就来一起学习"伟大的基本路线"。

学生的学习不是建立在空白的场域之上的，而是借助已有的体验、情感、知识和习得对新知识进行理解、内化的过程，从而丰盈学习内容。正如杜威先生所说，"教学绝不仅仅是一种简单的告诉，教学应该是一种过程的经历，一种体验，一种感悟。"经验是体验的基础，要想引导学生进入学习情境，必须联系学生学习和生活实际，充分调动他们已有的经验和头脑中储存的信息，以此作为学习新内容的前提。这一导入环节的设计，笔者就将比拟的手法与学习主题链接起来，学生的积极性被调动，拉近了理论学习与学生体验的距离。

二、联姻历史，体验"联想"之美

生活需要创造，需要联想。联想作为一种写作手法，是指人们从一种事物想到另一种事物的思维活动过程。晋代的陆机在《文赋》中写道："笼天地于形内，挫万物于笔端。"体现出联想对写作的作用。教学"为什么要以经济建设为中心"，笔者借助联想的写作手法化解了难题。下面是教学片段：

师：先请狄仁杰的后代狄××同学来侦破一下本案。（学生笑）

生1：因为我们的最终目标是实现全体人民的共同富裕，而只有发展经济才能让人民富裕起来。

师：回答得不错！我们知道，狄仁杰在审理案件的过程中，观察非常仔细，分析也非常到位。你还有没有要补充的？

生1：没有了。

师：狄仁杰在审理案件的过程中，往往不是一个人单干，总有一些助手，下面请张××来协助一下狄××。

生2：只有发展生产力才能不断提高人民群众的生活水平，最终实现共同富裕；才能促进社会全面进步，充分显示社会主义的优越性，从根本上巩固和发展社会主义制度；才能不断增强我国的综合国力，提高我国的国际地位。

师：很好！"三个才能"表达了发展经济的重要性，为侦破这个案件又提供了一个条件。当然，狄仁杰他不止一个助手，我们请徐××来补充侦查结果。

生3：没有了。（学生笑）

师：看来狄仁杰手下也有不够认真的助手。（学生笑）

师：再请一位助手来说说，有请吴××。

生4：因为我国的社会主义是在经济、文化相当落后的基础上建立起来的，现阶段的生产力发展水平、科技文化水平还不高，与发达国家相比还有很大差距，我国现在仍然并将长期处于社会主义初期阶段。

师：说得非常好！这里表达了两层意思：一是我们的底子比较薄，我国的社会主义是在旧中国"一穷二白"的基础上建立起来的；二是我们与发达国家存在着较大的差距。（我边说边张开手臂，以表示差距很大）

师：经过以狄××为首的侦破小组成员的共同努力，本案终于水落石出，请同学们自己归纳。

由学生的姓名联系到神探狄仁杰，再联想到狄仁杰的团队。学生面对比较难的问题时，往往不能非常完整地回答，如果教师不能很好地处理这种情况，则会影响学生参与课堂的积极性。"一树之花，千朵千样；一花之瓣，瓣瓣不同。"也许一个学生的回答不够准确、全面，但借助集体的智慧，把几个学生组成一个团队，相互补充，问题就会迎刃而解。借助联想开拓了思路，挖掘了文本，充实了内容。

三、俗而不同，体验"举例"之美

作为一种说明手法，举例是通过列举有代表性的、恰当的事例来说明事物的特征。为了说明事物的情况或事理，有时仅从道理上讲，人们不容易理解，这时就需要举一些既通俗易懂又有代表性的例子来加以说明。在教学"为什么要改革开放"时，笔者通过举例的方式来帮助学生理解。

师：改革开放前，我们国家实行的是计划经济，商品的价格由国家规定。比如，这件衣服（指着外套），国家规定价格为1元钱（学生笑），那么，经营者只能卖1元钱，不能降价，也不能提价。现在本商场只有一件，但是却有38位顾客需要买这件衣服，经营者想提价多赚一些，但国家不允许，经营者的积极性得不到提高，同时也不利于生产者的生产，从而影响了国家经济的发展和人民生活水平的提高。改革开放之后，情况就不一样了。价格不再由国家统一规定，而是根据市场需要。就拿刚才的情况来看，经营者就可以提高这件衣服的价格，比如100元。（学生发出惊叹声！）因为买的人多，提价后，人们也愿意买。由于买的人多了，该商场又要进货，势必会带动生产者多生产衣服，这样生产者的收益相应得到提高，带动了整个社会经济的发展。如此，不仅老百姓的收入增加了，生活水平提高了，而且国家的经济发展也有了活力。但是提高到1万元，你还会买吗？

生：不愿意。

师：注意，价格是不是就可以无限制地提高呢？显然不是，当市场出现问题的时候，国家还要进行调控，比如国家当前对房价的调控，对粮价的调控，等等。

师：再来说说"对外开放"。近代中国真是不堪回首，可以说是任人宰割、饱受欺凌，其中一个非常重要的原因就是我们闭关锁国，保守陈旧，食古不化。历史事实已经告诉我们，闭关锁国只能是死路一条。吃一堑，长一智。我们必须对外开放，引进国外先进的技术、资金，为我所用，来发展自己。同学们看，老师的这台笔记本电脑就是中外合资的产品，还有我们在马路上看到的许多轿车都是中外合资的……

通过一件衣服的价格，让学生感受"市场"与"计划"的不同，体会改革开放对个人、国家所起的积极作用。当然，所举的例子要通俗易懂，深入浅出、典型、有影响力和代表性，理论性强的内容更应如此，并且所举的例子还要让人感觉到可信，能说明事物的特征。

四、西湖西子，体验"比喻"之美

比喻作为一种修辞手法，是指利用本质上不同的事物之间的相似点来描绘事物或说明道理的一种修辞方法。比喻能将表达的内容说得生动、具体、形象，给人鲜明、深刻的印象，用浅显常见的事物对深奥生疏的事物进行解说，以易于深入理解。教学"四项基本原则"，笔者借助比喻进行了这样设计：

师：如果把社会主义现代化建设比作一艘航空母舰，那么"改革开放"就是动力系统。这艘航空母舰要快速前进还要有稳定的环境，要有护卫舰、巡洋舰、驱逐舰和潜艇等做保障，而现代化建设的"护卫舰、巡洋舰、驱逐舰和潜艇"就是"四项基本原则"，内容包括：坚持社会主义道路，坚持人民民主专政，坚持中国共产党的领导、坚持马克思列宁主义毛泽东思想。说到底，"四项基本原则"是为了更好地解放和发展生产力，促进社会全面进步。所以，"四项基本原则"是我国的立国之本，是社会主义事业的政治保证。

师：航空母舰在航行的过程中必须要沿着一定的航线前进。中国社会主义现代化建设的航线是什么呢？

生：是中国特色社会主义道路。

师：对！我们注意到，每艘航空母舰上都有一面旗帜，中国这艘航空母舰上的旗帜是什么呢？

生：应该是中国特色社会主义理论体系。

师：回答得很好！

展示课件内容（见文后图）。

教育，原本就是一个整体。在大教育观的指导下，不同学科间应相互借鉴，相互渗透。思想品德课也因语文知识而意蕴文学之美，使传统课堂味道十足，熠熠生辉。

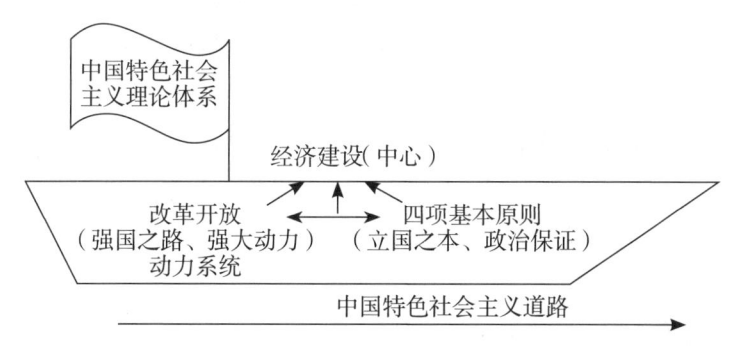

（本文发表于《中学政治教学参考》（初中版）2012年第10期）

为生活而教

课堂本真：促进学生的"学"

"从教师与学生的关系角度看，新课程要求教师应该是学生学习的促进者。"课堂是师生交往的场域，作为教学引导者和促进者，教师的主要职责在于为学生的学习提供尽可能周到的服务和帮助。在课堂这个场域，教师要在促进学生的"学"上下功夫。

一、有效点拨，柳暗花明

在教学中，我们常常会有这样的体会：由于某个教学内容理论性比较强，于是教师常常用讲代替学生的思考。虽然当时能够把问题说清楚，但是，由于学生没有经历思考的过程，很快就会遗忘。如果教师能够在学生原有认知基础上牵线搭桥，促使学生不断思考，将有利于帮助学生解决学习中遇到的困惑。

九年级"广泛的民主权利"这一内容，"选举权和被选举权为什么是我国公民行使国家权力、参与国家管理的一项最基本的政治权利"是教学难点，也是教学重点。笔者设计了如下教学片段。

阅读教材116—118页内容，思考：

（1）我国公民享有哪些政治权利和自由？

（2）在这些权利和自由中，我国公民行使国家权力、参与国家管理的一项最基本的政治权利是什么？为什么说是最基本的政治权利？

生1：我国公民依法享有选举权和被选举权，享有言论、出版、集会、结社、游行、示威自由以及监督权。监督权包括批评、建议、申诉、控告、检举权等。

师：在这些权利和自由中，我国公民行使国家权力、参与国家管理的一项最基本的政治权利是什么？

生2：选举权和被选举权。

师：你能不能说说什么叫选举权和被选举权？

生2：选举权是指公民依法享有选举人民代表的权利，被选举权是指公民依法享有被选举为人民代表的权利。

师：你再说说，选举权是选什么的？被选举权是被选为什么的？

生2：是选人民代表的，或是被选为人民代表的。

师：你再试着说说，选举权和被选举权为什么是我国公民行使国家权力、参与国家管理的一项最基本的政治权利？

（教师在"行使国家权力、参与国家管理"处加重语气）

生2：知道了。通过选举，选出人民代表，组成人民代表大会，而人民代表大会是我国的权力机关，国家和地方的重大事务都是由人大决定的。所以，从这里可以看出选举权和被选举权是我国公民行使国家权力、参与国家管理的一项最基本的政治权利。

师：你回答得很完整！能够把前面所学的人民代表大会制度的内容融会贯通，很给力。

"选举权和被选举权为什么是我国公民行使国家权力、参与国家管理的一项最基本的政治权利"这一问题，如果采用传统的讲授法，由教师讲解也未尝不可，但是，这是成人的视角，没有关注学生的思维过程。换句话来说，即使学生当时听懂了，只是听懂而已，并不能够真正"深入吾心"。教学中，通过调动学生已有认知，实现对问题的解决和突破，这个过程需要教师的点拨。教师的作用在于，通过点拨，让学生思维得到训练并找到解决问题的突破口。从这个角度来说，教学不能剥夺学生思考的过程，学生需要经历思维爬坡。

二、理清线索，突破难点

教学中，对难点的突破往往是最棘手，也是最费精力的事情。如果处理得当，学生能在教师的指引下化解难点，一点就明、一点就通。笔者认为，在这个过程中，教师要能够通过最简单的方式有效处理难点，帮助学生理解，促进学生的学。

为生活而教

在学习九年级"辉煌的历史篇章"内容时,为了让学生理解并深刻认识到"没有共产党就没有新中国,只有社会主义才能救中国,只有社会主义才能发展中国"的道理,笔者播放了一段名为《破碎的山河》的视频,介绍了自1840年鸦片战争以来中国领土被割占的史实,对此,"无数仁人志士苦苦探索救国救民的道路",这些探索包括太平天国运动、戊戌变法、义和团运动、辛亥革命等,"但这些斗争和探索一次次都失败了"。根据时间线索和主要历史事件,设计了如下板书:

1840年 —— 鸦片战争
1842年 —— 香港被割占
1849年 —— 澳门被割占
1851年 —— 太平天国运动开始
1898年 —— 戊戌变法
1900年 —— 义和团运动
1911年 —— 辛亥革命

通过上述板书的简单勾画,近代中国的场景就一览无余地展现在学生面前。同时说明,在近代,中国资产阶级和农民阶级不能领导中国人民取得革命胜利。

但是,中国不可能就此沉沦下去。面对外敌的入侵和国内的腐败落后,1921年中国共产党诞生,从此中国革命的面貌焕然一新。1949年建立了新中国。1956年底社会主义"三大改造"基本完成,我国进入社会主义社会。1978年开始实行改革开放,我国发生了翻天覆地的变化,社会经济快速发展,综合国力不断增强,国际地位、人民生活水平不断提高,香港、澳门相继回归。围绕上述时间和主要历史事件,设计了下面的板书:

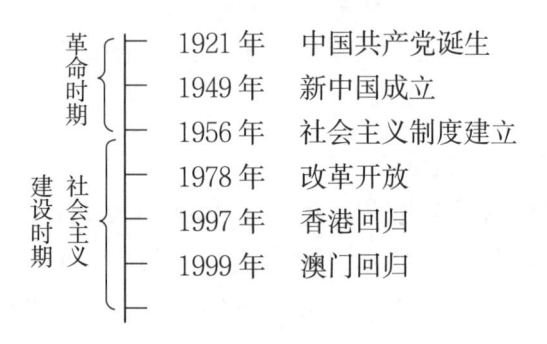

革命时期 {
　1921年　中国共产党诞生
　1949年　新中国成立
}
社会主义建设时期 {
　1956年　社会主义制度建立
　1978年　改革开放
　1997年　香港回归
　1999年　澳门回归
}

把相关历史事件及其时间加以梳理，通过板书的形式清晰呈现出来，学生有了直观的感受，加上教师的解读，学生对"没有共产党就没有新中国，只有社会主义才能救中国，只有社会主义才能发展中国"的道理理解更加深刻。

三、寻找支点，化解障碍

"给我一个支点，我能撬动地球。"教师要学会寻找并精选教学素材以帮助学生理解所学知识，在学生认知的薄弱处推学生一把，让学生对知识和道理的理解不浮于表面，而是领会其实质，把握其精髓。

九年级"人民是国家的主人"这一内容，教材通过介绍民族区域自治制度来说明"各族人民都是国家的主人"。这项制度"有利于保证少数民族人民充分享有民主权利，有利于巩固和发展平等、团结、互助的民族关系，促进各族人民共同进步和繁荣。"如何通过有效的方式帮助学生理解两个"有利于"成为教学中必须解决的问题。笔者为此找寻了大量资料，后来选择了《中华人民共和国民族区域自治法》的相关内容。其第十七条规定："自治区主席、自治州州长、自治县县长由实行区域自治的民族的公民担任。自治区、自治州、自治县的人民政府的其他组成人员，应当合理配备实行区域自治的民族和其他少数民族的人员。"第三十一条规定："民族自治地方依照国家规定，可以开展对外经济贸易活动，经国务院批准，可以开辟对外贸易口岸。与外国接壤的民族自治地方经国务院批准，开展边境贸易。民族自治地方在对外经济贸易活动中，享受国家的优惠政策。"这两条法律规定正能说明两个"有利于"。教学中，笔者把上述法律规定出示给学生看，让学生仔细阅读，接着再让学生理解民族区域自治制度的意义。因为有了非常有说服力的素材，学生理解起来就水到渠成。这里，教师在学生与难题之间架起了一座桥梁，通过学生的自主阅读，自主感悟和体会，实现了有效的学。

四、建立联系，整体把握

教材的编者不仅注意整本书、一个单元、一课内容的内在联系，而且也非常重视一框内容的整体布局与逻辑关系。在教学过程中，教师如果能够吃透教材，建立起知识之间的逻辑示意图，不仅有利于学生的学，而且能很好地培养学生的逻辑思维能力。

"人民是国家的主人"这一内容，教材在本框的最后一段写道："发展社会主义民主政治，必须坚持中国特色社会主义政治发展道路，坚持党的领导、人民当家作主、依法治国三者有机统一。"笔者结合本框内容，设计了如下示意图：

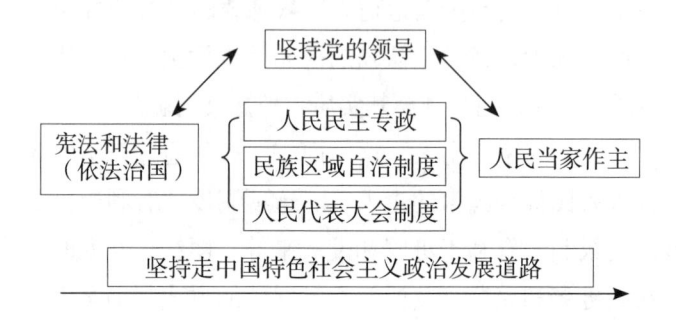

```
                    坚持党的领导
                  ↗            ↖
                 ↙              ↘
    ┌──────────┐   ┌─────────────┐   ┌──────────┐
    │ 宪法和法律 │   │ 人民民主专政  │   │人民当家作主│
    │（依法治国）│   │民族区域自治制度│   │          │
    └──────────┘   │人民代表大会制度│   └──────────┘
                   └─────────────┘
    ────────────────────────────────────────────→
           坚持走中国特色社会主义政治发展道路
```

通过构建知识间有内在联系的示意图，使学生明确知识不是孤立存在的，而是相互依存，有着内在逻辑联系的。同时也启发学生，在学习中要学会运用联系的观点，整体把握知识。

（本文发表于《课程与教学》2014 年第 5 期）

基于尊重学生的课堂教学实践

请看下面的图片，你会被这样的场景所吸引和感动。这个儿童超级有爱，传递了温暖和温馨！但是，我们可以进一步追问：这样下去，会是什么样的结果？鱼会在"爱"的名义下死去。鱼，若不生活在水里，在岸上你怎么爱它、亲它，它还是要死的！到此，对这幅图片是否可以理解为"尊重先于关爱"。教学也是如此，应把尊重学生放在首要位置。

一、尊重学生从留足时空开始

首先，要学会等待。教学实践中，我们注意到有的教师过于心急，过于想把自己的想法告诉学生，在学生思考的过程中不断提醒，不断催促。这不仅扰乱了学生思维，而且破坏了课堂应有的正常秩序。没有学生积极思维的课堂不是有效的课堂，不是学生的课堂，而成了教师表演的课堂，从而失去了课堂的本真。教学是学生的表现，而不是教师的表演。尊重学生要求教师给予学生充裕的思考时间，就像战场上该无线电静默的时候一样，教师要做的就是保持沉默。

其次，要保持距离。课堂教学是师生、生生在场的动态交往活动，是关于人的活动。每个人都有一种根深蒂固地被别人尊重的需求。在课堂场域，教师需要与学生保持适当的物理距离。

美国心理学教授卡尔做过两个实验。第一个实验是在一个空无一人的教室里，一位学生走进去坐下来看书，卡尔随即也走进去，坐在旁边的座位上，学生的反应是马上移到别的位置，80次实验大多数都是这样。偶尔有认识卡尔的学生起初碍于情面没有挪动位置，但是坚持了一会儿后，也会离开。学生的解释是："那么多空位子不选，偏坐我身边，感觉被侵犯了，尽管那座位不属于我。"第二个实验是卡尔在学生进去后，他随即走进去，选择离学生有一段距离的位置坐下，也做了80次实验，结果是大多数学生看到他的反应是亲切地向他微笑致意，即使根本不认识。两个实验的结果为什么会截然不同？关键就在于距离。在与人交往中，如果没有距离意识，就会给别人以被侵犯的感觉。新加坡女作家尤今说："真正的友谊，是需要保持一定的距离。有距离，才有尊重。"在教学实践中，大家可能会有这样的体会，当学生在回答问题而教师离学生比较近的时候，学生往往会表现出紧张、焦虑、不安等情绪，这也印证了卡尔教授实验的正确性。所以，在课堂这个空间里，教师与学生保持一定的物理距离不仅必要而且也非常迫切。当学生回答问题时，我们就做个远观者和倾听者。就像周敦颐在《爱莲说》中所写的那样"可远观而不可亵玩焉"。

二、尊重学生的自由表达

课堂原本是学生的，教师只是一个即时存在的客体，其价值在于帮助学生从学习的此岸到达学习的彼岸，从已知世界向未知世界挺进，再由未知世界到已知世界，如此往复。在这个过程中，教师能做的、要做的就是为学生提供一个可以自由言说的平台。在这个平台上，每个学生都可以发表自己的看法，教师只需稍许点拨，帮助学生辨明是非。教师充其量是一个帮助者、促进者、引导者和组织者。

【教学片段】

星期天，王佳乐所在班级组织到敬老院开展志愿者活动。早上王佳乐起晚了，埋怨妈妈没有叫醒他；到了学校，发现自己忘记带答应班长要带的摄像机。

你觉得王佳乐应该怎么办？

生1：向班长说明情况，取得他谅解。

师：有错就改，是个好孩子！（学生笑）

生2：打电话让妈妈送过来。

师：这时候不会再埋怨妈妈了吧？（学生笑）

生3：向老师借手机，因为现在手机也有摄像功能。

师：这是个好办法，省时省力。不过得提醒你，要好借好还。不仅要及时归还，还要爱护老师的手机，更不要为了满足自己的好奇心而侵犯老师的隐私。

生3：那是肯定的。

生4：可以到影楼借。

师：也是一种思路，不过需要不少租金哦！不知道能不能成功，但可以试一试，事在人为嘛！

生5：赶回去拿。

生6：再买一个。

师：你真有钱！（学生笑）

教师预设本问题的目的是想说明，当我们不能兑现承诺时，要学会沟通，通过沟通化解矛盾，赢得别人的谅解。从教学目标来看，第一位学生的回答已经达成了，本环节到此可告一段落，而学生却不肯罢休，生发出了许多奇妙的想法。这些想法虽然超出了预定的目标，但是，解决问题的路径突然之间变得无比宽阔。之所以有如此意外的收获，就在于教者没有戛然而止，而是给予了自由言说的机会，使得教学场景无比精彩。我始终相信，教育是慢的艺术，"孩子，你慢慢来！"

生活中不是缺少美，而是缺少发现美的眼睛。课堂的美在哪里？美在学生的思维碰撞中，美在预设之外的生成性回答上，美在教师给予学生足够的思考时间上，美在教师对学生及时而不平庸的评价上，更美在教师对学生的尊重上。没有对学生的尊重就没有绝妙的课堂之旅。还有什么比这更让人流连忘返的呢？教师教学的幸福感由此而生。学生在民主宽松的学习环境中体验着学习的快乐，感受着课堂对话的魅力，享受着当下课堂的快乐。

三、尊重学生的独立思考精神

日本教育学者佐藤学指出："教师要像采撷珠宝一样珍视每一个儿童的发言。"每个学生都有自己的先前经验，而不是一张白纸。对于相同的问题，学生会有不同的思考，从而使课堂呈现出异彩纷呈的美丽风景。

在教学"做诚实的人"（苏人版九年级）内容时，笔者出示了下面的情境：

26年前，徐月胜在南京做生意时，找房东沈庆祥借了300元，因为当时没钱，所以一直没有还上。多年过去了，徐月胜一直惦记着欠款。2013年，61岁的徐月胜带着1万元来到南京，找当年的房东还钱，经过多方努力，终于找到了当年的房东。

请问：如果你是沈庆祥，你会怎么做？

生1：我会一分钱不要。他有这份心意已经非常不错了，没有必要再要那300块钱了。

师：够大方的，你不差钱！（学生笑）

生2：我觉得这样不好，这是对别人的不尊重，可能会给人居高临下的感觉，看不起别人。如果是我，我会收下1000多块。这样他心里会好过一些。

师：出于对别人的尊重，收下1000多元钱。这利息还蛮高的呀！（学生笑）

生3：我会只要那300块钱。因为他是个好人。

师：没错，他的确是个好人。由此我想到我们都是好人，可是我们到银行贷款的时候，没有哪个银行说，因为你是好人就不要利息了。（学生笑）

生4：我会收下那300元，再请他吃顿饭，加深感情，毕竟他跑这么远来找我不容易。

师：很有爱心啊！一顿饭300块钱估计差不多够花的了。（学生笑）

……

学生的回答不尽相同，但都有自己的独立思考，这种独立思考是每个孩子内心的真实感受和真情流露，没有对错，没有好坏，有的尽是孩子们对同一件事的不同处理方式。教师尊重学生的思考，让他们把内心的感受说出来，这是民主课堂的体现，也是民主课堂的要求。在学生的回答中，答案不一样，体现出思考问题角度的差异性。孩子们的世界是美好的，也是多元的。世界因为多元才显得精彩，课堂因为开放而变得民主、充满人情味，课堂才熠熠生辉，让师生向往之，回味无穷。试想，如果没有尊重，没有民主，哪来那么多的笑声和欢乐，哪来那么多的真情迸发，哪来孩子们心与心的碰撞和激荡，更谈不上对孩子们的引导了。而且，教师及时且幽默的评价让孩子们能够大胆畅谈自己的想法，培养学生表达力、自信力、语言组织力、思维力和质疑力。

学生良好的品德教育不是靠生硬的说教，而是在一定的教育环境中习得的。当他们能够通过自己的思考并把思考的结果通过语言在公共场域说出来的时候，本身就经历着外在品德不断内化和内在观念外显的复杂过程，这个过程是学生作为主体的参与和介入才活生生实现的。课堂需要学生作为主体地位出现，而不仅仅是观众。

四、尊重学生的真实生活

教学是教师的教与学生的学包括情感交往在内的多向度的动态发展过程。就学生的成长而言，知识的学习是无止境的，可以在学校里进行，也可以在生活中习得。学生需要从教师那里获得的如果说是知识，倒不如说是利于终身发展的学科核心素养，比如坚韧、意志、勤奋、孝敬等情感因子。教学中，理应基于对学生生活的尊重，选取基于现实生活的鲜活的多样化素材展开教学。

我校张老师在上"中华民族的传统美德"（苏人版八年级下册）内容时生发了如下课堂片段。

师：人与人之间的交往，往往要关注一个"情"字。这里的"情"主要包括亲情（家庭成员之间）、友情（与家庭成员之外的人）、爱情等三个方面。我们来看一下亲情。（教师板书）

为生活而教

师：作为子女要孝敬父母（箭头指向父母），同时，父母也要关爱子女（箭头指向子女），相互关爱，正所谓尊老爱幼。父慈子孝，加上夫妻和睦，家庭才会和谐，家和万事兴。能够爱家人，我们才会爱他人、爱集体、爱社会、爱国家。（教师板书）

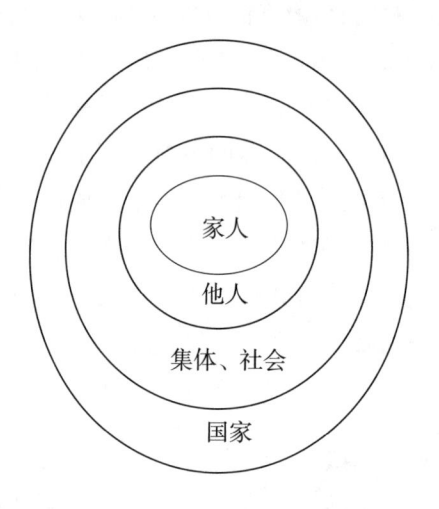

（同心圆图：家人 — 他人 — 集体、社会 — 国家）

通过简单的勾画，学生从中明白了"孝敬父母"的道理，更把这种情愫向外延伸、扩展，由小及大，由近及远，简单中透露着深邃，深邃中暗藏着情感品质。

又如，笔者在教学"人生难免有挫折"（苏人版九年级第3课）内容时，在课前设计问卷：

（1）列举一个你在生活或学习中遇到过的挫折，并说说给你带来怎样的影响？

（2）分析产生上述挫折的原因？

在了解学生在挫折方面的相关情况后进行教学设计，素材的选择来自学生现实生活，课堂上学生表现得积极、主动，教学目标水到渠成。

对学生原生态生活的尊重，还原学生生活的原来面貌，不单是教学的技巧问题，也是教师的教学智慧问题，当然，更是教学的源头活水。脱离生活的教学注定是没有活力的，不仅彰显不了思政课程的魅力，更无法实现思政课程的价值。

五、尊重学生的质疑批判品质

爱因斯坦曾经说过:"提出一个问题往往比解决一个问题更重要。因为解决问题也许仅是一个数学上或实验上的技能而已,而提出新的问题,却需要有创造性的想象力,而且标志着科学的真正进步。"

在教学"树立法治观念"(苏人版九年级)时,笔者在其中一个环节设计了这样两个问题:

(1)法治宣传的重点对象是什么?

(2)为什么要把领导干部作为普法教育的重点对象?

教师在学生回答的基础上总结说,因为他们是国家工作人员,他们如果不知法守法而做出违法行为,那遭殃的是广大老百姓。一位同学质疑:"为什么不在公务员考试的时候考有关法律知识呢?这样不就可以减少他们违法犯罪的机会了吗?"是啊!为什么不这样呢?"你说得非常好,而且是一个非常好的建议。虽然不一定能减少领导干部违法犯罪,但起码这样做要比不这样做要好,在他们入职之前就知法懂法,进而有利于他们自觉守法,更好地履行自己的职责。"学生的想法真的很多,真的很好!

教学"依法保护财产所有权"(苏人版九年级),在教学提问环节,师提出问题:"对所看的教材内容有什么疑问?"将近一半的学生举手表示有疑问。

学生提出的问题有:私生子能否继承遗产?抱养的孩子能否继承遗产?夫妻离婚后,女方带过来的孩子能继承他后爸的财产吗?如果子女把父母亲害死能继承遗产吗?离婚后的子女继承了他生父的财产,那么当他(她)先于他(她)的继父死亡,他(她)的继父能够继承他(她)的遗产吗……孩子们提出了很多问题,如果不是储备了诸多有关继承法方面的知识,还真对付不了学生们的"穷追猛打"。笔者总结说,刚才大家的问题有一个共同点,所涉及的都是不健全的家庭,不是离婚的就是再婚的。家庭是社会的细胞,家庭不稳定,社会的和谐发展就是一句空话。男同学也好,女同学也罢,我们今后都要选择对象,成家立业。我希望我们要尽百分之百的力量让家庭和睦,这也是我们每个公民的责任所在。

当下,离婚率居高不下,学生接触到的离婚现象很多,甚至于有的同学本身就深受父母离婚之苦,他们心中的问题想通过课堂解决,进而提出他们想问的问题。教学的目的是什么？不就是帮助学生解决他们在成长中遇到的疑惑和困难吗？如果每节课都能帮助学生解决他们想解决的一个或两个问题，我想我们的教育就是成功的，有意义的。

六、尊重学生价值判断的权利

教育的一个基本职责是，帮助学生树立正确的人生观、价值观和世界观，指引学生追求真善美，抵制假恶丑，明辨是非，学会正确的选择。

在教学"尊重隐私 保守秘密"（苏人版九年级）内容时，谈到"正确理解善意的谎言"，笔者出示了以下情境：

2013年5月27日，沈飞的父母参加家长会之后，回家途中遭遇车祸，母亲送到医院后经抢救无效身亡，父亲还躺在重症病房里。为让沈飞安心高考，家人只得编织一个善意的谎言。高考结束后，沈飞的亲戚正等候在考点外，人群中唯独不见他的父母。他到达医院，才知道母亲已经去世。

请问：你如何看待沈飞家人的谎言？

设计此问题的目的是让学生能够理解"善意的谎言"有时能使复杂的问题得到解决。沈飞家人的谎言是"善意的"，其目的是使沈飞安心参加高考，反映出家长对子女的关爱。

教学中，问题出示后，有学生提出，沈飞家人的做法不人性化。理由是，母亲已经去世，只剩下父亲，而且在重症病房，瞒着沈飞，如果在这几天里，父亲不能抢救过来，他连见父亲最后一面的机会都没有了，这对于他来说是一件很残忍的事。高考可以再来，但父亲只有一个。况且高考不是唯一的出路。即使沈飞考上了大学，因为没有见到父亲最后一面，他将会内疚一辈子，这对他来说是一件很痛苦的事情。不如让他知道，说不定更能激发他的斗志，因为父母是因为他才发生车祸的。另一位学生站起来反驳说，我觉得既然事情已经发生，即使告诉他也于事无补，反而会加重他的心理负担。常言道，十年寒窗苦，丢掉这样的机会是很可惜的，不如用优异的成绩来弥补，也让母亲在天之灵得以宽慰……经过几番交锋，互不相让，最后，笔者总结道："告诉他有告诉他的理由，不告诉他有不告诉他的道理，反映出大家对这个问题的不同解读。不管是告诉他还是不告诉他，请同学们思考，其目的是什么？"

学生回答："是为了沈飞能够安心参加完高考！"是啊！告诉他是实话实说，

是为他着想；不告诉他是"善意的谎言"，也是为他着想。也就是说，无论怎么做都是为他着想。需要注意的是，是否告诉他要注意他个人的承受能力。如果他的承受能力不强，最好不要告诉他；如果他承受能力强，不妨告诉他。不过，值得思考的是，一般人在这种情况都是难以承受的，所以家人没有告诉他还是有一定道理的。不难看出，"善意的谎言"是诚信的一种表达方式，是"为了他好"，是利他的行为。

  课堂的选择权在学生。他们有权利选择自己要表达的观点，这是对学生的尊重。上述教学片段中，教师基于学生的思考，调整了教学思路，同时鼓励学生发出不同的声音。正是如此，课堂才有了灵动的意蕴。因为有了教师的主动让位，才有了基于学生生活体验的价值判断和选择。如此，当学生遭遇到类似情境时，才有可能基于曾经的课堂情境和习得思维做出正确的价值判断和选择，这正是我们所希望看到的思政课堂教学所要达成的目标，知行统一，思政课程的价值在此得以体现。

（本文发表于《课程与教学》2015年第6期）

让课堂充满惊喜

无论小说、电影，还是电视剧，要想赢得读者或观众喜爱，起码有一点不可忽视，即其情节要曲折，过程要惊险，让人意想不到，给人以震撼和思考。其实，课堂教学也是如此。课堂如果平铺直叙，没有波澜起伏，没有一点惊奇，将很难吸引学生，很难激发学生的兴趣，这样的课堂，教学效果自然不会好。笔者认为，课堂教学也要出学生之不意，让学生预料不到，进而实现课堂生态的惊喜、震撼、趣味与有效。

一、用出其不意的事例震撼学生

兵法上讲究"攻其不备，出其不意"。课堂教学中，如果能选择学生意想不到而又合乎情理的情境，让学生阅读感悟，效果将会怎样？

教学苏人版九年级第12课第三框"世界因你而精彩"，笔者设计了"比一比"环节，出示某某企业家和一位清洁工的照片，设问：某某企业家与清洁工，谁有出息？你认为是某某企业家，还是清洁工。随后学生辩论。学生中认为某某企业家有出息的占多数，认为清洁工有出息的占少数。在多数同学看来，某某企业家创造的经济价值和社会价值要大于清洁工；而部分同学认为，社会生活中如果没有清洁工也不行，没有清洁工我们将生活在垃圾之中，没有了清洁的环境，"某某企业家们"将怎么能创造经济价值和社会价值……

双方各自说出了自己的见解。但从辩论双方的参与人数来看，认为某某企业家有出息的占多数，见时机成熟，笔者出示了如下材料：

"新津春子"被封为日本"国宝级匠人"，她的杰出代表就是一家面积76万平方米的"东京羽田机场"。干净得宝宝直接倒在地上休息。

新春津子，出生在中国沈阳，她的父亲是二战遗孤，是个日本人，母亲则是中国人，春子17岁时，举家迁往日本生活，那时的春子甚至一句日语都听不懂。刚到日本不懂日语也不会跟人交流，所以春子从高中开始就做上了唯一肯雇佣她的保洁工作。这一干就是21年。由于对待清洁非常细致和周到，很快春子就得到了其他人望尘莫及的评价："她的工作已经远远超越了保洁工的范畴，而是在干技术活。"春子可以对80多种清洁剂的使用方法倒背如流，也能够快速分析污渍产生的原因和组成成分。有一次，她应邀去一户家庭解决浴室地砖勾缝里一直都除不掉的灰色霉迹，她看后，决定将水与醋按照3∶1的比例兑好，放进喷雾瓶喷湿地面，然后铺上纸巾再喷一次，浸泡10分钟后，用硬刷配合市面上贩卖的浴室洗剂刷洗。最后，地砖和勾缝果然一起恢复了原色。

NHK专门为她拍的纪录片中，记录了她处理不锈钢饮水台的过程。必须利用强酸洗液祛除饮水台上黏着的漂白粉。但如果强酸停留的时间过长，则可能导致腐蚀，反而使不锈钢失去光泽。她能掌握最佳时间，在溶解漂白粉的同时，迅速冲掉强酸洗液，让饮水台恢复以往锃亮光泽。

工作中的春子异常较真，比如：在所有小孩可能会碰到的地方，都不使用刺激试剂。

因为新春津子太能干了，所以她被换到了技术监督管理岗位，负责培训机场700名清扫工队伍，有时候也会应邀去解决公共设施或家庭的顽固污迹，也因此成了日本家喻户晓的明星。

学生阅读完材料后，笔者接着追问："请刚才选择某某企业家的同学，再来谈谈你的看法。"有学生说，清洁工也能做得如此厉害，佩服！为此，笔者告诉学生，这正印证了中国的一句老话，"三百六十行，行行出状元"。某某企业家创造的价值固然很大，但是清洁工照样可以成为国宝级的人物，也可以在自己的天地里成为出类拔萃的人才，也可以做得风生水起，有模有样。

教学中，通过一段真实的事例让学生体悟到什么叫"工匠精神"，什么叫"三百六十行，行行出状元"，认识到职业只有分工不同，没有高低贵贱之分，没有等级之别，只要埋头苦干，找到适合自己、最能发挥自己聪明才智的岗位，都可以成为人才。没有过多的说教，只是通过极具震撼的事例，扭转了部分学生固有的成见，达到了"润物细无声"的效果。事实上，在当下中国，大多数人在职业观方面还存在偏见，社会上的偏见会影响学生的职业观、成才观和人才观。为此不妨选择鲜活的事例震撼学生，感染学生，让事实说话，因为事实胜于雄辩。

二、用意想不到的辩论触动学生

真理越辩越明。学生日常生活、学习中的困惑往往需要通过辩论来澄清，如果能够创设让学生意想不到的辩题让学生参与，将是一场怎样有趣的课堂之旅？

教学苏人版九年级第11课第二框"抓住机遇，迎接挑战"，笔者设计了如下环节。

南海问题一直是中美关系的焦点。有时美国军机会近距离接近我国南海领空，与中国执行例行性任务的预警机近距离相遇。美方这种做法十分危险，而中方飞行员会采取了合法专业的措施予以应对。

南海问题一直是中美关系的焦点，假如因为南海问题中美之间发生战争，你认为谁会赢？为什么？

教学中，有学生提出反驳，认为中美之间是不会爆发战争的，因为中美都知道战争会带来严重的后果。学生有了思考，有了质疑——他们不希望战争发生。笔者笑着对学生说，我们是做一个假设，这仅仅是假设，老师也不希望发生冲突。由此看来，如此设计学生是没有料想到的。随后，学生展开了针锋相对的激烈辩论，各自站在不同的角度找出了各种理由。最后笔者指出，当今国际竞争的实质是综合国力的较量，而综合国力的基础在于这个国家的经济以及推动经济发展的科技水平。

利用生活中的假设，利用生活中的不可能，反其道而行之，激发学生思考，使学生体验到不一样的课堂，体验到不一样的问题设计，有效地让学生参与课堂。更重要的是，在思维碰撞中，学生加深了对问题的理解，内化了学习目标。

三、用强烈的对比冲击学生

对比,特别是两个极具冲击力的相差很大的事物之间的对比,能给予学生巨大的惊奇,将会给课堂带来怎样不同的震撼效果?

教学苏人版七年级下册第二框"预防未成年人犯罪",常州四中的裘老师设计了如下环节。先播放一段关于未成年人犯罪之后的自述视频,然后让学生思考"为什么只抢了20元就要判3年?这公平吗?""抢了20元"与"判了3年"之间形成了强烈的对比。在这种强烈的对比中,学生的是非观受到了猛烈的冲击。在普通人看来,20元钱换来3年的牢狱之灾是不可思议的,是不符合情理的。在这样一个困惑之处,在学生认知模糊之处,让学生思考、交流,然后教师接着追问,这里的"抢"和日常生活的"偷"有什么不一样?显然,"抢"的性质更加严重,"抢"对社会的危害程度要远远大于"偷",因为"抢"具有暴力倾向,危及他人的生命安全,具有严重的社会危害性。相对来说,"偷"的社会危害性要小。根据《中华人民共和国刑法》第二百六十三条的规定"以暴力、胁迫或者其他方法抢劫公私财物的,处三年以上十年以下有期徒刑,并处罚金"和《中华人民共和国未成年人保护法》第五十四条的规定"对违法犯罪的未成年人,应当依法从轻、减轻或者免除处罚。"不难看出,对该未成年人判处有期徒刑三年是符合法律规定的,而且是从轻处罚。

再比如,教学苏人版九年级第8课第三框"伟大的基本路线",需要让学生认识到我国科技水平与发达国家还有很大差距,通常的做法是找一段材料或是运用表格对比的方法让学生体会到差距,这种课堂呈现方式不能很好激发学生的参与热情。为了让学生有更加直观和震撼的体会,笔者播放了一段中国生产的轴承与德国生产的轴承的运转时间视频。德国生产的轴承运转了将近30秒,而国产的轴承只运转了8秒钟。学生通过观看视频,对比各自运转的巨大时间差,无不强烈地感受到我国科技水平在某些方面的落后。这样,一方面表达出我国科技与发达国家的差距所在,一方面在情感态度价值观上也促使学生增强民族危机感、责任感和紧迫感,于无声处实现情感升华。

四、用师生自身资源吸引学生

课堂的生命力取决于教学设计是否接地气,能否把学生带入进去。喜欢看电影的人知道，3D电影与普通电影相比，它给人一种身临其境的体验，镜头中的场景就像在自己身边。教学中的情境也应如此，要做到让学生有一种亲临的感觉。这要求教师要选择接地气的素材，因为学生"学习最大的动力，是对学习材料的兴趣"。教学中，把师生的生活场景作为素材，将会给学生带来怎样的惊喜？

教学苏人版九年级第3课第二框"勤奋学习 善于学习"，笔者向学生展示了自己一年来所看过的书的目录，把近年来发表的文章的杂志拿到现场，呈现给学生看，用自己不断学习的做法影响学生，感染学生，勉励学生勤奋学习，树立终身学习的观念。课堂上使用教师自身资源，更具有现场性和可信性，让学生亲身感受到学习的终身性和持续性，"学高为师，身正为范。"

再如，教学苏人版九年级第7课第二框"保护智力成果"，笔者把自己发表文章的稿费单和杂志样刊拿到教学现场，并向学生说明，稿费是财产权，文章中的署名只有本人享有，属于人身权。由此，学生理解知识产权（智力成果权）的内涵（智力成果权也叫知识产权，它是法律确认的人们对其创造性成果所享有的专有权利。这一权利同时具有人身权和财产权两方面内容）相对来说就比较容易。教学中利用教师自身鲜活的资源，学生切身体悟到，我国公民享有知识产权（智力成果权）。

教学苏人版九年级第12课第三框"世界因你而精彩"，笔者利用班级里刚举行的班会课素材引入话题。周二的班会课上，班级邀请了本市的名厨（天目湖砂锅鱼头创始人朱顺才）来班级烹饪砂锅鱼头，笔者与名厨合了影，当时没想到会派上教学用场。在设计"世界因你而精彩"一框时突然想到这不是绝佳的素材吗，于是就在导入时展示这张合影，提出"照片中的人是不是人才"的问题。由于这件事真实而且刚刚发生过，引起了学生的好奇之心，学生甚是投入。

又如，复习"天生我材必有用"，笔者设计了如下情境。

初中生胡冰动手能力特别强，喜欢摆弄一些小电器，还经常义务帮助同学修理，但是由于学习成绩不太好，胡冰就一直认为自己"这也不行，那也不行""脑袋是木头做的"，不想继续上学了。胡冰的父母非常着急，劝他不要放弃学习。但他听不进去，父母偶尔批评两句，他就急得面红耳赤，还摔门而去。

（1）胡冰一直认为自己"这也不行，那也不行"，是一种什么样的心理表现？

（2）针对材料中胡冰的一系列表现，请你从三个不同方面向胡冰提出改进的建议。

学生看的时候笑了起来，原来他们笑的是情境中人物的名字。笔者把自己的全名经过改编，镶嵌在教学情境中，学生感到亲切、有意思。有时，笔者会结合班级学生的个性特征把他们（用他们姓名的谐音）设计进入教学情境中，让他们感受到课堂就是生活，生活就是课堂，课堂是自己的课堂，自然，学生参与课堂的积极性大大提高。

五、用偶发事件关爱学生

南方的冬天少有降雪，孩子们难得见到下雪。2016年冬天的一个下午，第一节课。上课铃刚刚敲完，正准备上课。外边飘起了传说中的鹅毛大雪。鹅毛大雪难得一见，而且可能时间不长就会停止。学生望着窗外，没有心思留意课堂，人在曹营心在汉。此时此刻，即使硬把学生拉回到课堂上来，效果也不会好到哪里去。笔者问学生，"你们此时此刻最想做的事情是不是到外边看看下雪的样子。"他们点头，胆子大点的学生大声说"嗯""是的""对"。笔者没有多想就顺着学生的话说，"那你们就到外边感受一下下雪吧，但是不要兴奋地大叫，因为别的班级还在上课；要注意脚下，不要因为看雪而摔伤自己。过了雪瘾后就回教室。"话音还没有完全落定，有些猴急的学生已经冲到了门外。有些学生站在走廊上望着外面，有些学生站在天空下仰着头张开嘴巴，任由雪花落入口中。笔者很享受地看着孩子们享受雪的样子，真的很享受！教育应该是什么样子？也许就应该是这个样子！孩子们也许没有想到我会让他们跑到室外去看雪。不管怎样，我尝试着给学生一些微弱的我能够做得了主的空间。美国思想家梭罗在《种子的信仰》一书中写道："如果你在地里挖一方池塘，很快就会有水鸟、两栖动物及各种鱼类，还有常见的水生植物。你一旦挖好池塘，大自然就开始往里面填东西。尽管你也许没有看见种子是如何、何时落到那里的，但大自然看着它呢……这样，种子就开始到来了。"可不是吗？当有机会给予学生一定空间和时间的时候，尽量不要吝啬，因为空间和时间正是孩子们成长的条件，有空间就会有成长，有时间就会有改变。清华大学附中王殿军说："就培养创新人才来说，我们真正缺乏的是环境，是空间。"笔者深以为然。

也是一节下午的课。坐在后面的朱同学有一个东张西望的习惯，这不，他又神不知鬼不觉地向窗外张望，被我逮了个正着，我眼睛盯着他，他不好意思，他说外边有个学生倒下了。我半信半疑。他说是真的。我快步走到他那里，往外看去，还真有一名女同学半蹲半跪在地上，我急忙让两名女同学到外面看看情况，并搀扶到医务室。有时，还真不能责怪学生。

课堂教学是一场无尽的曼妙之旅，应该有让学生感到惊喜的"美景"，应该有让学生留下印记的震撼场景。如此，课堂才能变成学生生命在场与生命生长的场域，学生发展核心素养才能落地生根，开花结果。

（本文发表于《中学政治教学参考》2017年11期）

中国元素让课堂充满文化味

——以"国家好 大家才会好"为例

中华文化源远流长,博大精深。中华文化是什么,中华文化是长江,是黄河,是长城,是故宫,是唐诗宋词、元曲和明清小说,也是端午节的粽子、春节的对联和鞭炮……这些都是中华文化的基因,都是中国人的民族文化印记。笔者试以"国家好 大家才会好"为例,谈谈如何在课堂教学中融入中国元素,让课堂充满文化味。

一、聆听中国歌曲,认识国与家

中国元素在生活中有很多表现形式。如何在上课之初就调动学生的积极性和兴趣点?笔者选择了由成龙和刘媛媛合唱的歌曲《国家》,其曲名、歌词、旋律都十分契合本课主题。

课前播放歌曲《国家》。

师:同学们听过这首歌吗?

生1:听过。

师:这首歌叫什么名字?

生1:国家。

师:歌曲中"有了强的国,才有富的家"主要表达了什么意思?

为生活而教

生1：国家强大了，才会有富裕的家。

师：意思是对的。有国才有家，今天我们就来学习第8课第一框《国家好大家才会好》。

简短而不失思维深度的追问，让本节课由有趣的问题展开，由浅入深，步步推进。

二、解析中国汉字，维护国家利益

汉字是中华文化的重要载体，体现着中国人的智慧，每一个汉字都有其独特内涵。挖掘汉字内在价值，指引学生在温习汉字的同时，进一步加深对汉字的认同，增强民族文化自豪感。为此，笔者以汉字"国"的繁体字"國"为引子，进行了如下教学。

出示繁体字"國"。

师：大家认识这个字吗？

生1：认识，是"国"的繁体字。

师："國"字能拆成几部分，分别代表什么意思？

生1：外边的大"口"代表疆域；里面的"戈"表示武器；里面的小"口"代表家庭；一提，表示篱笆。

（学生边讲，教师边在黑板上写各部分。当学生说到"戈"字时，教师故意少写一点，然后问学生这样写对吗？意在提醒学生不要把"戈"字写错）

师："一提"代表篱笆，很有想象力啊！其他同学还有不同意见吗？

生2：我觉得"一提"代表耕地用的农具。

师：这个更具想象力。还有吗？

学生沉默。

师：据研究考证，这"一提"是指？（笔者用脚狠狠地踩了两下地面）

生3：是指脚。

学生笑。

师：差一点点，是脚下的土地。当然这只是一种考证。根据"國"字的构成，请同学们谈谈国家生存和发展需要具备哪些条件。

生4：土地、人口、军事、主权等。

师：是的。当然还包括和平的环境、资源、贸易等。当这些条件得到满足，

98

我们就可以说国家的利益得到了维护。准确地说，国家利益是一个主权国家在国际社会中生存需求和发展需求的总和。

师：同学们来看看下列事件维护了国家哪方面的利益？

(1) 中方强烈反对美国对中国商品加征关税。

(2) 中央政府强烈谴责香港发生的暴力行为。

(3) 2019 年 11 月 20、21 日美国军舰擅自进入我国的南沙岛礁邻近海域和西沙群岛领海。中国人民解放军组织海空兵力全程跟踪监事、查证识别，并予以警告驱离。

生5：第一个维护了国家经济利益，第二个维护了国家社会稳定，第三个主要维护了国家安全。

师：回答得很到位。国家利益涉及内容比较多，包括安全利益、政治利益、经济利益、文化利益等。国家利益中有一些属于核心利益，就像每个人的心脏一样，包括国家主权、国家安全、领土完整、国家统一、宪法确立的国家政治制度和社会大局稳定、经济社会可持续发展的基本保障。

"國"字的解构，一方面给予学生诉说表达的机会，从中体会汉字的丰富性、趣味性以及中国人的智慧，汲取文化因子。由小到大、由表及里，逐步理解国家利益内涵。另一方面借由学生想象力的发挥，让课堂变得生动有趣。这样的课堂是学生的课堂，学生积极参与、主动体验，有了更深远的意义。

三、品味中国诗词，培育家国情怀

在浩瀚的中华文化宝库中，诗词文化更是脍炙人口。寥寥几句，往往就能勾勒出一幅意境深远的山水画。教学中，借助诗词，往往能够起到"四两拨千斤"的作用。请看下面片段——

师：中华文化的博大精深还体现在诗词里。下面来考考大家。

(1) 王师北定中原日，_____。（陆游《示儿》）

(2) 黄沙百战穿金甲，_____。（王昌龄《从军行七首·其四》）

(3) 男儿何不带吴钩，_____。（李贺《南园十三首·其五》）

学生能够说出前面两个，第三个不会。教师出示答案：收取关山五十州。

师：上述诗句体现了诗人怎样的情怀？

生1：体现了诗人的爱国情怀。

为生活而教

  师：没错。我们经常说要爱国，要维护国家利益，同学们有没有想过，为什么"要爱国，要维护国家利益"？请结合下面视频思考。

  视频内容：1937 年 7 月 7 日，日本帝国主义制造了震惊中外的"卢沟桥事变"，悍然向中国人民发动了野蛮的武装侵略。华北日军兵分三路，采取"两翼钳制、中央突破"的战略，分别沿津浦铁路、平汉铁路和平绥铁路大举进犯，待夺取大同后再分兵攻取山西的太原和绥远的包头，完成夺取整个华北的计划。一时间，中原大地狼烟四起，人民颠沛流离。面对日军强大的武力，晋绥军浴血奋战，被迫撤守。日寇的铁蹄踏破了山西的北大门固镇，一场惨绝人寰的大屠杀开始了。

  手持一本护照，来一场说走就走的旅行成为一种时尚。而中国护照的含金量，不仅在于能带你去多少个国家，更重要的是，不管你在什么地方，遇到什么情况，它都能带你安全回家。2015 年也门战乱，中国海军调派军舰赴亚丁港执行撤离任务。571 名中国公民从生命攸关到安全登舰撤离，只用了 2 天。也门撤侨还不到一个月，尼泊尔 8.1 级地震发生，中国飞机第一个到达尼泊尔，上千名中国公民脱离险境回到祖国。反复上演的"中国式撤侨"再一次让百姓心头一热。2016 年，新西兰发生强震并引发海啸。包括中国游客在内的上千名游客被困，中国领事馆包下所有能够租用的直升机，40 个小时后，125 名中国游客全部安全撤离。如此高效的救援方式，让国人自豪，世界赞叹。有一种骄傲叫：我是中国人！有一种幸运叫：我是中国人！有一种安全感叫：我是中国人！

  生 2：深刻感受到了国家落后，人民就会遭殃；国家富强，人民才有安全感，利益才会得到维护。

  师：说得非常好！有一种骄傲叫：我是中国人！有一种幸运叫：我是中国人！有一种安全感叫：我是中国人。为什么骄傲，为什么幸运，为什么有安全感，是因为祖国的强大为我们提供了坚强后盾。

  基于中华诗词，找寻出具有家国情怀的内容，让学生在吟诵中潜移默化地传承中华文化，进一步感受爱国是中华民族的优良传统。如何让学生真实透彻地理解"为什么要爱国"是教学中要直面的话题。为此，笔者选取了具有强烈对比的视频。通过观看两个不同时代、不同事件的视频，让学生真切体会到国家的强大将直接影响人民的幸福生活。

四、讲述中国故事，担当社会重任

榜样的力量是无穷的，典型的榜样力量更是如此。但典型的榜样先进事迹并不具有强大说服力，因为典型的榜样毕竟是少数。教学中，既要有典型的榜样力量，更要有普通劳动者的事迹。唯有如此，教育才具有说服力和感染力，也才更真实。为此，有了如下设计。

师：国家强大了，人民利益才有保障。从个人角度来看，国家怎样才能变得强大？下面通过一个人的事迹来思考这个问题。

出示南仁东的照片和事迹。

1994年，已然成为全世界最顶尖天文科学家之一的南仁东，放弃国外大公司的高薪，毅然选择回国，担任中国科学院北京天文台副台长。

49岁的南仁东亲自选址。11年，他手脚并用行走在悬崖边，他走过贵州的所有洼地，走过几十个大大小小的村寨；11年，他从壮年走向花甲，当同事劝他放弃时，他依旧坚持不懈。

选址成功后的索网实验失败了，66岁的南仁东踏上了漫漫"求索"之路，跑遍了大半个中国，每天只睡4个小时。2年，100多次实验，终于在他的主导下改进了索网制作工艺，成功通过了抗疲劳实验。

2015年，南仁东被确诊为肺癌，手术结束3个多月后，他忍着病痛再次如期出现在FAST的施工现场。

师：南仁东在工作中遇到了哪些挑战？

生1：恶劣的自然环境，病痛的折磨。

生2：设备不够先进。

生3：多次失败。

师：是啊！他遇到了这么多困难，为什么还要坚持，甚至在他患癌之后，还出现在施工现场？

生4：为了能够建成"天眼"，为了国家利益，为了国家强大。

师：是的，为了国家在射电望远镜方面能够在世界上有一席之地，并为世界做出贡献，南仁东一直奋斗着，哪怕是遇到再大的困难！有人认为，"天眼"的建成主要靠"天眼之父"南仁东，你赞同吗？

生5：我不赞同。虽然南仁东在"天眼"的建成上发挥着巨大作用，但也离不开施工工人。

生6：还有国家提供的资金帮助。

师：的确，在南仁东的主导、国家的支持、地方政府的关心下，所有项目成员团结一心，众志成城，艰苦奋斗，最终建成了"天眼"。可以说，任何一项工程都需要多部门的协作、大家的合作。正是千千万万劳动者的辛勤付出，才使国家不断发展壮大。

师：还有哪些人为我们的美好生活、为国家发展贡献着平凡力量？

生7：袁隆平，研究水稻，不仅养活了中国人，还对世界做出了巨大贡献。

生8："三钱"——钱学森、钱伟长、钱三强。

生9：屠呦呦，发明了青蒿素，挽救了成千上万的人。

师：刚才同学们说了很多，他们都是杰出的科学家，都为中国的发展甚至世界的发展付出了艰辛努力。不仅如此，在我国还有许许多多平凡的劳动者在自己的岗位上兢兢业业，推动着国家发展。

出示清洁工、护林工人、铁路工人、交警、军人、快递小哥、医生等工作场景图。

师：国家利益需要依靠人民艰苦奋斗，才能得到真正实现。每个人的辛勤劳动推动着国家发展和社会进步。请同学们归纳，国家利益与人民利益是什么关系。

生10：人民利益需要国家保障，而国家利益也离不开人民的艰苦奋斗，两者是相辅相成的。

师：概括得很准确。人民利益的维护离不开国家，国家利益的实现离不开人民。两者是相辅相成、高度统一的。国家和人民是一个命运共同体，国家利益和人民利益紧密相连。

国家好，大家才会好。国家怎么才会好？是本节课又一个需要帮助学生澄清的话题。学生在了解南仁东感人事迹的过程中，体会到任何一项工作都需要投入热情、时间、精力，甚至是生命，即使在和平年代。正是包括普通劳动者在内的一个又一个勇于拼搏的中国人，发挥着各自的智慧和干劲，辛勤劳动，推动着国家发展和社会进步。学生通过自主建构，认识到国家利益和人民利益两者相辅相成、高度统一。我们今天的努力，今天的所作所为就是历史，也将融入中国历史发展的洪流。讲述中国故事，展现中国精神，担当社会重任。

五、传承中国精神，贡献我的力量

课堂教学需要关联、对接学生生活。教学如果不能与学生的兴趣和需求关联，与学生的生活对接，他们便不会参与到学习中来。学习了先进人物和普通劳动者的爱岗敬业和奉献精神，如何转化为自己的精神内核，如何传承中国精神，形成属于自己的素养，离不开学生的自我体悟和思维碰撞。为此，笔者进行了如下设计。

师：请在学习单上写下自己十年后的志向，畅谈自己如何为国家、为人民奉献青春。

学生交流略。

生1：我十年后的志向是做一名老师。因为我感受到老师对我们的付出和关心，我想把这种精神传承下去，培养更多高素质学生。

师：真好！我感到很欣慰。还有谁的志向是老师？

有几个学生举手。

师：教育事业后继有人！

生2：我十年后的志向是成为一名电竞选手。

师：有趣啊！不过，要想成为一名电竞选手，现在要打好基础，不能把过多的时间放在上面哦！

……

师：你所站立的地方，正是你的中国；你怎样中国便怎么样；你是什么，中国便是什么；你有光明，中国便不黑暗。中国梦的实现需要每个人的努力，需要每个人扮演好自己的角色，承担起自己的责任。最后，老师还有一个彩蛋留给大家——国家利益重要还是人民利益重要？我们下节课讨论。

思政课不仅要关注道德知识，还要关注道德情感及道德践行，特别是对学生行为进行正确引导。十年后，现在的学生基本走上了工作岗位，成为社会主义建设者和接班人。基于此，课堂上让学生写一写、说一说自己的志向，在他们心灵深处播下善的种子，自觉承担起自己的责任，为国家发展和社会进步贡献力量。最后，为了让课堂有延续，笔者受电影的启发，给学生留下彩蛋，不仅增添了课堂的趣味性和探究性，而且让学生带着问题结束本节课，又带着问题进入下节课。

（本文发表于《中学政治教学参考》2020年11期）

为生活而教

带着学生"穿越"

"穿越"是指某人因为某个原因,从所在时空(A时空)穿越到另一时空(B时空)。时下流行很多以"穿越"为主题的小说、影视剧,吸引着诸多读者和观众的眼球。"存在即合理",穿越作品有其独特的价值,如果我们能借"穿越"之精髓,为教学所用,也不失为一种创意。在思政课教学中,笔者借助"穿越"之"剑",为课堂教学添色不少。

一、以教材为载体,"穿越"到"旧知"时代

教材是一个整体,前后内容存在着密切联系。作为教者,要学会利用前面所教的内容来诠释后来所教的内容;对于学生来说,利用旧知来理解新知,化难为简,当然是一件非常乐意接受的事情。著名教育家陶行知先生说:"凡做一事,要用最简单、最省力、最省钱、最省时的法子,去收最大的效果。"美国著名教育家布鲁纳也有类似的说法:"任何学科的内容都可以用更为经济、富有活力的简约方式表达出来,从而使学习者易于掌握。"如果能够用最简单的方式让学生掌握所学的内容,那当然是再好不过的事情了。

在教学"理想伴我成长"(苏人版九年级)内容时,其中谈到理想的分类。理想按内容可分为生活理想、道德理想、职业理想和社会理想。其中,社会理想是所有理想中最根本的,起着决定作用,它既贯穿于其他理想之中,也是一个人全部理想的归属和基础。学生对此难以理解,即社会理想为什么是最重要的。为此，笔者让学生带着问题"穿越"到以前所学过的内容。

师：请同学们把思考的方向往前"穿越"，看看能不能找到线索？

学生不停地翻书、思考。

生1：因为个人离不开社会，在教材第6页。

学生稍作停顿，继续说："人的生存和发展总是离不开社会提供的种种条件，总要受到一定的社会制度和环境的制约。个人是社会中的人，个人不可能离开社会独立存在。人的全面发展，是与社会的全面进步密不可分的。"

师：对，"穿越"得非常不错。正是因为个人离不开社会，所以才显得社会理想的重要，没有社会的进步和发展，个人理想就难以实现。我们要把个人理想融入社会理想之中。

学生在对前面知识的"温故"中实现对新知的理解和把握。而且，这个过程也是学生主动学习的过程。

再比如，在教学"艰苦奋斗 走向成功"（苏人版九年级）内容时，需要从国家层面理解为什么要发扬和继承艰苦奋斗精神。对此，笔者没有照搬教材上的话，而是先让学生"穿越"到之前所学的内容，再来阐述"从国家层面理解为什么要发扬和继承艰苦奋斗精神"。

有学生"穿越"到了"党的基本路线"内容，说："我国还处在并将长期处在社会主义初级阶段，生产力水平还比较低，科技水平也不高，与发达国家还有很大差距。"

师：你的回答很有说服力。

生2：在前面曾经学习过，当前我国各地区发展不平衡，而且贫富差距过大，还面临着环境问题、资源问题等，这些都需要发扬艰苦奋斗精神，才能得以解决。

师：非常准确！

生3：在上节课我们学习了共同理想，共同理想的实现离不开艰苦奋斗。

师：是的。建设中国特色社会主义，全面建成小康社会，实现富强民主文明和谐美丽的社会主义现代化国家的奋斗目标以及实现中华民族伟大复兴的中国梦都离不开全国各族人民的艰苦奋斗。

在学生不断对所学知识的整合中，实现了问题的有效解决。这难道不是"穿越"的力量吗！其实这种"穿越"，一方面让学生学习了新知；另一方面，也让学生温故了旧知、巩固了旧知。同时也告诉学生，学习要学会前后联系，用联系的思维，系统的方法，把知识串联起来。进而你就会发现，学习是一件多么美的事，因为知识的前后联系本身就是一种美。

二、以教师为原点，"穿越"到"我"的时代

《义务教育思想品德课程标准（2011版）》指出，要"开发、选择一切可以利用的课程资源，为实现教育目标服务"。现在就是历史的组成部分，过去更是历史的历史。教师在成长过程中留下了很多故事，这些故事是鲜活的教学资源。当然，教师本身就是一部活的"资源"，现身说法，更具教育力和感染力，效果不同凡响。

"艰苦奋斗 走向成功"（苏人版九年级）一框内容，意在让学生能够认识到任何时代、任何人都需要发扬艰苦奋斗精神。就教材的内容来看，知识目标很清晰，即要能够表述出艰苦奋斗的内涵，从国家层面和个人层面理解为什么要发扬和继承艰苦奋斗精神，青少年如何发扬和继承艰苦奋斗精神。

为了让学生更好地理解个人如何践行和继承艰苦奋斗精神，笔者带领学生"穿越"到笔者的中学时代——20世纪90年代。笔者伸出双手，让学生看。"请同学们看一看老师的双手，看看有什么痕迹？""疤痕。""是的，胡老师读初中时，每到冬天，零下10℃左右。早晨骑着不知什么牌子的自行车，戴着妈妈手工缝制的手套。说是手套，其实就是一块布按照手的形状填上棉花缝制而成的，在零下10℃左右的早晨，几乎起不到什么作用。到了学校之后，两只手已冻得麻木。时间一长，手背肿得像个馒头，晚上双手放在被窝里，奇痒无比，会不自觉地去挠。就这样，双手在肿与挠中破裂开来，就这么重复着。等到天气暖和起来后，结了痂，留下了永久印记，直到现在还没有消失，我想它也不肯回去了。"学生屏住呼吸，倾听着我的"穿越"，像是被什么打动了似的。我有点感动，为自己，更为孩子们。"当然，我们现在不可能去吃这样的苦。但是，如果有机会去吃这样的苦，我们还是要经历的。因为只有经历了这样的苦，你才会有收获，才会勇敢面对人生中遇到的挫折和困难。"我顿了顿，又"穿越"到了日本。"在我们邻国日本，到了一定年级，每年都会有三次休假,每次学校都会组织学生徒步30公里活动，并在没有任何水源、食物的荒野中磨炼三天。其间，学生们结伴安营扎寨，寻觅野果、水源，捡拾柴草，烧饭露营。"学生很惊讶！"无独有偶，在加拿大，到了初中，学校就会组织一周越野生存训练。大冬天的带着帐篷睡在雪地里，要在悬崖上攀爬，要划七个小时的独木舟。这些国家创造条件让学生接受艰苦环境的磨炼，意在磨砺学生的意志、耐力、合作等宝贵品质。所以，当我们有磨炼自己机会的时候，要敢于冒险，培养自己不怕苦不怕困难的顽强精神和坚强意志力。"

我接着说，并顺手拿起学生课桌上的一本草稿纸。"你们看，这本草稿纸多么漂亮。我想，我们可以先用铅笔打草稿，再用圆珠笔打草稿，并且双面使用，就很节约了，这种做法就是在践行艰苦奋斗精神。"说到这里，笔者想起了读书时用过的不一样的草稿纸。"不妨给大家讲讲胡老师以前用过的草稿纸。因为家里经济拮据，买不起更多的草稿纸，就买可以重复使用的'草稿纸'。"学生表示疑惑。"那种草稿纸是由两块比较薄的塑料纸合在一起的，两块之间涂上油脂类的东西，在最上面写完字后掀起来，然后继续写，重复利用。但是其最大的弊端就是不能再复原。考试的时候，只能硬逼着自己认真做好第一遍，保证正确率，否则就还要再重新计算一遍。这印证了一句俗语，'祸兮福所倚，福兮祸所伏'。这算是最勤俭节约的事情了。"学生听得津津有味，虽然听起来有点遥远，但事实就是如此。在真实的故事里，学生感动着、体悟着，这是"穿越"的力量，也让课堂充满了情的味道。

三、以视频为媒介，"穿越"到事件的现场去

互联网技术的发展为思政课教学提供了无限量的视频资源。如果我们能够很好地利用视频，将会弥补文字所带来的单调与乏味。而且，视频极具观赏性和现场感，能够很真实地还原当时的情境，借助现场实景让学生感同身受，使教学别具一格。

情感体验是最重要的道德学习方式之一。《义务教育思想品德课程标准（2011版）》指出："教师要善于利用并创设丰富的教育情境，引导和帮助学生通过亲身经历与感悟，在获得情感体验的同时，深化思想认识。"在教学"社会公共生活需要秩序"（苏人版七年级下册）时，为了让学生理解自觉遵守公共秩序的重要性，笔者播放了央视《新闻联播》曾经播放过的因不遵守交通规则而发生的惨烈车祸现场视频。一幕幕不忍目视的车祸瞬间，让学生深

切体会到了车祸的惨烈,而车祸的发生正是不遵守交通规则的恶果。无须教师多言,学生自觉遵守公共秩序的意识会在观看视频的过程悄然培养和树立。因为,没有人会拿自己的生命开玩笑。

四、以历史为半径,"穿越"到真实的历史中去

历史就是历史,谁也不能改变。在课堂教学中,笔者时而结合历史上的人物,穿越时空,让课堂幽默不断。

上课前,有时发现部分同学在座位上奋笔疾书,争分夺秒地写作业,我会时不时地来一句:"我们班最近出了不少名人。"学生不明就里。"现在网络上有一句话很火,'杜甫很忙'。看来我们不少同学课间不知道调整自己,变得像个很忙的人一样,都成了日理万机的杜甫了。"

在教学"理想伴我成长"内容时,笔者设计了这样的问题:你的理想是什么?理想确立的依据是什么?笔者问了四位同学的理想。他们的回答分别是:记者、开淘宝网店卖肉松饼、歌手、军人。对于确立这些理想的依据,他们都不约而同地提到了自己的兴趣。的确,理想的确立需要根据自己的实际情况,包括兴趣爱好、特长、个性特点等因素。接着我说道:"李白想成为一名记者,能成吗?"学生摇头。"李白想开个淘宝网店,行吗?""不可能。""李白想成为一名歌手,行吗?""不行!""李白想要成为一名军人,可以吗?""可以。""为什么有的可以实现,有的却不可能实现呢?""因为时代不一样。""是啊!因为受时代的限制,所以想成为一名记者、歌手及开淘宝网店都不可能实现,而那个时代有军人,可能会成为现实。所以,理想的确立还要结合时代的实际,顺应时代的需要。"通过幽默的"穿越"方式让学生理解"理想的实现除了要根据自己的兴趣爱好等自身实际情况,还要符合时代发展的需要,否则就很难甚至不可能实现。"

五、以生活为坐标,"穿越"到学生生活中去

《义务教育思想品德课程标准(2011版)》强调,教师要深入了解学生需求,面向丰富多彩的社会生活,善于开发和利用初中学生已有的生活经验,选取学生关注的话题组织教学,为学生的健康成长服务。学生的世界是美妙的,也是神秘的。如果我们能够穿越到学生的生活空间里去，想必会对教学产生莫大的帮助。一如《苏菲的世界》里的苏菲一样，因为艾伯特的出现而使自己的生活发生了改变，使她对人的存在有了哲学的考量，生活得非同一般。

在教学苏人版九年级"感受社会变化"内容时，讲到社会生活中文化生活的变化。为了让学生更好地感受社会变化，笔者就穿越到了学生的生活中去。

师：在暑假里，除了完成学习任务之外，同学们还做了哪些事情？

生1：我出去旅游了一趟，看了电影，还健身，游泳。

生2：我的暑假还是比较丰富的。七月份基本上没怎么学习，八月份才开始学习。七月份，我到安徽旅游了一次。回来后我联系了广告公司做兼职，帮别人发广告。然后在七夕情人节之前，我从花店里批发了十几朵玫瑰花，赚了120多块钱，不过那天回家比较晚，被我爸骂了一顿。也不能怪我，我打了三次电话他都在通话中。

师：你没有再打第四次。

生2：没有，因为我快要到家了。不过习惯了，经常被我爸批评。

师：钢铁就是这样炼成的。（学生笑）你知道你爸为什么骂你吗？

生2：我知道。

师：知道就好！最近社会上就发生过几次女孩失联的事件，而且有的被害。所以女生外出一定要征得父母的同意，注意自身安全，学会自我保护。不过我还是非常赞同你暑假里能够参加社会实践活动，做兼职工作，能够很好地锻炼自己。但是，不能忘记完成学习任务。

生3：看电视、玩游戏。

师：难怪你的眼睛近视呢！（学生笑）看电视、玩游戏是你暑假的全部生活？

生3：不是，主要还是学习，看电视、玩游戏只是一小部分。

师：我们为什么能够进行外出旅游、看电影、健身、看电视、玩游戏等文化生活？

生4：因为我们经济条件变好了。

师：秦始皇作为一国之君，有钱吧？他能看电影、看电视、玩游戏吗？（学生笑）

生4：不能。还因为科学技术发展得比较快。

师：是的。科学技术是经济社会发展的强大动力，改变着世界的面貌和人们的生活方式。当然，我们能够做这些，还因为我们有空余时间。

从学生的现实世界出发，生发出宝贵的教学资源，使课堂向更深处漫溯，课堂由此变得妙趣横生，熠熠生辉。

教学是一个由未知到已知，再由已知到未知的"解密"过程。"解密"的手法并不是"自古华山一条道"，而应是异彩纷呈、丰富且充满趣味的旅程。"穿越"就是这个旅程中碰触到的一朵美丽的小花。

（本文发表于《中学政治教学参考》（初中版）2015年第6期）

教具：思想品德课教学的有力支撑点

《义务教育思想品德课程标准（2011版）》指出："应鼓励教师从实际出发，因地制宜，积极创造和利用课程资源"，"优化教学资源组合，有效地实施课程目标。"课程资源的开发与利用应"有利于学生的探究性学习和实践能力的培养"。笔者在教学中发现，将"教具"这一课程资源巧妙地运用于思政课堂，别有一番收获。

教具是指教学时用来讲解、说明某事物的模型、实物、图表、幻灯等。思想品德学科教学中所使用的教具大都是教师根据教学需要而自备或自制的物品。

一、亲眼所见，眼见为实

如何做一个成熟、理智的消费者，是八年级下册第16课（苏人版）的教学目标之一。当前，食品安全引起了全社会的高度关注。对于大部分时间生活在学校里的初中生来说，让他们掌握更多有关食品安全的知识，辨别消费领域的陷阱，增强自我保护意识，是思政课教师的职责所在。对此，笔者从超市里买来一罐"旺仔"小馒头作为"教具"，展开教学。以下是教学片段：

师：各位同学，作为一名成熟的消费者，要尽可能掌握所购买商品或服务的知识。比如我要到一位朋友家做客，朋友家有一个小孩，我准备带一些小孩吃的东西送给他，据了解，这个小孩喜欢吃"旺仔"小馒头。大家帮我出出主意，在购买时要注意哪些问题？

生1：生产日期，不要买过期的。

生2：要到正规的大商场里去购买，以防买到假冒伪劣产品。

生3：货比三家，争取买到物美价廉的商品。

师：不错，刚才同学们说得都很好！在购买商品时，需要注意的还有很多。下面请一位同学把老师手中的"旺仔"小馒头包装罐上的内容读一遍。

（生读）

师：同学们刚才听到了这罐"旺仔"小馒头的相关信息。接下来，让几位同学上台来亲眼看一看。

（几名学生代表上台依次围绕"旺仔"小馒头的罐子看了一遍）

通过这种方式，学生能够较直观地感悟到做一个成熟的消费者应该怎么做，有利于增强学生的实践经验，促使他们掌握基本的食品安全知识。

二、有理有据，化难为易

宪法是国家的根本大法。为什么"宪法是国家的根本大法"？教材（苏人版八年级下册第15课）是这样表述的："宪法具有最高的法律效力，宪法是制定普通法律的依据和基础。"以往的教学都是从理论到理论，理解的还是理解，不理解的还是"涛声依旧"。面对这样的困局，笔者利用《中华人民共和国刑法》（以下简称《刑法》）、《中华人民共和国未成年人保护法》（以下简称《未成年人保护法》）等法律文本作为教具展开教学。以下是教学片段：

师：宪法是制定普通法律的依据和基础，普通法律是依据宪法制定的。

（出示《刑法》文本）

师：我手中现在拿的就是我国现行的《刑法》，让我们一起来看第一条是怎么规定的。

（实物投影展示《刑法》第一条内容：为了惩罚犯罪，保护人民，根据宪法，结合我国同犯罪作斗争的具体经验及实际情况，制定本法。）

师：老师手头还有一本《未成年人保护法》，也来看一看第一条规定。

（实物投影展示第一条内容：为了保护未成年人的身心健康，保障未成年人的合法权益，促进未成年人在品德、智力、体质等方面全面发展，培养有理想、有道德、有文化、有纪律的社会主义建设者和接班人，根据宪法，制定本法。）

师：同学们看看这两条规定有什么共同点？

生1：这两部法律在第一条都规定"根据宪法，制定本法"。

师：这说明了什么？

生2：说明普通法律都要根据宪法来制定。

师：非常正确！绝大多数普通法律在第一条中都这样明确规定，但有些法律在表述的时候并不都是这样的。在我国，普通法律的内容都是依据宪法制定的，而且不能与宪法规定的内容相抵触，否则视为无效。

在教学中，对于理论性比较强的知识点，单纯讲授不仅无益于学生理解，而且还会扼杀学生学习的兴趣和积极性。传统思政课被许多学生所诟病，一个非常重要的因素就在于课堂教学的枯燥、无味。为此，我们不妨换一个角度，利用我们身边活的教学素材，把比较难懂的理论转化为学生易消化的、浅显的生活现象，化难为易。

三、指鹿为马，别有洞天

教学"感悟合作价值"（苏人版九年级第4课），如果按照教材上的安排组织教学，将很难调动学生的积极性和主动性。在进行教学设计时，笔者不断思考：怎样让学生认识到合作的价值，在感悟中自觉践行合作。笔者想到了班级黑板报这一"教具"。于是，就有了以下教学片段：

教师：你们这期的黑板报出得太漂亮了，请问是哪些人的杰作？站起来给大家看看！

生：……（七嘴八舌）

（出黑板报的几位同学站了起来）

师：请几位同学闪亮登场，到讲台前。

（学生陆续到讲台前，显得有点不知所措，不知道老师葫芦里卖的是什么药）

师：请问"圣诞快乐"这几个字是谁写的？

（一生举手说是她，紧接着，教师一个一个地问：字是谁写的？插图是谁画的？版面是谁设计的？还有哪些人参与了本期黑板报工作？学生一一回答）

师：很好！我们认识了几位"大师"。同学们看，他们几个人组成了一个出黑板报小组，有共同的目标，有明确的分工，与个人工作方式不一样，这就是合作。请同学们继续探讨：合作有什么意义？

（分小组讨论、汇报）

教师根据学生的汇报及时写下关键词。关键语句有：发挥长处和优点、培养自身能力、节约时间、提高效率、培养团队精神与合作意识、加强交流、给别人带来快乐等等。

教师：同学们合作的结果很理想，看（教师指着黑板）！通过大家的通力合作，问题得以解决。这就是合作的作用。在座的各位同学在今后的学习过程中要善于合作，善于协作。

显然，很多事例都可以作为"合作价值"的教学素材，问题在于如何找到最佳的切入口。在备课时，我找寻了许多事例，但总觉得不太满意，不经意间，灵感而至，何不用班级黑板报这一现成的教学资源呢？于是，教学设想就水到渠成。

四、酱油与醋，助学探究

在课堂教学中，要善于鼓励学生质疑，质疑之后要尝试探究。这是培养学生探究意识、提高学生探究能力的过程。七年级上册第12课第三框"学会探究"（苏人版）意在引导学生培养善于发现问题、解决问题的能力。如何根据学生实际，创设有效的情境，让学生积极参与？笔者在反复取舍的基础上，利用醋和酱油以及碗勺这些教具设计了如下教学：

师：我需要两名志愿者。

（生举手，走上讲台）

师：现在他们俩正在兰州拉面馆吃面，遇到了一个难题。他们发现，餐桌上一个标识着"醋"的瓶子里装的是酱油，而标识着"酱油"的瓶子里装的却是醋。为了方便客人，怎样在没有任何抛洒的情况下，借助餐馆里现有的工具，将两瓶调料调换过来。

（师指着讲台上的两只碗，一个勺子）

（注：标识贴在瓶盖上）

（生在下面进行着热烈的讨论）

生1：我想到了解决方案。

上台演示：把酱油和醋分别倒在碗里，但发现一个问题：碗太小，装不下瓶里的醋或酱油。他提出拿大一点的碗。教师说没有了，碗全部用完了。学生说盆也可以。教师说没有。探究不成功。

（讨论声几乎没有了）

生2：老师，我来试试。

上台演示：他仔细看了看两个瓶子，发现是一样的，拿起酱油瓶和醋瓶，将上面分别写着"酱油"和"醋"的瓶盖拧下来调换后，盖在各自的瓶子上。

（下面爆发出热烈的掌声）

生活即教育，即学习，在选择教学素材时，只有紧密联系学生生活实际或是学生感兴趣的材料，学生才愿意参与，愿意投入，教学才会生机盎然。这也印证了《义务教育思想品德课程标准（2011版）》所要求的那样，教学要"与学生生活经验和社会实践相联系，通过学生自主参与的、丰富多样的活动，扩展知识技能，完善知识结构，提升生活经验"。

教具的选择与运用，为教学锦上添花，增强了思想品德课的趣味性和吸引力，在促进学生正确思想观念和良好道德品质的形成和发展方面也起到了推动作用。

（本文发表于《中学政治教学参考（中旬刊）》2012年第3期）

为生活而教

有用的技能教学不能缺位

毋庸置疑，任何一门课程的开设都有其特定的价值。集思想性、人文性、实践性和综合性为一体的初中思想品德课程是"一门以初中学生生活为基础、以引导和促进初中学生思想品德发展为根本目的的综合性课程"，旨在"引导和促进初中学生思想品德发展"，帮助学生过积极健康的生活，做负责任的合格公民。合格公民的内涵很丰富，比如掌握自救和救助他人的知识和技能就是其中之一。

2014年8月3日16时30分许，云南省昭通市鲁甸县境内发生了6.5级地震。8月5日清晨，14岁的冯源涛在龙头山镇营盘村银厂坡山腰坪干上用石头摆出"救SOS命"字样。他有这样的自救行为，是因为他从思想品德书上看到SOS是国际求救信号。这是目前为止笔者看到的思政课对学生直接发挥引导作用的新闻报道，没有之一。

无独有偶，笔者近来读到一则材料：2012年4月9日，美国华盛顿州米尔顿县一辆校车运送学生时，校车司机心脏病突发，导致汽车失控。此时车内一名13岁的学生杰里米·伍伊特希克一把抓住方向盘，使汽车驶向路边，拔出车钥匙。停车后，伍伊特希克和一名学生以挤压胸腔的方式抢救司机。事后，美国警方表示，这些孩子每年参加多场紧急情况应对演习。

不管是冯源涛，还是伍伊特希克，其感人之处在于他们处变不惊，能够自救和救人，学以致用。杜威在《民主主义与教育》一书中评价柏拉图的教育哲学时这样写道:"当社会中每个人都能按照他的自然禀赋做有益于别人的事情(或对他所属的集体有贡献的事情)时,社会就能稳固地组织起来;教育的任务就在于发现每一个人的禀赋,循序渐进地加以训练,应用于社会。"教育需要让学生从中受益,利用所学的知识和技能做有益于他人和社会的事情,承担起社会责任。

诚然,促进学生良好道德品德的养成是思政课教学的应有之义。但在教学中不能忘记对关乎学生健康成长的技能性知识的传授。如果冯源涛没看到过国际救援信号,等待他们的可能就是死亡;如果伍伊特希克和他的小伙伴们没有参加过紧急情况应对演习,等待他们的可能就是巨大灾难。他们通过已经习得的自救和救人的知识和技能,避免了悲剧的发生。

回到思想品德课。在《义务教育思想品德课程标准(2011版)》中,有两处提到未成年人要有自救和救助他人的知识和技能。一处是"课程内容"中"成长中的我"之"心中有法"的"3.3……掌握获得法律帮助和维护合法权益的方式和途径,提高运用法律的能力。"一处是"课程内容"中"我与国家和社会"之"积极适应社会的发展"的"1.6积极参与公共生活、公益活动,自觉爱护公共设施,遵守公共秩序,有为他人、为社会服务的精神。"从课程标准的规定来看,涉及学生自救和救人方面的实用知识和技能偏少。建议教材的编者在修改时,针对课程标准的不足增加这方面内容。

在教学过程中,教师应加入学生自救和救人的相关知识和技能,创设近乎真实的场景,以学生的参与、讨论、感悟代替教师的"告白"。比如,面对暴徒的突然袭击,怎么办?面对他人落水,如何施救?面对不期而遇的地震,如何应对?面对火灾、洪水、爆炸等险情,有哪些应对措施……对于学校而言,要尽可能把演练做到位,做真实,让学生身临其境,从演练中受到冲击,要有一种切肤之痛,留下深深的烙印。

给予孩子们一生有用的知识和技能,这是教育的任务,也是教师的职责所在。

(本文发表于《中学政治教学参考》(初中版)2015年第4期)

基于学生立场的复习课

一直以来,初中思想品德复习课是比较难上的课型,很多老师怕上复习课,对复习课心存疑虑和恐惧。通常,复习课是这样上的:教师直接进入主题,带领学生以"是什么""为什么""怎么做"为主线进行梳理,借用一些案例阐述知识点,让学生在书上画画背背,接着是课堂练习,教师讲解练习。该复习模式带来的结果是,课堂教学波澜不惊,激发不了学生学习的兴趣,学生被动对知识进行再认识,没有创意,没有新鲜感,听起来索然无味。这样的复习课既没有对知识的深化,也难有能力的提升,更看不到情感态度价值观的落地。

不管是新授课,还是复习课,都要注重三维目标的落地生根、核心素养的培养,而不是纯知识的昨日重现。复习课同样要凸显出学生的主体性、参与性、体验性,关注学生能力的提高,帮助学生过积极健康的生活。下面笔者以复习"学会合作"为例,与大家交流初中思政复习课的一点尝试。

一、态度第一,关注情感

【片段一】情感体验——正式上课前,让学生齐读"态度第一,努力第二,方法第三"。其目的在于让学生明确,在学习上,态度决定一切,良好的态度是取得成功的决定性因素。

一切形式都要为内容服务。教学的终极目的是教会学生学，促进学生的发展，而会学的前提是学生愿意学。愿意学需要学生认识到学习对自身发展的重要意义。在当前环境下，初中生能够认识到学习对自己很重要的不在多数。课还没上，就让学生认识到投入学习热情是至关重要的。学生在读的过程中情感迸发，为接下来课堂的高效学习奠基。所以，通过大声诵读的形式来强化学生的学习态度是必要的。

二、趣味导入，点燃热情

【片段二】游戏：抓苹果——老师拿出一个苹果，问学生：一个手指头能不能拿起苹果？谁能拿起来，这个苹果就送给谁。

生：我能，用手指头戳。

师：你来试试看。

学生上台试验，手指头戳不进去。

师：实验结果说明，一个手指不能把苹果拿起来。那需要几个手指呢？

一学生举手，上台，用两个手指头拿起苹果。

师：这个苹果就送给你了，下课好好享用吧！这节课我们一起来学习"学会合作"。

有教师认为，复习课不需要导入，开门见山，节省时间。笔者以为，复习课也需要有恰当的导入。一个不争的事实是，初中思政课一般都安排在下午，而学生经过一上午的高强度学习，再加上复习期间天气变暖，学生容易犯困，如果直接导入，很难激发学生的兴趣。"兴趣是最好的老师"，复习课仍然需要通过各种方式吸引学生注意力，激发学生积极参与课堂学习的热情。笔者把苹果作为道具，既吸引学生的注意力，又紧密结合教学主题，花费时间不多，却大大聚焦了学生的听课状态，同时让学生在游戏中领悟道理，可谓一举多得。

三、自读文本，构建体系

【片段三】自主阅读、自主建构（根据下列要求，阅读考试指导P3—4"四、学会合作"）

看书要求：1.把你认为重要的字词圈出来。2.遇到不懂的问题或有疑惑的地方用你喜欢的方式标注出来，小组交流时提出。3.构建知识体系。知识体系构建好后，组长组织讨论，以某位同学的体系为原型进行完善，并安排该同学上台展示，其他同学可以补充（同组和非同组的都可以）。

复习课必须夯实基础，整体把握知识，由点到面，层层推进，高屋建瓴。传统的做法是教师通过板书的形式把某部分知识通过各种形式（主要以大括号的方式）呈现出来。在此过程中，缺少学生对知识的主动认知和整体认识。而且，教师的构建是从成人视角来理解和认识的，缺少学生视角，更谈不上学生思维。作为学习主体的学生，如果缺席学习过程，教师的所有努力都是低效的，甚至是无效的。美国学者埃德加·戴尔通过研究发现：学习两个星期后，聆听能够记住学习内容的5%；阅读能够记住10%；观察多媒体能够记住20%；观看现场演示能够记住30%；参与讨论能够记住50%；亲身体验，在做中学能够记住75%；学会后讲给别人听或进行运用能够记住90%。学生通过自主阅读、自主构建，特别是上台向全班同学讲述这样做的理由，促进了学生学习的有效性。

从考试的角度来看，《考试说明》（中考的指导性文件）明确要求学生"能够调动和运用相关知识和技能，分析和解释有关社会现象，判断和评析有关观点；能用……正确的逻辑关系，表达出论证、探究的过程和结果，合理并有创意地提出解决问题的方案"。学生如何调动和运用所学知识解决问题，需要从宏观层面把握知识，而构建知识体系把这种需要变成了现实。

基于这样的思考，笔者通过任务驱动的方式，让学生动笔、动脑，小组交流，展示成果，把学生推向幕前。在这个过程中，学生创意不断，充分证明学生具有无限的可能性和无限的潜能，只要你给学生足够的时间。下面是两位学生构建的知识体系。

学生一：

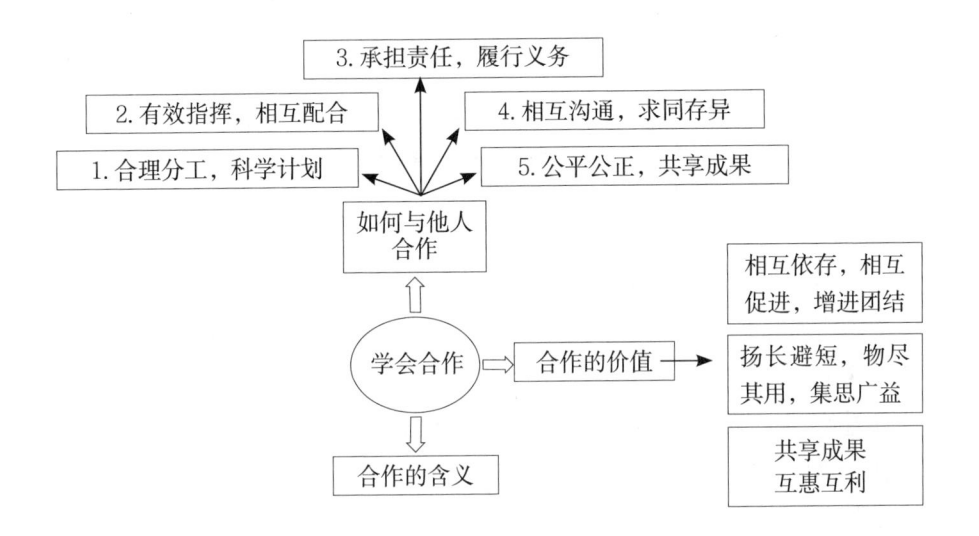

```
                    3.承担责任，履行义务
        2.有效指挥，相互配合    4.相互沟通，求同存异
    1.合理分工，科学计划         5.公平公正，共享成果
                         ↓
                    如何与他人
                      合作
                         ↑                  相互依存，相互
                                            促进，增进团结
                    学会合作 → 合作的价值
                                            扬长避短，物尽
                         ↓                  其用，集思广益

                     合作的含义              共享成果
                                            互惠互利
```

学生二：

（图示：汽车形状，车身上方"学会合作"，左侧"合作的价值（1）（2）（3）"，中间"合作的含义"，右侧"如何合作（1）（2）（3）（4）（5）"）

如果我们不放手让学生去思考，很难想象学生会有如此美妙的创意。放手是一种"解脱"，更是一种智慧。温室里的花朵永远经不起寒霜的磨砺。

值得一提的是，小组展示时，要求展示人面向大家，大声说出自己这样做而不那样做的理由。学生语言表达能力、思考能力得到提升；在众人面前不怯场，有利于培养学生的自信心。笔者要求上台展示的同学要注意讲话的礼貌和程序。首先要有礼貌用语，其次讲解要透彻，表情要自然，声音要洪亮，最后要有结束语。比如：各位同学，大家好！接下来由我来展示我们小组的讨论成果……我的发言完了，谢谢大家！

四、入境入情，重点突破

【片段四】观察下面漫画，请回答：他们能追捕到鱼吗？为什么？

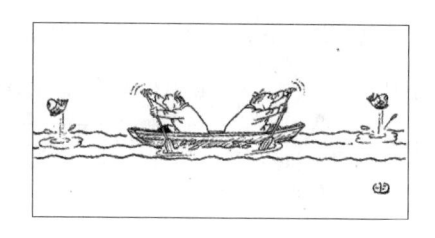

生：不能，因为他们的目标不一致，而且他们没有相互配合。

师：谢谢你！合作需要有共同的目标，而且要相互配合、协调一致，唯有如此才能实现共赢。

通过漫画，简明扼要地说明了合作中要注意的问题，没有生搬硬套的说教，而是在感悟中领会，润物细无声。

【片段五】链接生活：举出生活中与别人合作的一次经历，这次合作是成功了还是失败了？如果成功了，说说为什么会成功。如果失败了，说说为什么会失败。

生1：记得在幼儿园的时候，和几个小朋友抓黄鳝。

师：幼儿园里你就能到田里抓黄鳝？

生1：不是，是在幼儿园里老师组织的比赛。我们几个小朋友一组，抓到了很多黄鳝，得了第一名，很高兴！

师：现在想来，当时为什么能获得第一名？

生1：因为我们几个目标一致，而且齐心协力。

师：真的很厉害，黄鳝可是很难抓的，你们竟然得了第一名！

生2：记得物理老师让我们几位同学制作测风仪，通过大家的努力，几经失败终于成功。

师：现在想来，说说为什么会成功？

生2：我觉得我们大家有很明确的目标，不断地总结经验，共同努力，最终制作成功。

生3：记得小学六年级的时候我们去野炊，班级里举行制作咖喱饭比赛，男生捡了很多树枝，带了充足的原料，而且我们这组正好有一位同学会做。所以很快就完成了任务。

师：很有意义的一次活动，至今你还记忆犹新。男生在这个时候发挥了特长，捡了很多树枝，保证火力旺盛；带足了原料，也是成功的保证，说明合作前要做好分工；有一位同学会做，发挥了优势，人尽其能。

关于"合作的价值"和"如何与人合作"，教材中已经表述得很清楚，如果就教材讲教材，学生只有对知识的生硬接受，而没有实践体验。通过学生自我经历的再现，总结成功与失败的经验和教训，从中体验"合作的价值"和"如何与人合作"就显得自然顺畅了。

【片段六】真题演练——1."众猴协力捞月亮，肥猫英勇做先锋。志愿者？学雷锋？鲜美的鱼儿不说话，暴露的动机令人憎。"（见右侧漫画）这表明合作需要（　　）

A. 合理分工，科学计划　B. 有效指挥，相互配合

C. 承担责任，履行义务　D. 相互沟通，求同存异

2.下列说法中，能体现合作价值的是（　　）

A.天时不如地利，地利不如人和

B.人而无信，不知其可也

C.勿以恶小而为之，勿以善小而不为

D.量小失众友，度大集群朋

合作"捞月"

【片段七】生活在线：为有更多时间打篮球，小张、小丁和小王在做作业时进行了分工合作，小丁负责完成英语作业，小张负责完成语文作业，小王负责完成数学作业，然后相互交换答案。

（1）他们三个人之间的"分工合作"是不是真正意义上的合作？为什么？

（2）他们的"合作"对你有何警示作用？

学生小组讨论，交流。教师总结：（1）他们的合作不是真正意义上的合作，他们的合作方式不科学。（2）①树立正确的合作观；或合作的方式要正确。②在合作中，要确立科学合理的目标。③要学会学习，独立完成作业。

复习课要有所侧重，有所舍弃，不需要面面俱到，也不可能遍地开花。对一些能级要求比较低的复习点，不需花费太多时间，而是通过选择题（也可是判断题、连线题等）方式简单处理。对于复习重点与难点，则通过创设基于学生生活、社会生活等微情境加以突破。美国教育心理学家奥苏泊尔曾指出："如果要把全部教育心理学还原为一句原理的话，我将会说，影响学

习的重要因素是学生已经知道了什么,我们应该根据学生原有的知识状况进行教学。"为此,基于学情设计教学就成为一种方向和必然。在进行片段七"生活在线"教学时,笔者一开始设计的问题是:上述材料主要反映了什么现象?从教学的实际情况来看,学生普遍回答不出来。在另一个班再上时,笔者把问题变成"他们三个人之间的'分工合作'是不是真正意义上的合作?为什么?"问题设计有了坡度,有了台阶,使学生有话可说,有话想说。

五、时政入题,有效拓展

【片段八】课后探究:2014年3月8日8点29分左右,法新社称,马来西亚航空公司称与一架载有239人的飞机失去联系,包括154名中国人。随后,中国、越南、马来西亚、新加坡、美国、泰国、印度尼西亚、菲律宾、澳大利亚、新西兰等国家联合展开搜救。

根据上述材料,结合所学知识,设计一个问题,并给出答案。

设计开放性问题,旨在培养学生创新思维,不拘泥于某一方面知识的学习,而是更加关注学生独立思考能力的提高,使学生在自主探究和独立思考的过程中增强学习力。

(本文发表于《中学政治教学参考》(初中版)2014年第12期)

促进式试卷讲评课课型构建

一直以来，思政课教学比较重视新授课、复习课课型研究，而对于试卷讲评课普遍缺乏关注。事实上，在日常教学中，试卷讲评课是一种不得不面对的课型。如何使试卷讲评更加有效、更接地气，值得每位思政教师认真研究。本文试图构建基于学生立场、促进学生发展的试卷讲评课课型，以期抛砖引玉。

众所周知，教学的根本目的是促进学生的自主发展，因为只有自我教育才是真正的教育。试卷讲评课的根本目的亦如此，即让学生发现试卷存在的问题，通过自我发现、同伴帮助、教师导引等方式不断改进学习方式，提高学习质量。基于上述思考，笔者构建了如下试卷讲评课课型流程图。

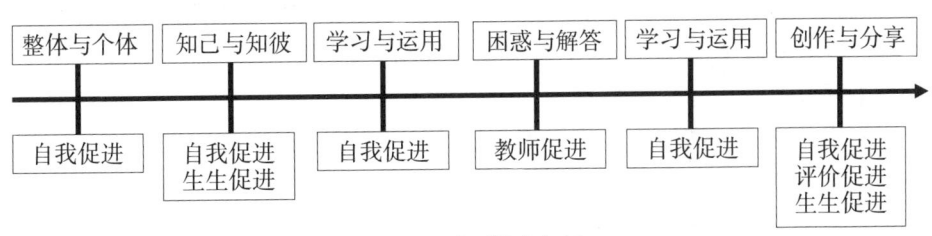

整体与个体	知己与知彼	学习与运用	困惑与解答	学习与运用	创作与分享
自我促进	自我促进 生生促进	自我促进	教师促进	自我促进	自我促进 评价促进 生生促进

下面以九年级某次期中考试的试卷讲评为例——

一、整体感知与分享，激发学习动机

课堂伊始，教师向学生介绍考试整体情况，让学生了解考试整体及自身情况，做到知己知彼。

【环节一：整体与个体】

多媒体展示班级最高分和学生姓名、班级进步学生名单和优秀学生名单。

这样做，一方面让学生知悉自己的学习状况，另一方面能够很好地激发学生学习热情，特别是榜上有名的学生看到自己的努力得到认可，自己的努力得到尊重，会暗示自己只有不断努力，才能取得更大的进步。同时，自己的姓名能够在班级展示对学生而言本身就是一种莫大的激励。对考试成绩不够理想的学生来说，没有展示姓名是对他们隐私的保护，更是对他们的尊重。这部分学生在学习上可能暂时存在不足，当他们看到展示名单后会暗下决心。

学生学习的最大动力来自自身，心理学上称之为内部动机。当一个人的行为完全由个人的兴趣爱好、好奇心或获得快乐体验而引发时，就是出于内部动机。相反，当一个人受到外部因素或环境因素的影响而采取行动时，外部动机就会介入，从而影响学习效果。展示部分学生的成绩就是利用外部动机与内部动机，使不同学生在后续学习过程中做出令人满意的行为，从而取得更好的成绩。学习本身就是自己的事情，当教师激发学生投入学习热情的时候，真正的学习行为才会出现。

二、难点自决与追踪，遵循学生思维

一花一世界，一叶一菩提。学生思考问题的方式有别于教师，而每个学生又有所不同。学生之所以做错题目，自有其思考轨迹，如果教师在不了解学生思考轨迹的情况下进行指导，往往会事倍功半甚至于南辕北辙。这也是为什么我们时常感叹"这种题目讲了不知多少遍了，学生还是错"的根源所在。所以，针对错误率比较高的题目不妨让学生分别说说他们的思考过程。

【环节二：知己与知彼】

多媒体展示：2016年9月4日晚，在二十国集团（G20）领导人杭州峰会的文艺演出中，传统戏曲与小提琴共鸣的《梁祝》和《茉莉花》无疑是世界最熟悉的中国音律；水上芭蕾舞表演《天鹅湖》将虚拟成像和真人表演完美结合；《欢乐颂》气势恢宏，表达了全人类建立命运共同体的美好愿望和坚定信念。这场文化盛宴有利于（　　）

①加强各成员国间的文化交流　　②增强各国对中华文化的认同感
③扩大中华文化的世界影响力　　④消除各民族之间的冲突与仇恨
A. ①②　　　　B. ①③　　　　C. ①②③　　　　D. ①③④

师：请做对这道题的同学上台发言，说一说是怎么做出来的。

生1：材料中说在峰会上，各国领导人观看了文艺演出，演出内容都是中国传统文化的内容，这有利于把中国传统文化推向世界，让更多的外国人了解中国文化，所以①说法正确。这种方式能够扩大中华文化的世界影响力，由此推断③也正确。②增强各国对中华文化的认同感，我感觉不对，因为这些领导人观看文艺演出的确会对中华文化感兴趣，但不一定会认同中华文化，而且这个说法太绝对了。④消除各民族之间的冲突与仇恨，材料中没有涉及民族之间的冲突和矛盾，而且用"消除"也过于绝对化了，所以排除②④选项。本题选择B项。

师：说得太好了！我统计了一下，这道题的错误率非常高。下面，我们请一位做错的同学上台发言。不要不好意思啊！（找一位性格比较开朗的学生）说说当时你是怎么思考的。

生2：我在考试时感觉②增强各国对中华文化的认同感是正确的，因为他们如果不认同就不会去看这个文艺晚会。听了刚才同学的发言，我现在知道做错的原因了。

师：谢谢你的发言！这道题确实难倒了不少同学。选择题在审题时要注意语言表达的准确性。我们看下面这道题：

中华民族精神传承了中华传统文化血脉，已经成为凝聚人心的纽带。下列古语含义与以爱国主义为核心的中华民族精神的内涵对应恰当的是（　　）

A	发愤忘食，乐以忘忧，不知老之将至（孔子）	自强不息
B	苟利国家生死以，岂因祸福避趋之（林则徐）	爱好和平
C	上善若水，水善利万物而不争（老子）	勤劳勇敢
D	政之所兴在顺民心，政之所废在逆民心（管子）	团结统一

师：请做对这道题的同学上台发言，说说你是怎么做出来的。

生3：我看到A项说"发愤忘食，乐以忘忧"，我的理解是发愤图强，做事很投入，所以没看其他几个选项就选择了A。

师：很有自信啊！看准了就选择，够果断！我们请一位做错的同学说说当时自己的想法。

生4：当时没有把题目理解透彻，我看到题目上面讲到"爱国主义"，我就选择了B。

师：很诚实！实事求是，值得点赞！刚才两位同学说得非常好！讲出了自己解答题目的心路历程，由此可以看出来同学们都力图把题目做对，但在新课学习中因存在这样或那样的问题，或还没有正确掌握答题方法，从而导致失分。我们要吸取教训，争取不再犯同样的错误。下面，胡老师把做选择题的独门秘诀告诉大家！

第一，认真审题。认真审题的首要工作是读懂题目。换句话说，就是弄清楚题干材料是围绕什么描述的。审题时，整体阅读题干材料，在读的过程中感知材料与所学知识的联系，同时把有助于答题的关键词圈划出来，以提醒自己。比如上述试题的要求是"古语含义与以爱国主义为核心的中华民族精神的内涵对应恰当"的选项，而不少学生认为是与爱国主义相对应的选项，从而出现审题偏差，导致答题错误。

第二，学会用排除法。在选项中，先把本身表达错误的选项排除，逆向选择题除外。接着，再排除与题目无关的选项。比如环节二中的"②增强各国对中华文化的认同感"就错在"增强各国"的表述过于绝对化，不可能增强所有国家对中华文化的认同感。

有对比才有鉴别，学生思考问题的方式千差万别，从做对和做错同学的发言中我们能够看到，学生对同一个问题有不同的理解。之所以会出现不同理解，一方面是学生在前期学习过程中没有真正理解教材内容，另一方面是教师在新课教学时没有引导学生纠正和完善认知上的漏洞，从而在考试中出现盲区，造成丢分现象。

让学生到讲台上讲解和让学生站在自己的座位上讲解所产生的效用是不一样的。到讲台上讲解是展示，是教师对学生的尊重，也能很好地锻炼学生语言表达的能力和勇气。如果学生走上讲台的机会比较多，他们今后在公共场合发言的时候，起码不会胆怯；在讲台上发言时，面对全体同学，其他学生能够听得更加清楚；站在自己的座位上背对着其他同学发言，其他同学很难观察到发言同学的面部表情，也难有目光交流，从而影响发言质量和听的质量。如此，教师应该多创造机会让学生展示自己，哪怕表达得不完美也没有关系。需要注意的是，让做错的同学上讲台讲解的时候，教师应选择性格比较开朗的学生,防止无意间伤害一些学生的自尊心。

当然,教师适时介入,对学生学习进行引导和总结,教给学生解答选择题的技法也是试卷讲评课中绕不开的。只要有考试,技法本身也是学习的一种必然要求。

【环节三:学习与运用】

完成下列选择题:1.2016年9月4日,"神奇的马王堆汉墓珍品展"首次在常州博物馆与广大市民见面。展览共分笙歌娱乐、医学保健、锦绣华裳、帛册典藏等七个板块,完整地揭示了汉代社会风貌。本次展览( )

①彰显了中华文化的源远流长和博大精深
②说明文化遗产是中华文化的主要载体
③说明文化是民族和国家生存的前提条件
④有利于增强民族自豪感和文化自信心

A. ①②　　　B. ②③　　　C. ①④　　　D. ②④

2.某校八(1)班学生开展公民教育实践活动,大多数同学在活动中积极作为,而个别同学则消极应付。最后该项目在全市公民教育实践项目评比中荣获一等奖,项目组所有学生都享受了这一荣誉。你想对消极应付的同学说,合作需要( )

A. 科学计划,公平受益　　B. 有效指挥,相互配合
C. 相互沟通,求同存异　　D. 承担责任,履行义务

通过类似题目的跟进训练,趁热打铁,让学生及时把刚刚学到的技法运用到实践中,能很好地帮助学生内化答题技法。一如《卖油翁》中的卖油翁所言,"无他,但手熟尔。"

三、突破瓶颈与困惑,培养关键能力

学生回答探究题的问题主要在于,不能很好地运用所学知识解决实际问题。在答题中,学生出现的典型错误往往是知识和材料两张皮,要么是整段整段地抄书,要么是抄材料,没有运用所学知识解决材料所提出的问题,显示学生学科能力养成不足。形成这种现象的原因是多方面的,如与他们的阅读经历有关,或与他们的语文能力有关等。如何让学生很好地将所学知识和

为生活而教

材料融合,实现"骨肉相连",而不是"骨肉分离",我们进行了如下尝试。

【环节四:困惑与解答】

师:大家都吃过"骨肉相连"吧?(出示图片)(学生笑)好吃吗?

生:好吃!

师:有的同学口水都流出来了!(学生笑)可是我们不少同学做题目时却出现了"骨肉分离"式的答案。希望这部分同学下次再吃"骨肉相连"的时候,把肉和骨分开来吃,感受一下(出示学生试卷图片——隐去学生的姓名)。下面我们请答案是"骨肉相连"的同学上台来解读一下自己的答题思路。

生:(略)

师:解读得比较到位,我们不妨来看一下原题。(多媒体展示原题)

建设家乡,人人有责。溧阳青少年应该主动关心溧阳发展,了解溧阳大事,献计溧阳建设。某校九年级(1)班思政探究小组通过网络、报纸等方式搜集了以下材料。请你阅读材料,运用所学知识,回答问题。

【合作发展】

2016年9月29日,苏皖合作示范区共建合作圆桌会议在我市天目湖畔召开,会议邀请安徽郎溪、广德两地政府共同探索新形势下跨省合作模式、合作框架,进一步推进溧阳、郎溪、广德三地在产业、生态、交通和民生等方面的合作。

(1)从合作的重要性角度,说说为什么要建设苏皖合作示范区。

师:我们先看一下解答本题要用到什么知识?

生:合作的重要性。

师:非常准确!合作的价值有哪些?

学生翻看课本。

生:有三个方面内容。

师:没错!那是不是把三个方面的内容往试卷上一抄就可以了呢?显然不行。那怎么办?

生:还要结合材料。

师:说的没错!要结合材料。要回答的问题是:苏皖为什么要建设苏皖合作示范区?或者说苏皖合作有何价值?再具体点,合作对苏皖分别有何价值?所以,本题可以这样回答:加强苏皖合作示范区建设有利于扬长避短,实现资源优化配置;有利于集思广益,优势互补,激励创新;有利于实现三地在产业、生态、交通和民生等方面的互利共享。

如此，运用了"合作的重要性"知识回答了苏皖建设合作示范区的原因。这就是运用所学知识分析、解决问题。

【环节五：学习与运用】

2016年，交通运输部完成了中蒙俄《沿亚洲公路网政府间国际道路运输协定》商签工作并成功组织试运行，助力"一带一路"倡议与俄罗斯欧亚经济联盟建设、蒙古国"草原之路"倡议相对接；签订了《中哈俄国际道路临时过境货物运输协议》并组织开展试运行活动；推动中巴经济走廊"两大"公路建设项目正式开工，确定了后续优先项目工作安排，实现了走廊建设的可持续滚动发展……

结合材料分析，中国和其他国家进行合作的价值。

学生思考解答，教师展示学生所写内容。

教学需要贴近生活，特别是要贴近学生的生活。教师不管是素材选择，还是语言表达，都要有吸引力。有人说，教学成功与否取决于选择的素材是否有趣，笔者深以为然。上述教学片段中，笔者把学生平时喜欢吃的"骨肉相连"引入课堂，引发了学生好奇，让学生理解何为"运用所学知识分析解决问题"。教学素材来源于生活，拉近师生距离，让学生在轻松愉快的课堂氛围中不知不觉明确问题所在或改进方向，这与生硬的说教或灌输有着本质区别。

四、自由探索与实践，提升学习能力

《中国学生发展核心素养》指出，要培养学生"实践创新"素养，其中包括"问题解决"素养，重点是"善于发现和提出问题，有解决问题的兴趣和热情；能依据特定情境和具体条件，选择制订合理的解决方案；具有在复杂环境中行动的能力"。基于学生考试过程中出现的典型问题，笔者试图搭建一个平台，设置相应情境，以培养学生的实践创新素养。

【环节六：创作与分享】

作业：请学生分别设计一道类似于前面做错的选择题和基于"骨肉相连"思想的问答题，并附上参考答案。我们把优秀试题放到下次检测题目中，并且标注出题学生的姓名。

在最后环节，不是让学生做现成的题目，而是结合本节课的共性问题，也是难点问题，让学生编制题目，促进学生进一步内化课堂所学，并将其转化为解题能力，避免下次答题时再次出现类似错误。虽然这样做不一定保证学生不再出现类似错误。但是，通过教师长期指导与学生自我反思，我们相信学生解决问题的能力一定会逐步提高。

（本文发表于《中学政治教学参考》2017年第3期）

赢在最后

九年级在最后的复习阶段，如何提高学生的学习质量，笔者觉得教师至少要做好以下几方面工作。

一、向学生介绍艾宾浩斯遗忘曲线

艾宾浩斯（德国心理学家）通过研究发现：遗忘在学习之后立即开始，而且遗忘的进程并不是均匀的。最初遗忘速度很快，以后逐渐缓慢。他认为"保持和遗忘是时间的函数"，并根据他的实验结果绘成描述遗忘进程的曲线，即著名的艾宾浩斯遗忘曲线。有人做过一个实验，两组学生学习一段课文，甲组在学习后不久进行一次复习，乙组不予复习，一天后甲组保持98%，乙组保持56%；一周后甲组保持83%，乙组保持33%。乙组的遗忘平均值比甲组高。通过向学生介绍艾宾浩斯遗忘曲线，让学生明白及时复习巩固的重要意义所在。

二、多听听学生的建议或想法

教学作为双边关系，仅有教师的一厢情愿的教，不了解学生的学，教学效果不会好到哪里去。在后期的复习阶段，我们要特别关注学生的学习情况，了解学生的想法，听听学生的建议。可以通过个别访谈、学生干部会议、小组长座谈等方式了解学生学习情况，做到一切从学生的学情出发，有的放矢，从而提高复习的实效性。

三、少发牢骚、多予鼓励

在复习过程中，不能过于急躁，发现学生进步不明显后，不要动辄就大动肝火。相反，我们要怀着一颗平静之心，去发现学生的点滴进步，并予以鼓励。因为教师越发牢骚，学生越发恐惧，学习也就越发退步。

四、学会反思学生差的原因

在教学中，我们会发现，总会有一些后进生产生。对此，在后期的复习中，我们要时刻关注产生后进生的原因。是基础不牢，还是态度有问题；是教师教的问题，还是学生学的问题，找到病因再予以下药。

五、告诉学生处理好竞争与合作的关系

竞争与合作是辩证统一的。竞争中需要合作，合作中也有竞争，两者最终的目的是实现共赢。学习中亦然。复习阶段，我告诉学生，不能"两耳不闻同学事，一心只读自己书"，要学会与他人合作、交流，谈学习体会、谈自己的困惑，互通有无，实现学习上的互补，共同进步。

初中道德与法治课加强法治教育的策略思考

2014年10月，党的十八届四中全会通过了《中共中央关于全面推进依法治国若干重大问题的决定》（以下简称"决定"），开启了我国全面推进依法治国、建设社会主义法治国家的新时代。全面推进依法治国，必须深入开展法治宣传教育，增强全民法治观念。"决定"提出，要"把法治教育纳入国民教育体系，从青少年抓起，在中小学设立法治知识课程"。

初中道德与法治课，是一门为初中学生健康发展奠定基础的必修课程，是一门包括道德、心理健康、法律和国情在内的综合性课程。引领学生增强法律意识、树立法治观念、弘扬法治精神，是道德与法治课的课程目标之一。因此，道德与法治课教学应该积极承担起对学生进行法治教育的重要职责，道德与法治课堂应该成为学校对学生加强法治教育的重要阵地。怎样加强法治教育，笔者在此谈一些自己的认识和建议。

一、提升法治教育的目标

在道德与法治课教学中加强法治教育，首先要根据全面推进依法治国的新要求，正确把握法治教育的目标定位。回顾过去，道德与法治课中的法治教育大多停留于法律知识的教学，依据现行教材，帮助学生了解一些宪法知识和与学生成长发展相关的法律知识，教育学生要自觉遵守法律法规，要依法维护自身和他人的合法权益。甚至仅仅着眼于应对中考，指导学生记住一些有关法律的条条杠杠。在当今我国全面推进依法治国、加快建设社会主义法治国家的新形势下，我们必须提升对青少年学生的法治教育目标，必须把培养学生法治精神、提高学生法律素养作为法治教育的重要目标。要在法律知识的教学中引领学生确立法治信仰、树立法治观念、弘扬法治精神，要从培养学生法治观念、提高学生法律素养的高度展开法律知识的教学。要通过教育教学，帮助学生从小就树立宪法至上和法律至上的观念、法律面前一律平等的观念、法大于权大于情的观念、尊重和保障人权的观念、依法办事依法维权的观念，努力培养学生成为社会主义法治的忠实崇尚者和自觉遵守者。

二、增加法治教育的内容

法治教育是初中道德与法治课程的重要内容之一。统编版的道德与法治教材，虽然有八年级下册宪法专册，但总体来说，有关法律的内容一是限于课时而安排得比较少，二是强调与道德、心理等内容的综合而过于分散。在教材中缺乏系统的、具体的法律内容，安排的只是一些简单的法理知识，这与加强法治教育、培养法治观念的要求还不相适应。

因此，一方面建议在道德与法治课程标准和教材中适当增加法治教育的内容，特别是一些重要法律法规的具体内容，并注意加强系统设计、整体安排，尽可能形成法治教育的目标和内容体系。在教材中既可增加一些必学的法律知识，又可附录一些供学生选修自学的法律文件和具体的法律内容，使学生尽可能多地学习和了解我国的重要法律法规，特别是与未成年人成长密切相关的法律法规。另一方面，我们在教学中既要基于教材，又要敢于、善于超越教材，在对教材开发重组的基础上，腾出一些课时增加法治教育的内容。从实际情况来看，如果说九年级面临着初中毕业考试压力等客观事实，教学时间比较紧张的话，那么七八年级有许多专题的内容比较简单，完全可以通过整合，腾出一些课时用于法治教育。增加的法治教育内容可以选择一些比较重要的、值得初中学生学习的法律法规条文，可以是有关推进依法治国的政策性文件和时事新闻，可以选择一些典型法律案例进行分析解读。

三、拓宽法治教育的途径

长期以来，对初中生的法治教育主要是在道德与法治课堂教学中进行的，虽然学校每学期也组织开展1-2次以法治教育为主题的德育活动，但大多是应景性的。而法治教育仅有课堂这个场域是远远不够的。如一个人由于法律意识淡薄而走上违法犯罪道路，最终受到了法律的制裁。那么这个过程是怎样形成和发生的呢，为什么说其行为是违法行为，违犯了哪部法律，违犯了哪一款，是否构成犯罪，法院是如何审判的，犯罪嫌疑人有哪些权利等问题，需要通过调查采访以及对法律的深入研读才能理解和认同。这些仅靠课堂这点时间远远不够。我们在道德与法治课教学中加强法治教育，必须基于课堂又超越课堂，努力拓宽法治教育的途径，如组织学生举办法治报告，开设法治论坛，开展法治方面的社团活动，教室黑板报设立法治教育专栏，等等。

在荷兰，小学生毕业前，所有学生必须通过一项专门测试，即自行车上路测试。测试时，选一条2公里的路，有交叉路口、红绿灯、人行道等。测试内容包括：自行车灯是不是亮的，在交叉口是不是遵循规则，左右转弯时有没有用手势示意。在真实的情境下，学生对怎样遵守交通规则，如何规范自己的骑车行为就做到了心中有数。

法治教育如果仅仅局限在课堂，局限于说理，就会变得索然无味。我们必须结合课堂教学，组织学生开展多种形式的法治教育实践活动，如走进法庭、走进监狱进行现场观察，如采访检察官、法官、律师，请教有关诉讼、庭审、宣判等法律程序，了解有关法律文书的书写格式等。只有引领学生在生活中观察、在实践中体验，才能使学生感受到法律的尊严和权威，才能使学生逐步将法治观念内化于心，外化于行。

四、改进法治学习的评价

目前，法治教育的评价方式主要是通过书面考试，而单一的评价方式必然导致教师教和学生学的单一。为了应付考试获得高分，教师和学生往往把精力放在做题的训练上，这在很大程度上忽视了对学生法律素养的培养。

着眼于培养学生法治观念、提高学生法律素养，必须下功夫研究和改进对学生法治学习的评价，以充分发挥评价对学生法治教育的导向功能和激励功能。一是在期中期末考试、高中招生考试等书面考试中增加法治教育的内容，并且不能只是简单考查法律基本知识，而要重视考查对法律行为的辨别、对法律案例的分析和对有关法律制度的理解。二是要丰富考查评价的方式，如每学一部法律，就要求学生认真阅读该部法律的具体内容，组织学生交流学习体会，并依据该部法律分析一些案例，在此基础上写成分析报告，开展交流研讨，展示评比活动。再如，可以组织开展一些法律知识竞赛、编写法律手抄报评比、法治教育黑板报评比、法律知识演讲比赛等活动，开展这些活动既激发学生学习兴趣，丰富学生法律知识，又对学生的法律素养进行考核评价。

五、提高教师的法治素养

对学生加强法治教育，教师必须具备一定的法律专业水平。就目前在岗的初中道德与法治课教师来看，大多没有系统地学过法律，也没有接受过系统的法律专业的培训，因此难免在当今加强法治教育的新形势下出现"本领恐慌"。不少教师在教学中对学生提出的一些法律问题难以做出正确的解释，对一些法律条文和法律事件难以做出正确的阐释，对一些法律行为难以做出正确的辨识和研判。

提高道德与法治教师的法律专业水平，需要上下共同努力，群策群力。师范院校应增加法律专业课程，教育行政部门和教师培训部门要加强对道德与法治教师法律知识和法治教育的培训，要创造条件，让道德与法治课教师有机会得到系统的法律知识的进修。当然，教师法律素养和法治教学能力的提高，主要靠教师自身的努力。初中道德与法治教师要结合教育教学，深入钻研有关法律法规，认真学习党和国家推进依法治国的有关文件，密切关注有关法治建设的新动态新举措，通过勤奋学习，努力提高自身的法律素养，丰富自身的法律知识，提高从事法治教育的能力和水平。

虽然我们不是在培养律师、法官和检察官，但有什么样的视界就会有什么样的改变和未来。加强对青少年的法治教育，是促进学生健康成长和全面发展的客观要求，也是建设法治中国和实现中国梦的内在要求，对此，我们责无旁贷。

（本文发表于《课程与教学》2016年第2期）

初中法治教育的三个关键维度

为了深入贯彻党的十八届四中全会关于"把法治教育纳入国民教育体系，从青少年抓起，在中小学设立法治知识课程"的要求，2016年6月，教育部、司法部、全国普法办联合印发《青少年法治教育大纲》。大纲的颁布，为如何更好地开展青少年法治教育指明了方向，提供了方法。就初中法治教育而言，需要厘清并确定法治教育的目的，否则，法治教学的效果就会大打折扣，甚至无效。

对于初中法治教育的目的，《青少年法治教育大纲》指出："初中阶段，使学生初步了解个人成长和参与社会生活必备的基本法律常识，进一步强化守法意识、公民意识、权利与义务相统一观念、程序思维，初步建立宪法法律至上、民主法治等理念，初步具备运用法律知识辨别是非的能力，初步具备依法维护自身合法权益、参与社会生活的能力。"

《义务教育思想品德课程标准（2011年版）》中关于法治教学的课程目标主要包括三方面内容。一是情感态度价值观方面，要"树立规则意识、法制观念，有公共精神，增强公民意识"；二是能力方面，要"学会运用法律维护自己、他人、国家和社会的合法权益"；三是知识方面，要"知道基本的法律知识，了解法律在个人、国家和社会生活中的基本作用和意义"。

结合《青少年法治教育大纲》和《义务教育思想品德课程标准（2011年

版）》初中法治教育的目的，概而言之，可以表述为：一是使初中生自觉学习法律知识，掌握与"个人成长和参与社会生活必备的基本法律常识"，即有责任知法懂法；二是使初中生认识到法律的权威性、至上性和不可违背性，即有义务遵守法律；三是初中生要"养成遇事找法、解决问题靠法的思维习惯和行为方式"，即有权利用法维权。

中国现代史上著名的学者、思想家、哲学家、教育家、社会活动家梁漱溟先生认为，"学问贵能得要，得要就是在自己这一方面能从许多东西中简而约之成为几个简单的要点，甚或只成为几个名词，就已够了。"大道至简。笔者试图把初中法治教育的目的"简而约之成为几个简单的要点，甚或只成为几个名词"，即知法、守法、用法，由此构成法治教育的"三驾马车"。知法是守法用法的基础和前提，守法用法是知法的结果，如下图。

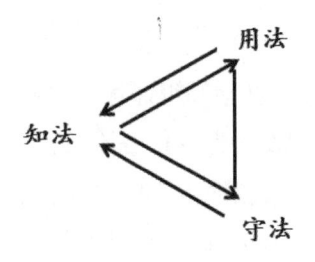

一、法治教育的关键维度之一：知法懂法，有责任用法律武装自己

初中法治教育的起点在于，通过一定的路径促使初中生知晓并掌握与个人成长息息相关以及参与社会生活必备的基本法律常识，也就是知法懂法。比如什么是法律？制定法律的目的是什么？什么是违法行为？什么是犯罪行为？违犯法律要承担怎样的法律责任？我国制定了哪些与未成年人成长有关的法律？未成年人享有哪些权利，又要履行哪些义务？当自己的合法权益受到侵害后，可以通过哪些合法的途径维权？我国有哪些司法机关？这些机关是如何保护公民合法权益的？未成年人应该怎样维护自己的合法权益？如此等等。初中生如果没有掌握关于法律的常识性知识，就不可能对法律存有敬畏之心，也难以形成法治信仰。显然，基本法律常识需要通过课堂教学有意识系统化地教授。

如苏人版七年级下册第13课第一框"未成年人享有特殊保护"，内容涉及《中华人民共和国未成年人保护法》和《中华人民共和国预防未成年人犯罪法》。前者侧重对未成年人合法权益的保护，后者侧重预防未成年人犯罪。如何发挥这两部专门法律对未成年人的指导作用，其中有一个环节非常有必要，即让学生仔细阅读这两部法律文本的具体内容。通过阅读法律文本，让学生体会到法律条文是如何保护未成年人的，又对未成年人提出了哪些要求，也即未成年人要履行哪些义务。有了法律知识上的认知和储备，学生法律意识的提高才成为可能。这种学习经历也在提醒学生，今后遇到合法权益受到侵害时，知道可以通过查阅相关法律文本内容来维权。

在教学过程中，涉及的法律，教师要想尽办法，让学生尽可能阅读整部法律。一个基本经验是，教材中涉及的法律，教师必先学习。有条件的学校可以根据教材涉及的法律，为每个学生配备一本。平时放在图书馆，教学时，教师从图书馆统一借阅，分发给学生，结束后再归还图书馆。当然，有条件的学生可以自己购买。此外，还可以网上下载，在保持原文不变的情况下，印发给学生学习。事实上，最好是学生人手一本，这样比较真实，有一种亲临其境的感觉。

《义务教育思想品德课程标准（2011年版）》涉及的法治内容有以下三方面：

法治内容	课程目标
学法知法	1 知道法律是由国家制定和认可，由国家强制力保证实施的一种特殊行为规范。我国公民在法律面前一律平等。 2 知道不履行法律规定的义务或做出法律所禁止的行为都是违法行为，理解任何违法行为都要承担相应的法律责任，受到法律的一定制裁。 3 知道法律对未成年人的特殊保护，了解家庭保护、学校保护、社会保护和司法保护的基本内容。掌握未成年人获得法律帮助的方式和途径，树立自我保护意识。 4 懂得当公民的合法权益受到侵害时，应当运用法律武器，依靠执法、司法机关，按照一定的法律程序，维护自己的合法权益。

法治内容	课程目标
权利与义务	1 了解宪法与法律对公民基本权利和义务的规定，懂得要正确行使权利、自觉履行义务。 2 知道公民的人身权利受法律保护，任何非法侵害他人人身权利的行为，都要承担相应的法律责任。 3 知道公民有受教育的权利和义务，学会运用法律维护自己受教育的权利，自觉履行受教育的义务。 4 知道法律能够保护消费者的合法权益，学会运用法律维护自己作为消费者的权益。
法律与秩序	1 知道《中华人民共和国宪法》是我国的根本大法，是一切国家机关、社会团体和全体公民的最高行为准则，树立宪法意识。 2 知道扰乱公共秩序、妨害公共安全、妨害社会管理秩序等具有社会危害性的行为，要受到法律的处罚。 3 了解建立健全监督和制约机制是法律有效实施和司法公正的保障，加强公民权利意识，学会行使自己享有的知情权、参与权、表达权、监督权。 4 知道我国环境保护的基本法律，增强环境保护意识，自觉履行保护环境的义务。 5 懂得维护国家统一，维护各民族的团结，维护国家安全、荣誉和利益是每个公民的义务。

在进行法治教学时，要基于课程标准的规定，帮助学生了解法律常识，做到知法懂法。这是开展青少年法治教育的首要任务，也是基础。因为知是行之始，无知则难以有行。

二、法治教育的关键维度之二：自觉守法，有义务用法律约束自己

社会正常秩序的运作需要许多规则和要求，更需要每个公民自觉遵守和维护规则和要求。对公民而言，要认识到遵守法律规范不仅是应尽的义务，更是义不容辞的责任。不遵守法律规定的义务，是违法行为，要承担相应的法律责任。

为此，法治教育需要贯彻"有义务用法律约束自己"的思想。

古希腊伟大的思想家、哲学家、教育家苏格拉底在他七十岁时被判处死刑，他的学生劝他逃亡，可苏格拉底却说："与其违法而生，莫如遵法而死。"在苏格拉底看来，"守法即正义"。他说，"我确信，凡是合乎法律的，就是正义的。"苏格拉底为了维护法律的尊严和树立法律权威，没有选择逃离，而是甘愿伏法而死。他以自己的生命为代价，捍卫了法律的尊严，树立了法律的权威。

法治教育中，要让学生认识到，每个公民都是义务主体，每个公民都要毫无例外地遵守法律，不管是未成年人，还是成年人，法律面前一律平等。就初中法治教育而言，一个重要的使命是，"使青少年牢固树立有权利就有义务、有权力就有责任的观念"，树立规则意识和法律权威。毫无疑问，教学内容本身就是法治教育内容的，要通过有效设计，着力培养学生的守法意识；如果教学内容不是法治教育内容，而是道德层面的内容，也要有意识地向学生传递规则意识，选择与生活对接的素材，创设情境，设计有效问题，培养学生规则意识、法治意识。

如苏人版八年级第14课第一框"法律是一种特殊的行为规范"，其中法律的第二个特征是"法律是对社会成员具有普遍约束力的行为规范。"从法律常识普及的角度来设计，可以选取近年来我国反腐中打掉的"老虎"与"苍蝇"案例，通过一系列问题设计，让学生感受到"任何人不论职务高低、功劳大小，只要违犯国家法律，就要负法律责任"的道理；选取未成年人违法犯罪的案件，让学生认识到，即使是未成年人违法犯罪，同样要承担法律责任，进而加深对法律权威的认识，最终向学生传递"法律面前一律平等"的理念。教学中，可以通过出示下面的图例，让学生直观感受到法律对所有社会成员都具有约束作用（图例说明：任何组织和个人都必须在宪法和法律范围内活动，都不得有超越宪法法律的特权，否则将要承担相应的法律责任）。

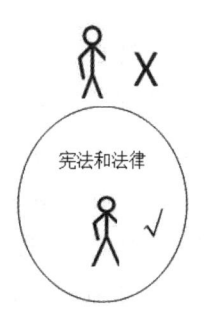

教学苏人版八年级第15课第三框"我国公民的基本义务",教材中主要介绍了宪法规定的公民应该履行的基本义务,这些基本义务是公民要承担的底线责任。教学中,基于未成年人健康成长的需要,有必要加以适当拓展,补充一些与学生个人成长密切相关以及参与社会生活必备的义务。比如可以加入公民有保护环境的义务,《中华人民共和国环境保护法》第六条规定,"一切单位和个人都有保护环境的义务。"可以添加《中华人民共和国刑法》内容,如该法第二百三十四条规定,"故意伤害他人身体的,处三年以下有期徒刑、拘役或者管制。犯前款罪,致人重伤的,处三年以上十年以下有期徒刑;致人死亡或者以特别残忍手段致人重伤造成严重残疾的,处十年以上有期徒刑、无期徒刑或者死刑。本法另有规定的,依照规定。"第二百三十五条规定,"过失伤害他人致人重伤的,处三年以下有期徒刑或者拘役。本法另有规定的,依照规定。"通过对法律条文的学习,从认知方面让未成年人感知到法律的严肃性和权威性,不断增强对法律的敬畏之心,提高未成年人的守法意识,在对相关法律条文规定的学习和感悟过程中培育法治素养。当然,这个过程既是学习法律知识的过程,也能有效增强学生的守法意识。

在新版初中《道德与法治》和老版《思想品德》教材内容中,有一些是属于道德范畴的内容。道德与法治紧密相连,相互促进。对于属于道德范畴的教学内容,要从中发现并发掘其中隐含的法治要素,也就是把道德教育也纳入法治教育中。"有好的机制,才能保证好的道德。"德国哲学家康德在《实践理性批判》中写道:"法律是道德标准的底线。"人们良好道德水平的提高离不开人们法治素养的提升。当人们普遍能够自觉守法时,良好道德水平的培育也就变得容易得多。道德素养不高与国民法治意识不强成正比。这要求教师在进行非法治内容教学时要有意识地与法治教育内容相结合,渗透法治教育思想,增强学生的守法意识和能力。

教学苏人版八年级下册第13课第一框"学会休闲",需要指导和帮助学生认识到,休闲方式要合法,不影响他人的合法权利,注意保护好自己的身心健康。教学中,可以把《中华人民共和国预防未成年人犯罪法》(2012修正)的相关条文融合到教学之中。根据该法第十四条规定,未成年人不得有下列不良行为:参与赌博或者变相赌博;观看、收听色情、淫秽的音像制品、读物等;进入法律、法规规定未成年人不适宜进入的营业性歌舞厅等场所。第十五条规定，应当教育未成年人不得吸烟、酗酒。在此基础上，让学生认识到低俗的休闲活动，不仅不利于消除疲劳、缓解压力，还会使人染上一些不良习气，甚至走上违法犯罪的道路。也可以把《中华人民共和国旅游法》的相关内容融入教学中。该法第十三条规定，"旅游者在旅游活动中应当遵守社会公共秩序和社会公德，尊重当地的风俗习惯、文化传统和宗教信仰，爱护旅游资源，保护生态环境，遵守旅游文明行为规范。"第十四条规定，"旅游者在旅游活动中或者在解决纠纷时，不得损害当地居民的合法权益，不得干扰他人的旅游活动，不得损害旅游经营者和旅游从业人员的合法权益。"旅游作为一种大众休闲方式，得到了大家的青睐，而作为旅游者，应该切实履行相应的义务。这样，课堂就摆脱了单一性，与学生日常生活对接，在道德教育中渗透法治教育，使学生法治意识不断增强，实现了道德教育与法治教育的有效融通。

三、法治教育的关键维度之三：遇事找法，有权利用法律维护权益

法治教育重在培养学生的法律思维。法律思维是指人们用法律的规范、原则、理念作为标准来分析、判断、处理问题的思维方式。法律思维要求，能运用法律知识辨别是非，能依法维护自身合法权益、参与社会生活。法治教育要帮助学生"在这个复杂和多变的社会中更加有效地与法律打交道。"通过学习基本的法律知识，用法律约束自己，用法律维护自己的合法权益，养成自觉守法、遇事找法、解决问题靠法的思维习惯和行为方式，培育法治信仰。

教学苏人版八年级下册第16课第三框"依法维护消费者合法权益"时，笔者把自己遭遇过的真实事例引入课堂，让学生体验并出谋划策。那是一个夏天，放暑假，晚上在一家卤菜店买了一些牛肉，当时也没有注意牛肉的品质。到家之后，仔细辨别，发现牛肉有点问题，于是就开始纠结，要不要找店家？当时心里想，也没有花多少钱，下次注意就是了；但又不甘心，心想这不是明显受骗嘛？同学们猜猜，老师接下来到底是自认倒霉，还是找店家？（学生回答不一）后来思来想去，觉得还是应该找店家讨个说法。最终，店家二话没说就退了款。这是日常生活中鲜活的依法维权的事例，体现出的是法律思维。

法治教育不仅要帮助学生树立法律权威，更为重要的是培育和提高学生的权利意识，让学生明确，公民合法权益受到侵害后，重要的是自己要积极行动起来，通过合法途径维权。在复习"树立法治观念"内容时，恰逢一桩很有意

为生活而教

思的案例。笔者把这个案例设计成教学情境，如下：

河南农民秦某因采三株蕙兰，法院一审以非法采伐国家重点保护植物罪，判处有期徒刑3年，缓刑3年，并处罚金3000元。2017年4月20日，国家林业局相关人士向媒体表示，目前国家重点保护野生植物名录官方只发布了第一批，而蕙兰并不在列。也就是说，蕙兰不属于国家重点保护野生植物名录，法院判错了！4月21日，秦某对媒体表示，虽不服判决，但请不起律师，不再上诉。（可能用到的法律知识：法律援助是指由政府设立的法律援助机构组织法律援助的律师，为经济困难或特殊案件的人给予无偿提供法律服务的一项法律保障制度。上诉，是指当事人对人民法院所作的尚未发生法律效力的一审判决、裁定或评审决定，在法定期限内，依法声明不服，提请上一级人民法院重新审判的活动）

（1）如果你是秦某，你会怎么办？说出理由。

学生根据提供的法律知识，都能较好地做出回答。在教学过程中，基于真实案例，经过教师点拨，为学生提供参考，即使是经济困难的人也可以通过申请法律援助维护自己的合法权益。作为当事人，对人民法院一审判决不服的可以提起上诉，请求上一级人民法院重新审理。上述案件中，秦某可以向当地法律援助中心申请援助，提起上诉，为自己提供无罪辩护，还自己一个清白。当然，法院发现问题，不仅要从中吸取教训，而且要做到有错必纠。

随后，又出示了另外一个案例：2016年4月15日，巴彦淖尔市临河区白脑包镇永胜村农民王力军，因无证收购玉米，被临河区人民法院以非法经营罪判处有期徒刑一年，缓刑二年，并处罚金人民币二万元。宣判后，被告人王力军未上诉，检察机关未抗诉，判决发生法律效力。12月16日，最高人民法院作出（2016）最高法刑监6号再审决定书，指令由巴彦淖尔市中级人民法院对该市临河区人民法院一审判决生效的被告人王力军非法经营一案进行再审。2017年2月13日，巴彦淖尔市中级人民法院依法公开再审此案，庭审在当日结束，法院宣布择期公开宣判。2月17日，该院公开宣判，依法撤销原审判决，改判王力军无罪。

（2）同样的案件，不同法院前后的判决却不一样，你觉得原因有哪些？

（3）结合所学知识，说说从上述两个案例中，你获得了哪些认识？

第（2）问"同样的案件，不同法院前后的判决却不一样"，带给学生矛盾冲突，让学生产生了疑惑。在这样的矛盾冲突中，不断给予学生认知上的撞击，培养学生独立思考的能力和批判性思维。第（3）问，结合两个相似的案例，让学生谈谈自己的感受和体会。这种交流由于是基于现实，而且是真实的案例，学生不仅学习到了法律知识，更为重要的是体验到了当面对社会不公的时候，或是合法权益受到侵害后，应该有怎样的一种态度——是忍气吞声，还是合法维权？当学生通过如此不断的案例分析和体验，其权利意识将会越发强烈，由此推广开来，社会将会趋于公平公正，公民的合法权益将得到有效保证，人们的幸福感也会越发增强。

一个基本法律常识是，法律既规范、约束公民的行为，同时又保护公民的合法权益。法律限制公权力，保护公民的权利和自由，也就是保护私权。对于公民而言，法无禁止皆可为；对于政府而言，法无授权不可为。当法律不能有效保护公民应当享有的权利时，要么是法律出了问题，要么是使用法律的人出了问题，无论哪方面出了问题，都必须正视并采取措施加以纠正，唯有如此才能维护公民的合法权益。如果法律不被大众认可，不能保护公民合法权益，广大人民群众就会失去对法律的认可和信任，那么法律应有的功能也得不到人们的认可和信任，带来的后果可以预见。特别是当公民合法权益受到侵害而又无从维权的时候，司法部门的公信力将会大大降低，公民将会怨恨这个社会，很难相信法律的公平公正。所以，法治教育离不开培养学生的权利意识和法律思维。当公民的权利意识越来越强、法律思维逐步形成、司法工作者的法律素养不断提高、法律监督机制越来越健全时，司法不公、侵权等现象才会减少，国家离法治国家才会越近。

（本文发表于《课程与教学》2017 年第 5 期）

为生活而教

道德与法治课应用法律文本的教学价值

培养学生法治精神是初中道德与法治课的重要任务，也是践行社会主义核心价值观和落实立德树人根本任务的要求。笔者在教学中充分发挥法律文本的价值，为培养学生法治精神、提高法律素养提供了可能。

一、呈现法律文本，具象导入

俗话说，良好的开端是成功的一半。在法治教学的开始通过一定的方式吸引住学生，做到先声夺人，这需要教师的智慧设计。在教学"宪法是国家的根本大法"（苏人版八年级下册）时，笔者通过下列方式导入新课。

【教学片段】

师：请大家来认一个字。

教师在黑板上写出"宪"字。

师：认识这个字的同学请举手。

（没有学生举手）

师：有字典的同学不妨查一下。

生：这个字读 xiàn，宪法的宪。

师：没错，就是宪法的宪。

（教师随手拿出《中华人民共和国宪法》文本）

师：这就是《中华人民共和国宪法》原件。请你说说字典上对"宪法"是怎么解释的。

生：它是国家的根本法。具有最高的法律效力，是其他立法工作的根据。通常规定一个国家的社会制度、国家制度、国家机构和公民的基本权利和义务等。

师：说得非常好。宪法是国家的根本大法。今天我们就一起学习宪法。（教师高高举起宪法文本）

导入是一节课的引子，相当于一首歌的前奏。好的前奏能够把听众带入到一定的情境之中，进而愿意听下去，并把这个过程视为一种享受。上述片段中，教师让学生对"憲"字进行认读，激发学生的好奇心，引出"宪"字。接着教师出示《中华人民共和国宪法》文本，学生在实体上感受到宪法的存在，初步感知宪法的外在形式，激起学生进一步了解宪法的热情；学生阅读字典中对宪法的字面解释，理解宪法的内涵，为后续的学习打下基础。

在学习消费者享有的权利、受教育权、财产继承权、智力成果权等内容时也可以通过出示相应法律文本导入。

二、展示法律条文，助力理解

在教学"宪法是国家的根本大法"时，"宪法是制定普通法律的依据和基础"是教学目标之一，也是教学重点。为了让学生更容易理解上述内容，笔者借助几部法律的相关条文，帮助学生理解学习内容。

【教学片段】

师：请同学们来看几部法律的第一条。

《中华人民共和国刑法》第一条　为了惩罚犯罪，保护人民。根据宪法，结合我国同犯罪做斗争的具体经验及实际情况，制定本法。

《中华人民共和国消费者权益保护法》第一条　为保护消费者的合法权益，维护社会经济秩序，促进社会主义市场经济健康发展，根据宪法，制定本法。

《中华人民共和国未成年人保护法》第一条　为了保护未成年人的身心健康，保障未成年人的合法权益，促进未成年人在品德、智力、体质等方面全面发展，培养有理想、有道德、有文化、有纪律的社会主义建设者和接班人，根据宪法，制定本法。

请问：上述法律的第一条有什么共同之处？

生：都有"根据宪法，制定本法"这句话。

师：归纳得很好。"根据宪法，制定本法"这句话说明了什么？

生：说明其他法律要根据宪法来制定。

师：非常好！其他法律必须依据宪法制定，是宪法内容的具体化。

上述教学片段中，教师搭建了"支架"，把相关法律文本的具体内容呈现出来，学生经过仔细阅读和比对，发现了其中的共同点，从而归纳出"普通法律的制定必须依据宪法"这一知识要点。这个过程是学生自主探究、自我发现的过程，体现了学生的自主性和主动性，有效促进了学生的学。

再如，在教学"人民是国家的主人"（苏人版九年级第9课）时，要让学生理解"民族区域自治制度的意义"，即"民族区域自治制度有利于保证少数民族人民充分享有民主权利，有利于巩固和发展平等、团结、互助的民族关系，促进各族人民共同进步和繁荣。"这个表述理论性很强，学生难以理解。为了突破这一难点，笔者借助《中华人民共和国民族区域自治法》这部法律进行了尝试。

【教学片段】

教师出示材料：

> 《中华人民共和国民族区域自治法》第十七条 自治区主席、自治州州长、自治县县长由实行区域自治的民族的公民担任。自治区、自治州、自治县的人民政府的其他组成人员，应当合理配备实行区域自治的民族和其他少数民族的人员。

（1）民族区域自治的地方政府工作人员主要由谁担任？为什么要这样规定？

生1：主要由实行区域自治的民族的公民担任。这样做是因为本民族的公民比较熟悉本民族的事务。

师：回答得很有道理。的确，本民族的公民比较了解本民族的风俗习惯、地理环境、语言文字等内容，更容易管理好本民族的各项事务，从而更好地保护本民族的各项权利，包括民主权利。所以，实行民族区域自治制度能保证少数民族人民充分享有民主权利，真正享有自治权。

> 《中华人民共和国民族区域自治法》第三十一条 民族自治地方依照国家规定，可以开展对外经济贸易活动，经国务院批准，可以开辟对外贸易口岸。与外国接壤的民族自治地方经国务院批准，开展边境贸易。民族自治地方在对外经济贸易活动中，享受国家的优惠政策。

（2）上述法律规定对民族区域自治的地方有何意义呢？

生2：有利于发展本民族的经济。

师：的确如此。可以"开展对外经济贸易活动"，可以"开辟对外贸易口岸"，可以"开展边境贸易"，"在对外经济贸易活动中，享受国家的优惠政策。"这些规定表明国家想办法促进民族自治地方发展经济，实现国家的整体发展，最终实现共同富裕。所以，实行民族区域自治制度有利于巩固和发展平等、团结、互助的民族关系，促进各族人民共同进步和繁荣。

如此，教学中借助《中华人民共和国民族区域自治法》的两条规定，有效帮助学生理解了"实行民族区域自治制度"的意义。

对与教学内容高度关联的法律条文，不妨通过师生共同阅读和对话，特别是让学生自我感悟，引导学生学会使用法律文本，提高学习力。

三、研读法律内容，促进懂法

法治教学旨在培养学生的法治精神和法律素养，让学生成为知法懂法守法遵法的现代公民，形成对法律的信仰。但是，纵观当下法治教学，更多的是从理论到理论，说教的味道比较浓，而且很多学生对于相关法律的具体内容并不知悉，在此情况下要增强学生的法律意识、法治精神和法律素养困难很大。因为学生不学习法律文本的具体内容，就难以知道什么样的行为是违法行为，以及要承担怎样的法律责任。为改变上述状况，笔者在教学"希望从这里开始"（苏人版七年级上册第11课）时，进行了如下尝试。

【教学片段】

沈萌，来自农村，今年13岁，跟随父母来到县城。按照沈萌现在的居住地来看，属于该县第二中学的学区范围。按照该县教育局的相关文件精神，外来民工子女接受义务教育的，可以就近入学。沈萌想到该县第二中学就读。

请问：该县第二中学能不能拒绝接收她入学？为什么？使用手中的《中华人民共和国义务教育法》，找出支撑自己观点的法律依据。

学生活动：自主查阅《中华人民共和国义务教育法》（教师课前下发法律文本原件，每个学生一本），并记录下相关条文。

学生自主完成，并全班交流。

教师课件展示：

第四条 凡具有中华人民共和国国籍的适龄儿童、少年，不分性别、民族、种族、家庭财产状况、宗教信仰等，依法享有平等接受义务教育的权利……

第五条 各级人民政府及其有关部门应当履行本法规定的各项职责，保障适龄儿童、少年接受义务教育的权利……

第十二条 ……父母或者其他法定监护人在非户籍所在地工作或者居住的适龄儿童、少年，在其父母或者其他法定监护人工作或者居住地接受义务教育的，当地人民政府应当为其提供平等接受义务教育的条件……

师：从上述法律规定来看，即使沈萌户口不在该县，她也享有接受义务教育的权利。所以，只要是我国公民，都平等地享有受教育的权利。

现实中，学生知行不统一的症结很大程度上是因为教师的方法指导不到位。比如，如何让学生真正明白自身享有受教育的权利，并通过法律来证明这项权利是受法律保护的。以往的做法是，教师告诉学生法律保护公民的受教育权。学生并没有看到法律到底是如何规定的。也就是说，学生并没有真正经历对相关法律文本的整体阅读和学习的过程。所以，学生的学习是似懂非懂的，甚或是干脆就不懂。上述教学片段试图突破原来教学中的困境和不足，让学生亲自阅读真实的法律文本，把"学法"由口号变成现实。

虽然在课堂上让学生学习《中华人民共和国义务教育法》这部法律花费了不少时间。但是，这个过程是真正的学习法律的过程，学生能从文本内容上知道作为接受义务教育的权利人有哪些权利，又有哪些义务等规定。今后他们再遇到有关法律问题时，起码能知道如何通过学习法律来维护自身权利，也知道如何履行自己应该履行的义务。在此情况下，增强学生法律意识才有可能，也才有可能变成现实。

同样，在学习宪法、未成年人保护法、预防未成年人犯罪法、环境保护法等内容时，教师要尽可能把法律内容印发给学生，或者让学生自己购买法律文本，在上课之前通读其内容，在此基础上教师再进行教学。这样，无论是对培养学生的法治精神，还是培养学生学习法律的能力，无论是对教师的教还是对学生的学，都大有裨益。

（本文发表于《课程与教学》2017年第1期）

法治教育中情境设置的艺术

——以"树立法治观念"为例

《青少年法治教育大纲》指出,法治教育"要综合采用故事教学、情景模拟(如模拟法庭)、角色扮演、案例研讨、法治辩论、价值辨析等多种教学方法",提高学生法治意识,养成尊法守法的行为习惯,为培育法治观念、树立法治信仰奠定基础。如何通过课堂教学来达成上述目标,成为建设法治中国背景下所有思政课教师必须直接面对并需认真加以解决的问题。笔者在教学"树立法治观念"内容时,通过选取生活中的真实情境和基于生活真实情境的模拟情境,对此做了一些尝试。

一、法治教育中的"真"

《青少年法治教育大纲》提出,法治教育"可根据学生认知特点,将真实法治案例引入课堂教学,注重学生法治思维能力的培养。"在"树立法治观念"一课教学中,笔者选择了真实的案例,学生真实地学习法律,获得了真实的维权知识,并真实地用法帮助他人和警示自己,较大程度上促使学生养成法律思维。

(一)案例选择真

树立法治观念,是指公民严格遵守法律,以及运用法律武器维护国家利益、集体利益和个人合法权益的观念。设计本课教学时需要考虑的是,选择的素材要能够体现出守法与用法维权。守法的反面就是违法。事实上，法治教学中选择更多的是违法案例，因为有了违法案例才有更多讨论的余地。

所以，在教学"树立法治观念"时，首先遇到的问题是选择什么样的素材作为学生课堂学习的载体，以实现学习目标？毋庸置疑，素材选择的原则是贴近学生、贴近生活、贴近实际，在这三者之中，贴近学生又是最重要的。基于这些方面的考量，笔者就开始找寻这方面的素材。最后选择了2016年发生在浙江温州的一则校园欺凌案件作为本节课的主体素材。

【教学片段】

教师播放事件视频：2016年2月18日晚上，19岁的女孩徐某、蹇某，17岁的小琴等7人聚在一起，找到与她们有过节的15岁女孩小婷，强行把小婷带到一个酒店。在房间里，徐某等人轮流对小婷扇耳光、踢肚子，随后又将小婷带到卫生间，用冷水淋湿其身体。之后，小婷被迫下跪道歉。直到19日上午9点，这群女孩才让小婷离开。经法医鉴定，小婷面部、左肩部及四肢多处皮肤软组织损伤，构成轻微伤。

问题1：7名施暴女孩侵犯了小婷哪些权利？

生1：侵犯了小婷的生命健康权、人身自由权。

生2：还侵犯了人格尊严权。

师：对，回答得非常到位！

问题2：小组讨论，她们的行为会产生哪些危害？

生3：影响小婷的身心健康，特别是给她的心理带来阴影，甚至会伴随她终身。

生4：我们觉得这7名女孩会受到法律制裁，因为她们的行为是违法行为。

生5：我们认为还会影响到家庭生活。一方面会影响小婷的家庭，另一方面会影响到那7名女孩的家庭。

师：说得很有道理，伤害了双方家庭。

生6：对其他未成年人会造成不良的影响，树立了一个坏的榜样，其他未成年人甚至会模仿她们的行为。

生7：对她们所在的学校也会产生不良的影响，损害学校声誉。

师：没错，对学校也会产生不良影响。当然这也给学校敲响了警钟，要加强对学生的法治教育，提高学生的法治观念。这7名女孩的行为所产生的影响是多重的。很明显，他们的法治观念非常淡薄！

基于真实的案例，让学生通过小组合作交流，分析了7名女孩行为的危害，学生初步认识到因为法治观念淡薄特别是不守法而做出的违法行为所带来的恶劣影响。这个分析交流的过程是刻骨铭心的，特别是学生回答问题时的表情和学生的听课状态，让笔者感受到这个过程对学生所产生的作用，是直抵学生心灵的。这个过程也是学生体验的过程——体验小婷的痛苦，体验7名女孩的目无法纪以及由此带来的不可磨灭的伤害，进而从内心敬畏法律。

（二）学法过程真

对于公民而言，法律意识不强，重要原因是不懂法，不懂法主要是因为不学法。因为不学法而不懂法，进而容易导致违法犯罪行为的发生。一些未成年人认为自己是未成年人，受到来自家庭、社会、学校和法律的特殊保护，即使违法犯罪了也不要承担法律责任。基于这样的认识误区，笔者设计了如下问题：有人认为，本案中17岁的小琴是未成年人，她不需要承担法律责任。

提出这个问题后，学生都认为要承担责任，但又说不出具体理由。此时教师就非常有必要让学生知道所以然，知道法律对此的具体规定。在此情况下，笔者出示了刑法第十七条之规定。"已满十六周岁的人犯罪，应当负刑事责任。已满十四周岁不满十六周岁的人，犯故意杀人、故意伤害致人重伤或者死亡、强奸、抢劫、贩卖毒品、放火、爆炸、投毒罪的，应当负刑事责任。已满十四周岁不满十八周岁的人犯罪，应当从轻或者减轻处罚。因不满十六周岁不予刑事处罚的，责令他的家长或者监护人加以管教；在必要的时候，也可以由政府收容教养。"不仅出示了这条规定，而且教师通过音频的方式，借助教师厚重的声音读出第十七条之规定，给学生以声音上的冲击，以留下深刻印象。通过呈现刑法具体条款的规定，有利于澄清学生认知上的误区。同时，也让枯燥的法律条文变得生动和鲜活，更能触动学生内在的对法律的敬畏情感。随后，设计了如下环节。

【教学片段】

教师播放7名女孩最后被判处9个月到6年半不等的刑罚视频。设问：如果你是法官，请你说出该判决是依据哪一部法律做出的？学生依据八年级所学的刑法知识，回答出要依据刑法进行判决。随后，教师布置学生小组讨论：这个判决是根据《刑法》的哪些条款做出的？请从"学习资源单"上找出来。"学习资源单"内容是《刑法》的部分条款，如下：

第二百三十四条　故意伤害他人身体的，处三年以下有期徒刑、拘役或者管制。犯前款罪，致人重伤的，处三年以上十年以下有期徒刑；致人死亡或者以特别残忍手段致人重伤造成严重残疾的，处十年以上有期徒刑、无期徒刑或者死刑。本法另有规定的，依照规定。

第二百三十五条　过失伤害他人致人重伤的，处三年以下有期徒刑或者拘役。本法另有规定的，依照规定。

第二百三十七条　以暴力、胁迫或者其他方法强制猥亵妇女或者侮辱妇女的，处五年以下有期徒刑或者拘役。

聚众或者在公共场所当众犯前款罪的，处五年以上有期徒刑。

猥亵儿童的，依照前两款的规定从重处罚。

第二百三十八条　非法拘禁他人或者以其他方法非法剥夺他人人身自由的，处三年以下有期徒刑、拘役、管制或者剥夺政治权利。具有殴打、侮辱情节的，从重处罚。

犯前款罪，致人重伤的，处三年以上十年以下有期徒刑；致人死亡的，处十年以上有期徒刑。使用暴力致人伤残、死亡的，依照本法第二百三十四条、第二百三十二条的规定定罪处罚。

为索取债务非法扣押、拘禁他人的，依照前两款的规定处罚。

国家机关工作人员利用职权犯前三款罪的，依照前三款的规定从重处罚。

笔者选取了刑法的部分条款让学生结合案件进行判断和选择，在小组内交流，最后各小组在全班展示，其他小组补充，并让学生说出这样选择的理由。教师在学生回答的基础上逐步展示相关条款。学生经过真实的学法过程，学习了刑法部分条款，看到了刑法的具体刑罚规定。这种规定不仅仅是纸上的文字，在结合具体案例分析时，学生对违法犯罪所要承担的法律责任有了数据上直接的体验，这个过程比教师单纯的解读要有效得多，也真实得多。

学法过程的真，还体现在本节课教学中选择的图片上。笔者把马路上的交通宣传图片（如下图）搬到课堂上。让学生分析，从图片中你能学到哪些法律知识？学生在仔细观看图片的基础上，分析出对于司机而言要怎么做，对于非机动车车主而言要怎么做，对于行人而言又应该怎么做。基于生活的

为生活而教

图片，学生从中真正学习到了一些法律知识，并意识到要规范自己的交通行为。这个过程培养了学生关注生活、关注自己行为的意识，有利于提高学生的规则意识和法律意识。

（三）用法维权真

在本案中，小婷作为受害者，她在受欺凌后，会怎么做？是一个不可回避的问题。笔者布置学生小组讨论：预测她可能会采取哪种做法？并分析该种做法的可能后果。

学生预测了诸多做法，并且给出该种做法的可能后果。接着笔者追问，在这些做法中，哪一种最能有效地维护小婷的合法权益。学生认为是通过法律途径。法律是如何保护公民合法权益的呢？一般是通过打官司（诉讼）。怎样才能打赢官司？这是我们课堂往往忽视的问题。以往的课堂中，教师常常是很直接地告诉学生当我们合法权益受到侵害后要通过法律途径来维护，但具体怎么维护，往往是避而不谈。为此，笔者设计了如下教学片段。

师：每个人都想打赢官司，没错吧？

学生点头称是。

师：那如何才能打赢官司呢？

生1：要请律师。

师：为什么要请律师？

生1：因为律师法律知识比较丰富，是专业人士。

师：是啊！律师的重要职责就是帮助客户打官司，法律知识比较丰富。

生2：我觉得小婷要注意保存证据。

师：说得太好了！打官司在某种意义上就是打证据。没有证据是很难打赢官司的。

学生沉默。到此学生把打官司两个非常重要的方面说了出来，但是还不够。

师：在打官司的过程中还有一些事项需要我们注意。比如法官回避制度——如果你发现某办案人员与对方有亲属关系，你可以申请让他回避；法律援助制度——如果经济困难或其他特殊原因可以申请法律援助，申请律师无偿为你辩护，或作为你的诉讼代理人。还要注意诉讼时效、上诉期限等。请看下表。

诉讼类型	诉讼时效	上诉期限	
		判决	裁决
民事诉讼	3年	15日	10日
刑事诉讼	5-10年	10日	5日
行政诉讼	1年	15日	10日
说明：上述时间是指一般情况下而言的，法律上还有很多特殊规定。			

教师通过举例说明"诉讼时效"与"上诉期限"的内涵。

在这一环节中，笔者基于维权的话题，向学生传递了打官司要注意的一些事项。这些法律实务知识对增强学生的法律意识是非常必要的。如果仅仅是知道可以通过法律维权，而又不知道如何维权，那么学生还是糊里糊涂，并不能从本质上学会维权。当然，相应的维权实务法律知识还不仅仅包括上面所说的内容。比如，还包括各种起诉状的撰写，等等。虽然不要求学生掌握得非常到位，但起码让学生通过课堂学习，知道维权是实实在在的、有保障的，而不仅仅是口头上说说而已。这样的课堂才是实在的、真实的，对学生也是有帮助的。杜威在谈到教育的价值的时候说："在教育上，我们可以肯定，科学的教学应该成为学生生活的目的，科学之所以有价值，是因为科学本身对生活讲演所做出的独特的、内在的贡献。"的确，教学应该为学生的生活提供服务。

（四）学以致用真

学生学习了相关法律知识，懂得了要用法维权。但是像小婷这样事情的发生总是令人遗憾的，需要从中吸取教训，防微杜渐。在本课最后环节，笔者设计了一个反思性、实践性问题，即"请你给案件中的 7 名女孩，或者小婷，或者自己身边的同学、或自己写几点建议，说说如何才能避免校园欺凌事件的发生。"这个问题让学生利用所学的法律知识帮助自己或是他人，培养学生的法律意识，同时也引导学生以己之力帮助关心他人。

二、法治教育中的"虚"

这里的"虚"并不是课堂教学内容虚，而是指基于现实中真实情况的模拟或是再现。

（一）真实情境"虚"

在本节课的开始，笔者出示了两张图片，如下。

两张图片，幽默有趣，与课题紧密相连。

【教学片段】

师：现实生活中会发生这样的事情吗？

生 1：不太会。

师：人太多了！这不变成黑社会了。这个小男孩的行为是什么样的行为？

生 2：是违法行为。

师：可以看出该小男孩的法治观念不强。

教师出示课题。

师：虽然现实生活中不太可能发生，但有没有类似事情发生呢？请看视频。

在这个环节，教师利用比较有趣而又简洁的图片把学生带入到虚拟的情境中，但这个虚拟的情境又有现实的影子，借此导入新课。

(二) 模拟判决"虚"

在本节课上，笔者设计了一个法庭模拟判决的环节。这个环节是在播放 7 名女孩被法庭判处 9 个月到 6 年半不等的刑罚之后，让一位男生扮演审判长宣读模拟判决书（部分），并让全体学生起立。模拟判决书（部分）如下：

……

我院审理后认为，被告人徐某、陈某等四人结伙以暴力、胁迫的方法聚众在公共场所侮辱妇女，徐某、陈某等 7 人结伙非法拘禁并殴打他人，其行为分别构成强制侮辱妇女罪、非法拘禁罪，应对被告人徐某、陈某等四人数罪并罚。

考虑部分被告人实际情况，根据刑法第 234 第一款、237 条第一款、第二款、238 条第一款之规定，判处如下：

一、判处被告人蹇某有期徒刑六年六个月。

二、判处被告人徐某有期徒刑五年。

三、判处被告人娄某有期徒刑四年。

四、判处被告人陈某有期徒刑三年六个月。

五、判处被告人施某、王某有期徒刑十个月。

六、判处被告人潘某有期徒刑九个月。

如不服本判决，可在接到判决书的第二日起十日内，通过本院或直接向温州市中级人民法院提出上诉。书面上诉的，应提交上诉状正本一份，副本二份。

……

让学生全体起立，并由一名学生扮演审判长，形同法庭最后判决，学生神情严肃，一如真实的法庭审判。虽然是模拟的，却给学生以真实的体验，庄严肃穆，很有仪式感。

法治教育中可以创设模拟法庭，还可以根据实际需要，模拟法庭审理过程中的某个环节，条件许可的可以带领学生到法院参加一次真实的案件审理过程，或是开展模拟法庭审判活动。让学生有体验，这样对学生的法治教育才变得更加有效。因为有经历、有体验，理解才更深刻。

美国教育家布鲁诺曾说过："学习的最大动力乃是对所学材料的兴趣。"法治教育也不例外。学习材料是教师实施教学的载体，更是学生学习的载体，它来源于真实生活，也可以是对真实生活案例的适度改编和再创造。因此，法治教育中需要教师甄别和选择适切的素材，在真真虚虚的情境中促使学生树立法治意识，培养法治思维。

为生活而教

附：本课板书设计

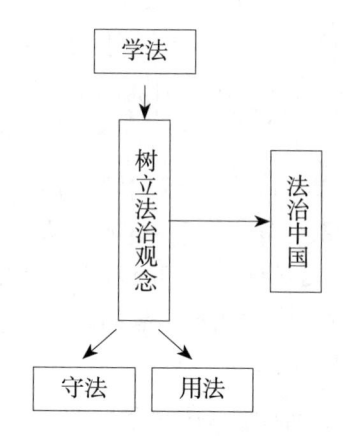

```
        ┌──────┐
        │ 学法 │
        └──┬───┘
           ↓
    ┌──────────┐      ┌──────────┐
    │ 树立法治  │─────→│ 法治中国 │
    │ 观念     │      │          │
    └──┬────┬──┘      └──────────┘
       ↓    ↓
  ┌─────┐ ┌─────┐
  │守法 │ │用法 │
  └─────┘ └─────┘
```

（本文发表于《中学政治教学参考》2018年第3期）

体验：初中法治教育的一种样态

——以"公平正义的守护"为例

刘幸在《偶遇博物馆就是偶遇历史》（《教师月刊》2018年第2期）一文中介绍了他在日本参观一家货币博物馆的一次经历。他说这家博物馆的种种体验设计给他留下了深刻的印象。比如，博物馆按照古代制式仿制出钱币，穿在一起，让参观者亲手握一握，感受古代所谓一贯钱的分量究竟是多少。日本古代用金子铸造的天正大判也被仿制出来，虽然用玻璃罩着，但参观者仍可以将手伸进去，掂量下它有多沉……

历史无法复原，但可以通过恰当的方式让参观者进行亲身体验。在初中道德与法治教学中，很多内容离学生现实生活比较远，学生没有生活体验，理解起来比较困难。如果教师能够采取一定的方式，让学生体验，让学生亲历，在体验、亲历中理解、内化所学内容，将有利于实现情感共鸣、价值引导和课程的价值目标。

在全国首届道德与法治品位课堂观摩及研讨会上，山东临沂实验学校的王有鹏老师为来自全国各地的道德与法治教师展示了一节很有品位的八年级下册"公平正义的守护"示范课，受到了大家好评。本节课基于体验，通过各种方式把学生带入现场，让学生体悟如何以自身的力量和外在的制度守护公平正义。下面以本节课为例，试图剖析初中法治教育的一种样态——体验。

一、体验名人名言的意蕴

课一开始,王老师利用名片介绍起自己。根据名片问学生,自己来自哪里,叫什么名字。然后利用自己姓名里的"鹏"字做起了文章。王老师出示"有朋自远方来,不亦乐乎!"鹏和朋谐音,一语双关。学生会心地笑了,听课的老师也会心地笑了,并鼓起了掌。这一笑,拉近了师生间的距离,消除了师生间的陌生感,起到了极好的暖场作用。

经典不是深藏在故纸堆里的老古董,而是要被传承和弘扬的。"有朋自远方来,不亦乐乎"被王老师用活了,在恰当的时间,在恰当的地点,在恰当的场合。如果说学生在学习这句名言的时候,还没有真正体悟其要义的话,通过王老师这么一说,更加明确在何种情况下运用这句话。在课堂总结阶段,王老师还不忘利用自己的姓,他不紧不慢地说:"同学们,将来不知道我姓什么不要紧,但不要忘记这句话——自由、真理、正义、进步,应是我们终生的追求。这是我多年前写给学生的毕业赠言,现在也送给你们。"这不仅是前后呼应,更是这节课的点睛之笔,使课的育人价值得以实现。王老师用自身对人生价值的感悟和追求,现身说法,指引着学生追求真善美,追求自由、真理、正义、进步,为学生书写了一个昂首站立的人。

维护公平正义,需要对公平正义有正确的认识。在此过程中,王老师借助江家姐弟的事例让学生体验公平秤的价值,随后通过展示苏格拉底的名言进一步阐述了公平正义的重要性。苏格拉底说:"公平是一种美德,这种美德知道在特定的环境下如何行动,知道在何种情况下如何做是最好的。"通过寥寥几句,就把公平的价值呈现在学生面前,这是一种语言力量的体验,一种名言力量的体验。

在个人维护公平正义方面,王老师还通过展示名言说明我们每个人都应该承担起重任。他借用爱因斯坦的话说:我要以我微弱的力量,冒着不讨任何人喜欢的危险,服务于真理和正义。维护公平正义是每个人的责任。当我们面对非正义不公平时,我们总要做点什么。要做的事,"就在此时,就在此刻,就在此地,就是此生"。"天下兴亡,我的责任",每个人都要对社会、对他人、对自己负责。

二、体验地方资源的趣味

山东快板作为山东的地方特色被王老师巧妙地融入课堂教学中，极大地激发了学生的兴趣，营造了良好的课堂环境，让学生如同置身于一个欢乐场，寓教于乐，浑然天成。更为重要的是，王老师通过快板把学习内容呈现出来，学生在体验快板这种民间艺术的同时，掌握并深入理解所学内容。

课堂上第一次出现快板是王老师自导自演自唱，虽然是业余水平，但丝毫没有影响上课的效果。学生感到有趣，笑了！听课老师在下面忍不住，也笑了起来！为什么笑？是因为这种形式，是因为王老师的表演，是因为王老师生动的语言，还真有喜剧演员的"味"，让听者大呼过瘾。这是王老师第一次使用快板。后面的教学中，王老师在每一板块结束时，都通过快板的方式加以总结，有时他让学生拿着快板，学着说；有时让学生一起说。从学生的表现来看，通过王老师的第一次示范，参与的学生都能大胆表演，而且表演得有模有样，赢得了现场听课老师的掌声。在最后时刻，王老师让全体学生参与说快板。不过没有配上快板，王老师随后补充说："刚才要是配上快板就会更好了！"多可爱的王老师！

快板是一种方式，也是一种形式，但王老师却把这种方式、这种形式经由学生手和口的表达，让学生参与进来，真正体验到了什么是快板，并通过在快板中融入所学内容，实现了形式与内容的统一。这比单纯的总结要有趣得多，而且也有效得多。形式重不重要？重要！内容重不重要？重要！如何实现两者的完美融合，值得我们认真研究。

三、体验视频的反转

好的电影、小说，或是小品，都会在恰当处出现反转，出现出人意料的结局。一节课如果能上出一波三折，那将是一件多么美妙的事情。王老师在本节课上恰恰选择了这样一个情景，即视频短片《慧眼》。王老师在播放该视频时，在恰当处停顿，让学生说说对视频中一位中年男子的印象如何。开始阶段，短片中的中年男子给人的感觉就是一个十足的"坏人"，学生都不认为该男子是一个好人。短片给人一种代入感。随着情节的推进，最后，事情水落石出，原来该男子观察到貌似是一对夫妇的一男一女怀抱孩子，实际上是人贩子。该男子看到貌似夫妇中的男子往奶瓶里放"安眠药"，接着就通过粗暴语言的方式与对方发生了口角与争执,引起了骚动。事件不断升级,吵得不可开交。最终,一位乘客报了警,警察抓住了人贩子,真相大白。该男子的做法也得到了人们的理解和赞许。看罢短片,让人久久不能忘却。好人与坏人有时还真难以辨别,需要有慧眼。

王老师通过一个跌宕起伏的短片,意在告诉学生,社会生活是复杂的,有真善美,也有假恶丑,要学会明辨是非,明确公平需要我们追求,正义需要我们去维护,而且需要我们智慧地追求与维护。当我们不能确保他人某种行为是否正确的时候,不妨通过恰当的方式让法律来裁判,通过合法的方式追求公平、维护正义。更值得我们反思的是,公平正义不会自然生发,需要每个人付诸努力。

四、体验模拟的现场感

学生的生活是多姿多彩的。课堂教学中如果能再现学生生活现场,再现学生经历过的事情,将会大大激发学生的参与意识,加深体验与认知。

在生活中有许多不公平的事情。王老师在教学中让几位学生表演小品《评教前夕》,学生给任课老师打分,出现了个别学生借机给自己"不喜欢"的老师打最低分这样不公平的情况。由于这样的情境来自学生实际生活,随后学生在回答"学校生活中还有哪些不公平现象"问题时,能很好地说出来。

以史为鉴是为了更好地前进。追求公平正义是人类永恒的主题。20世纪三四十年代,日本侵略者发动的侵华战争给中国人民带来了深重灾难。战后的东京审判就是对战犯的应有惩罚。王老师展示了东京审判的文字材料,然后通过一位学生扮演东京审判首席检察官季南进行结案陈词,再现了审判结果,陈词如下——

女士们、先生们、尊敬的法官们:

纵观人类文明史,其手段之残忍、残酷、灭绝人性实属罕见!无数的生命痛苦地消失在日本侵略者的枪口和刀口之下!他们的这种行为是对人类文明的挑战!是对和平的挑战!是对世界的挑战!这场战争的唯一结果,就是使全世界遭受死亡和痛苦!

所以,我——代表检察团全体同仁,郑重向庭长及各位法官提请,请你们给这些发动和实施侵略战争的被告们以严惩!请你们以公正之心,以善良之名,以人类之愿!

学生在模拟场景下，加上背景音乐的烘托，如同置身于现场，给人强烈的震撼。历史无法还原，但可以通过模拟现实场景的方式，让学生犹如亲历审判现场，体验正义必将战胜邪恶的人类真理。

在教学的最后环节，王老师还开展了一个宣誓活动，加深学生对维护公平正义的理解。实际上，在法治教学中，很多场景学生是无法真实体验的，但教师可以设置模拟场景，让学生参与其中，通过学生集体朗读或宣誓的方式体会现场感。比如在教学"加强宪法监督"时，有一目是"增强宪法意识"。国家通过设立宪法日、建立宪法宣誓制度等来强化国家公职人员的宪法意识。如果没有体验，学生对这种方式是如何达到强化作用的，就很难有感性的认识。为此，教师可以让学生模拟宪法宣誓仪式，全体学生起立，举起右手，手按宪法，集体宣誓，朗读宪法宣誓誓词。学生把自己当作国家公职人员，感受自己肩上的重担，能起到很好的内化作用。

现场感的获得还得益于精当的预设。在维护公平正义方面，国家通过立法的方式加以实现。王老师没有采取直接出示法律条文的传统方式，而是借助播放音频和出示图片的方式呈现。这既有利于学生学习法律条文，感受国家通过立法的方式维护公平正义，又极大地摆脱了单纯的说教和呈现法律条文学习的单一性。

五、体验法治的力量

法治教育的价值在于，最大程度上培养学生的法治观念，引导学生学会用法律的思维思考问题，学会运用法律规范自己的行为并保护自己的合法权利。维护公平正义需要每个公民树立强烈的权利意识和义务观念，进而通过自己的努力追求公平正义。为此，王老师在教学中选择了"电梯劝阻吸烟猝死案"，通过这一鲜活的案例向学生传递着上述价值导向。特别是问题的层层引入，层层递进，让学生在这个过程中体会坚持的重要性，并让学生懂得，追求公平正义离不开个人的努力。

【教学片段】

出示案例：2017年5月2日，河南郑州37岁的医生杨帆在小区电梯里劝阻69岁的段某抽烟，引发争执后不久，段某心脏病发作倒地不起，离世。

随后，学生根据下表内容，分组讨论，说出各组讨论出来的最终判决结果。

不难看出，下表就是一次审理案件的过程。不管学生回答得怎么样，他们起码体验到了法官审理案件是怎么一回事，而且在学生的心里埋下了法治思维的种子。

诉讼请求	段某之妻田某要求 40 万元赔偿。
以事实为根据	杨帆的劝阻是否属正当行为？杨帆对段某死亡有没有过错？是否应承担侵权责任？
以法律为准绳	《中华人民共和国侵权责任法》第 6 条："行为人因过错侵害他人民事权益，应当承担侵权责任。"第 24 条：受害人和行为人对损害的发生都没有过错的，可以根据实际情况，由双方分担损失。
判决结果	?

在学生交流讨论的基础上，教师出示一审判决结果：本院认为，杨帆对段某死亡没有过错。但段某确实在与杨帆言语争执后猝死。根据《中华人民共和国侵权责任法》第 24 条，我院判决杨帆向田某补偿 1.5 万元。如不服判决，可于 15 日内上诉。

对这一判决结果，段某家属不服并提出上诉。二审的最终判决如下：

本院认为，一审适用法律错误。第 24 条的前提是：行为与死亡结果之间有直接关系。杨帆劝阻行为与死亡结果之间并无直接关系，驳回段某家属田某的诉讼请求，撤销补偿 1.5 万元的判决，诉讼费由田某承担。

最终，法律维护了杨帆的合法权利。这个环节，学生经历着波澜起伏，经历着思维的爬坡，经历着思想上的斗争，经历着不可能到可能，这种经历，归结到一点，就是认识到了司法程序的价值，认识到了法律的价值。虽然一审法院审理出现了适用法律不当的错误，但最后还是通过司法维护了正义，实现了司法的兜底作用。司法是捍卫社会公平正义的最后一道防线，诚哉斯言。从中，我们也隐隐感觉到依法治国的目标任重道远，正如习近平总书记指出："要深化司法体制综合配套改革，全面落实司法责任制，努力让人民群众在每一个司法案件中感受到公平正义。"这个目标是需要我们通过努力才能逐步实现的。正如英国哲学家培根所说："一次不公正的审判，其恶果甚至超过十次犯罪。因为犯罪虽是无视法律——好比污染了水流，而不公正的审判则毁坏法律——好比污染了水源。"

《青少年法治教育大纲》指出，法治教育"要综合采用故事教学、情景模拟（如法庭模拟）、角色扮演、案例研讨、法治辩论、价值辨析等多种教学方法"。不难发现，这些教学方式内隐着这样一个事实，即让学生的法治思维在课堂教学中得到锻炼，而学生法治思维的培养离不开学生的参与、经历和体验。教学中，教师要善于设置情境，把关于法治的知识转化为关于法治的思维能力，培养学生的法治意识，使学生"成为社会主义法治的忠实崇尚者、自觉遵守者、坚定捍卫者"。

（本文发表于《中学政治教学参考》2018年第8期）

用好法治案例，培养法治素养

《青少年法治教育大纲》指出，"青少年法治教育要……创新教育方法。"教学中，"可根据学生认知特点，将真实法治案例引入课堂教学，注重学生法治思维能力的培养""要充分利用网络上的优质法治教育资源，丰富教学的形式和内容"。教学中，要利用好法治教育资源，特别是利用好法治案例，创新课堂教学方式，"使学生初步了解个人成长和参与社会生活必备的基本法律常识"，进一步强化守法意识、程序思维等，初步具备运用法律知识辨别是非的能力。下面结合教学实践，谈谈具体做法。

一、基于本土法治案例，涵养学生守法意识

作为社会生活中的公民，学生需要了解和掌握关乎自身成长必备的基本法律常识。在法治教学中，选取本地发生的真实法治案例，能很好地促进学生参与课堂，激发学生学习法律的热情，在感悟和思维碰撞中反思、学习，不断增强对法律知识的认知和储备，获得适应社会发展的必备的基本法律常识，涵养法治意识和守法意识。

在教学八年级下册第6课第五框"国家司法机关"时，笔者选取了中国裁判文书网中溧阳市人民法院审理的"刘某危险驾驶一审刑事判决书"，利用该判决书的具体内容开展教学。

【教学片段一】

在导入环节,根据判决书,选取部分内容,作为导入情境,多媒体呈现如下:刘某因涉嫌犯危险驾驶罪,于2020年4月9日被溧阳市公安局取保候审,溧阳市人民检察院以刘某犯危险驾驶罪,于2020年5月9日向溧阳市人民法院提起公诉。经过庭审,被告人刘某犯危险驾驶罪,判处拘役二个月十五天,并处罚金人民币二千五百元。

问题一:上述判决书中出现了哪些国家机关?

问题二:根据上述判决书片段,说说溧阳市人民法院和检察院分别行使了怎样的职权?

多媒体呈现:经审理查明,2020年3月14日15时许,被告人刘某酒后驾驶苏D×××××中型客车从家中出发,沿竹煤线行驶至溧阳与金坛交界处时被群众发现举报,后被民警查获。经对被告人刘某提取血样后检验,其血样中乙醇含量为217.5毫克/100毫升。被告人刘某归案后如实供述了自己的罪行,并自愿认罪认罚。

上述事实,有公诉机关举证,并经当庭质证、认证的被告人刘某的供述,证人沈某、张某、陈某的证言,血样提取登记表,溧公物鉴(毒物)字[2020]84号检验报告,驾驶证、行驶证复印件,案发经过、抓获经过等证据证实,被告人刘某亦当庭供认不讳,足以认定。

据此,依照《中华人民共和国刑法》第一百三十三条之一第一款第(二)项,第六十七条第三款,第五十二条,第五十三条和《中华人民共和国刑事诉讼法》第十五条之规定,判决如下:被告人刘某犯危险驾驶罪,判处拘役二个月十五天,并处罚金人民币二千五百元。

(具体法律条文略)

问题三:结合上述审理过程,说说溧阳市人民法院是如何行使审判权的?

上述教学片段中,选择适合教学主题的溧阳市人民法院审理的真实法治案例,贴近学生现实和学生生活。教学中,学生通过阅读分析具体案件、法律条文,基于教师预设的问题对案件进行分析与反思,在体验中不断学习关于法律的基本知识和案件所传递出的法律价值。作为溧阳人,学生看到的是溧阳市本土的真实案例,有说服力,可信,对学生的教育力和影响力是有效的,而且具有扩展性,即学生会把课堂上学到的、感悟到的传递给家人、身边人,向他们宣传酒后驾驶的危害以及由此可能要承担的法律责任。这个过程，一方面有利于激发学生学习法律的积极性和热情，培育学生法治意识，提高依据法律条文分析问题和解决问题的能力。另一方面有利于增强学生的责任意识，促进学生做法治建设的宣传者、参与者和建设者。

二、借助热点法治案例，增强学生规则意识

法律既保护公民的权利，又规范着公民的行为，要求公民履行相应的义务。法治教学中，既要增强学生的权利意识，树立依法行使权利的观念，又要增强学生的义务意识和规则意识，让学生认识到权利有边界，义务需承担。这些法律观念的增强靠的不是灌输，而是通过恰当的情境，特别是与学生生活紧密相连的情境引导学生体验而达成的。为此，需要遴选合适的热点法治案例，与时代脉搏发生共振，连接生活，通过相应问题，不断增强学生规则意识。

如在教学八年级下册"自由平等的追求"时，笔者选取了2020年疫情期间所发生的一则案件。

【教学片段二】

案例：1月29日18时许，吕某强在家中利用微信，先后在多个微信群内散布"在运城市空港北区××小区内，四个从武汉回来的人员感染新型冠状病毒肺炎，发烧不敢去治，都死了"的信息，造成一定范围群众恐慌。经查证，吕某强发布的信息系谣言，山西运城警方已依法对违法行为人吕某强予以行政处罚。

问题一：既然公民享有言论自由，吕某强为什么还会受到处罚？

问题二：请你就如何避免此类事件的发生，给吕某强提两条建议。

如此设计，简约而不简单。借助一则时效性很强的真实素材作为情境，基于适恰的问题，引发学生认知冲突。针对问题一，向学生阐明的是何谓"言论自由"？是不是就像吕某强一样，可以不受限制地发任何信息，做任何事情？学生通过对吕某强案的分析与思考，加深了对言论自由的理解，纠正了部分学生对言论自由的错误认识。公民享有言论自由，但自由不是为所欲为，它是有限制的、相对的。或者说公民在行使自由和权利的时候，不得损害国家的、社会的、集体的利益和其他公民的合法的自由和权利。吕某强散布的谣言，造成了一定范围群众的恐慌，触犯了法律，损害了社会和他人合法权益，扰乱了社会秩序。所以要承担法律责任。在这个过程中，学生不仅学习到了关于法律的知识，而且在潜移默化中增强了规则意识和法律意识，何种行为可以为，何种行为不可为。问题二与其说是让学生给吕某强提建议，倒不如说是给自己提建议。该问题的设置警示作为信息时代"原住民"的学生，一方面要珍惜宪法和法律赋予的权利，增强法治观念，依法行使权利，自觉守法；另一方面，要正确使用网络，增强媒介素养和信息素养。在讨论交流过程中，学生观点不断被亮出，呈现出多元的思考路径和符合实际的多样探讨结果。学生在参与课堂活动中，体悟到做守法公民需要学习法律知识，增强规则意识和法律意识，更要把这些意识落实到每天的生活中，做合格公民。

三、选取典型法治案例，培育学生法治思维

遇事找法，依法办事，依法维护自己的合法权利，法大于权等，这些都是法治思维的体现。学生法治思维的培养并非线性的，而是不断融合的非线性螺旋上升的过程。在法治教学中，通过选取典型法治案例，创设典型法治情境，设计"意料之外、情理之中"的问题，打破学生原有的经验、观点，能够帮助学生厘清思路，澄清认识，纠正学生原有认知中的偏差，甚至是错误之处，进而明确如何认识和看待生活中法律事件，培育法治思维。

在教学部编版八年级下册第7课第一框"自由平等的真谛"内容时，笔者选择了两则很典型的案例，让学生在认知冲突中提高对案例的分析力，对问题的辨识力，对是非的判断力。

【教学片段三】

案例呈现：被告人王某因抢劫罪一审被判处死刑。上诉期间旧病复发并急剧恶化，生命垂危。看守所……

问题一：你认为看守所会怎么做？

继续呈现：看守所将其送往医院救治，并承担了数万元医疗费用，最终将王某抢救过来，王某对自己的罪行痛恨不已。

问题二：死刑犯在执行死刑之前出现急病重症，到底需不需要救治。请发表你的看法。

案例呈现：徐某因故意杀人罪，一审被某市中级人民法院判处死刑，剥夺政治权利终身。之后，徐某以自己有发明专利创造为由请求改判，并写下"万

言书",希望通过贡献社会洗刷自己的罪过。

问题一:你认为有突出贡献的人犯罪可以"法外开恩"吗?请说明理由。

继续呈现:省高级人民法院终审,裁定驳回上诉,维持原判,并依照最高人民法院的授权,核准对徐某的死刑判决。

问题二:省高级人民法院最后的裁定说明了什么?

教学片段中,先通过一种猜想,学生把自己的想法说出来。学生说的过程实际上是认知展示的过程,教师可以发现学生认识上的偏差。基于偏差,发现不足,呈现后续事件情况,最后再讨论原因。在这个过程中,学生的法治思维力得到了培养。学生认识到,在思考法律问题时,不是靠个人经验,而是根据法律,根据法治的本质要求,即要从公平正义的角度来审视和看待。

法治的本质在于追求公平正义,而公平正义的实现离不开"法律面前人人平等"这一法治基本原则。法律面前人人平等,一方面意味着任何公民都一律平等地享有宪法和法律规定的各项权利。即使是被判处死刑的犯罪分子,在被执行之前,他的生命健康权等合法权利仍然受法律保护。另一方面意味着必须平等地履行宪法和法律规定的各项义务,任何组织或者个人都不得有超越宪法和法律的特权。任何违法或犯罪行为一律平等地依法予以追究。即使是被判处死刑的犯罪分子之前对社会有很大贡献,都不能"法外开恩"。对两则案例的解读、分析、辨别、交流,有利于促进学生对"法律面前人人平等"内涵的认识,在认知冲突中培育法治思维。

四、通过冲突法治案例,增强学生程序意识

诉讼程序是法律规定的解决案件争讼的步骤和方法,是司法实践中不可或缺的一个环节。不遵照诉讼程序,有可能会侵害当事人的合法权利,也违背程序正义的法律要求。教学中,通过设置具有冲突性的司法审判结果的法治案例,让学生懂得诉讼程序对于维护公民合法权利的重要性和必要性。如,在教学"公平正义的守护"时,笔者为了让学生认识到诉讼程序的重要性和必要性,设计了如下教学片段。

【教学片段四】

案例呈现:2019年8月16日晚,杨某酒后驾驶车辆从常州市天宁区迎宾路富都商务会所楼下行驶至江南浴室门口迎宾路道板处,因杨某在车内睡着被公安机关查获。经检验，杨某血样中乙醇含量为150.7毫克/100毫升。一审法院以危险驾驶罪判处被告人杨某拘役两个月，并处罚金人民币二千元。

问题一：如果你是杨某，你会接受这个判决吗？为什么？

案例呈现：宣判后，杨某对判决不服，提出上诉。二审法院认为，杨某醉酒在道路上驾驶机动车，其行为已构成危险驾驶罪。原审判决认定事实和适用法律正确，量刑适当，审判程序合法。据此，依照《中华人民共和国刑事诉讼法》之规定，裁定如下：驳回上诉，维持原判。本裁定为终审裁定。

问题二：法律为什么要规定上诉这一诉讼程序？

司法是捍卫社会公平正义的最后一道防线。司法机关必须坚持以事实为根据，以法律为准绳，严格遵循诉讼程序，平等对待当事人，确保司法过程和结果合法、公正。通过问题二，意在让学生理解，为了更好地保护公民的合法权利，不管是被告，还是原告，都享有上诉权利。因为各种因素的影响，不能保证所有司法机关都能做到公正司法。而一旦某一级司法机关不能做到公正司法时，公民的合法权益势必会受到到侵害，这时就需要有补救措施，这正是诉讼程序的价值所在。

用好法治案例，培养学生法治素养，是初中思政课教学的应然要求。我们相信，随着法治教育研究的深入和各地法治教学实践的探索，法治案例的课堂教学方法将会不断创新，为法治教学提供有益的借鉴和参考。

（本文发表于《中学政治教学参考》2021年第7期）

为生活而教

初中法治教育的使命

  随着时间的推移，人类踏入了文明的快车道。文明的程度有很多种表现形式，而法治则是人类文明发展史中的重要内容之一。不管你愿不愿意，法治终将成为社会发展的必然。

  从古希腊的苏格拉底因守法而死开始，到柏拉图的《法律篇》，再到亚里士多德的《政治学》；从英国哈林顿的《大洋国》到洛克的《政府论》，再到戴雪的《英宪精义》；从法国孟德斯鸠的《论法的精神》到卢梭的《社会契约论》《论人类不平等的起源和基础》；从美国的潘恩、杰斐逊到汉密尔顿，人类一直在探索着治国方略，这其中，依法而治已成为共识。

  顺应人类文明发展的趋势，中国在法治建设方面付诸了行动，也付出了巨大努力，以期实现国泰民安、人民幸福。我们既吃过破坏法治的苦头，也尝到了法治昌明的甜头。

  对学校教育而言，如何为法治中国培养合格的现代公民，就成为教育工作者，特别是思政课教师必须直接面对而又必须有所为的现实课题。

  《青少年法治教育大纲》指出，初中法治教育要进一步深化宪法教育，了解民事法律活动的基本原则，初步了解政府运行的法治原则，形成依法参与社会公共事务的意识，不断加深对社会生活中常见违法行为的认知，特别是对有关犯罪方面知识的学习，强化法律责任意识，巩固守法观念，了解我国司法制度的基本原则，建立尊重司法的意识和程序意识。这为初中法治教育指明了方向。

法治教育的内容不仅有机融入部编初中《道德与法治》各册教材，而且有宪法专册，即八年级下册，这都为提高初中生法治意识、法治观念和法治思维提供了有效载体。如何认识并实施法治教育，如何实现立德树人根本任务，尤其是提高学生的法治意识，对此要有清醒的认识，更要有具体的行动。

窃以为，初中法治教育，不应该是宏大的叙事，也不应该是空喊口号——法律是如何重要，宪法是如何重要，法治是如何重要。毫无疑问，法律、宪法、法治的确重要，但比之更重要的是，要把法治的精神转化为一个个具体的行动。从教学层面来讲，要让学生把法治精神转化为自觉行为，内化为学生的精神内核，培养学生法治思维，涵养法治精神，成为适应现代文明的合格公民。我们期望，现在的孩子们在未来社会成为各个领域中有法治意识的建设者和接班人，而不是阻碍社会发展的破坏者。孩子们到底成为什么样的人？作为教师，可以在自己的"半亩方塘"里用自己的教育教学实践实现"一鉴开"，使孩子们成为精神明亮的人，成为社会发展的推动者、贡献者。

如果我们的学生今后成为一名普通的劳动者，那么，我们的使命就是让孩子们知道做任何事情都要有底线意识、规则意识，而不是为所欲为。这个底线或是规则就是宪法和法律，当然还包括基本的道德规范。他们理应知道自己享有哪些基本权利，也要非常清楚自己要履行哪些基本义务；懂得尊重和保护他人与自己的合法权益，知道如何正确维护自己的合法权利；懂得人生的美好是通过自己的双手创造出来的，而不是等出来的，而且坚信"三百六十行，行行出状元"；坚持独立思考，不人云亦云，如此等等。正是万万千千个普通劳动者的遵纪守法、不断用自己独特的光照亮前行的路，这个社会才变得如此多彩与安详。

如果我们的学生今后成为一名法官，那么，我们的使命就是告诉他，法官应该恪守审判原则，独立审判，重视证据，公开公平公正审判；审判时，做到疑罪从无，不冤枉一个好人，也使每个违法之人得到应有的惩罚；要有强烈的责任心，秉公执法，不徇私枉法，杜绝呼格吉勒图、聂树斌等冤假错案的发生；认真研究宪法和法律法规，严格依法审判，但又不失温情，正义之剑要始终指向假恶丑，保护真善美，让自己成为正义的化身。

如果我们的学生今后成为一名检察官，那么，我们的使命是让他明白，切实担起检察官的职责，行使好自己的检察权，严格审查公安机关侦查的案件，监督公安机关、人民法院和监狱、看守所、劳动改造机关的活动，对人民法院的各项审判工作进行监督，及时纠正不当行为，敢于亮剑，维护国家、公民和组织的合法权益，维护公平正义。"公生明，廉生威"，只有公正才能赢得人们的信任和尊重。

如果我们的学生今后成为一名公安干警，那么，我们的使命是告诉他们，公安干警的职责在于保一方平安，致力于地方的安全与稳定；要敢于对违法犯罪行为说不，敢于制止违法犯罪行为，当然更应该公正执法、严格执法。如果执法不公、执法不严，社会就会失去起码的公平正义，就会引发大量社会矛盾，影响社会和谐稳定。

如果我们的学生今后成为一名政府工作人员，那么，我们的使命在于，让他们牢牢记住"全心全意为人民服务"的宗旨，让他们牢牢记住"有权不能任性"，"把权力放进制度的笼子里"，让他们牢牢记住"法定职责必须为、法无授权不可为"。告诉他们，权力要有边界，权力是人民赋予的，"水能载舟，亦能覆舟"；眼中要有法纪，眼中要有人；始终牢记，要把"人民的福祉"放在第一位。

如果我们的学生今后成为一名企业、公司的负责人，那么，我们的使命是让他们明白，凡事都有规则，"依法经营""诚信经营"，天经地义。明白"君子爱财，取之有道"。而且要学会在自己力所能及的范围内惠及社会，承担起社会责任，帮助那些需要帮助的人。可能你没有比尔·盖茨捐得多，但竭尽全力就已足矣。

商务印书馆《共和国教科书·新国文》高小第四册中一篇课文《大国民》中这样写道，"所谓大国民者，人人各守其职，对于一己，对于家族，对于社会，对于国家，对于世界万国，无不各尽其道。"对啊，人人各守其职、各尽其道，人人就是一个合格的公民。要让学生知道，无论是法院、检察院、政府，还是普通劳动者，都要受到法律的拘束，也都受到法律的保护，法律面前人人平等。法治教育应该如此。

初中道德与法治八年级下册教材的解读与教学思考

义务教育阶段的道德与法治课程，现在已统一使用部编教材。八年级下册是法治教育专册，主要介绍我国宪法的一些基本知识，以落实《青少年法治教育大纲》对初中阶段法治教育的部分要求："进一步深化宪法教育。了解国家基本制度，强化国家认同。初步了解政府依法行政的基本原则，了解重要国家机构的职权。认知国家尊重和保障人权的意义。加深对公民基本权利和义务的认识。"我们在使用过程中遇到了一些问题，产生了一些困惑。笔者深感，我们在教学中必须用好教材，但不能照搬教材，必须从有利于教与学的视角深入解读教材，灵活应用教材。

一、关于教材的逻辑顺序

本册教材由坚持宪法至上（维护宪法权威、保障宪法实施）、理解权利义务（公民基本权利、公民基本义务）、人民当家做主（我国基本制度、我国国家机构）和崇尚法治精神（尊重自由平等、维护公平正义）四个单元组成。其逻辑顺序是：先介绍宪法的总体情况，再介绍公民的权利义务和我国的基本制度以及国家机构。最后一单元"崇尚法治精神"，主要内容是尊重自由平等、维护公平正义，是一个相对独立的板块，是法治教育中一个重要内容。从教材编写角度看，这一逻辑顺序是可以的，但从实际教学来看，这一逻辑顺序又较难把握。

第一单元"坚持宪法至上"共两课,第一课题目为"维护宪法权威",实际上两个框题都是简要介绍我国宪法的主要内容,我国宪法规定的我国的国家性质、经济制度、政治制度、公民基本权利、国家机构和权力运行等,都提到点到了,但这些内容大多在第二、第三单元做了详细介绍和分析。这就给我们教学带来一个很大的困难,在这课出现许多关于我国公民基本权利、经济制度、政治制度、国家机构的概念,教学中如果只是简单罗列,不做解释,学生就难以理解;如果展开详讲,既没有时间,又与第二、第三单元的内容相重复。而且,同一内容在第一课中的一些重要表达,在第二、第三单元详讲时又不再出现,在第一课的教学如果详细解读,因缺乏具体内容的支持而学生难以理解,如果忽略不教,又会导致重要观点和表达的缺失。第一单元中的第二课"保障宪法实施",第一框题讲的是宪法的地位和意义,第二框题主要讲的是我们应该怎么做(增强宪法意识,严格遵守宪法)。按照是什么、为什么、怎么做的思维逻辑,这课内容安排在详细学习宪法内容之后比较好。这些问题在教学中怎么处理?笔者认为教材逻辑不等于教学逻辑,我们可以基于教材内容构建起有利于教与学的教学逻辑顺序。我们可以增设一堂宪法序言课,讲讲宪法的一般概念,介绍我国宪法制定和修订修正的历史,介绍我国现行宪法的基本框架。然后将第一单元第一课的内容与第二、三单元相关内容进行整合,将第一单元第二课时放到第二、三单元之后上,也就是在教学宪法主要内容之后再来学习宪法的地位、作用和我们应该怎么做。第四单元"崇尚法治精神",是一个相对独立的板块,放在宪法教学之后是可以的。基于教材内容对前三个单元的逻辑顺序做这样的调整,不仅能避免教学内容的重复,减少教学时间的浪费,更有利于学生对宪法这一板块知识的学习和理解。

二、关于教材的语言表述

初中道德与法治学科是体现国家意志的德育课程,肩负着立德树人的根本任务。《青少年法治教育大纲》在指导思想中指出,开展青少年法治教育,要"以宪法教育为核心","全面提高青少年法治观念和法律意识,使尊法学法守法用法成为青少年的共同追求和自觉行动"。作为宪法教育专册,在八年级下册教材中有许多内容是以宪法中的原文来呈现和表达的。教材中设置的"运用你的经验""探究与分享""阅读感悟""拓展空间"等栏目，力图使内容和活动贴近学生、贴近生活，使语言表达通俗化、生活化。但是，仔细阅读教材正文部分，我们感到语言还是理论性很强，或者是引用宪法和重要文件报告中的原文，或者是用规范的政治术语、法律术语来表达，而且对许多概念、观点没做任何解释。如第4页第一段正文"宪法规定的社会主义经济制度奠定了国家权力属于人民的经济基础。我国经济制度的基础是生产资料的社会主义公有制。这一制度保证人民成为生产资料的所有者，成为国家的主人"。什么是"经济基础"，什么是"生产资料的社会主义公有制"，"这一制度"是什么，诸多概念内涵说来话长。类似这样的话语表达，就教师而言，如果没有一定的政治、法律等方面的知识功底是很难理解和说清的；以八年级学生现有水平来阅读、自学，就更是困难重重。

而且，教材对许多提出的概念、观点没做任何解释，给教师的教、学生的学带来很大的困难，不懂就只能死记硬背。如第3页正文第一段："我国是人民民主专政的社会主义国家，国家一切权力属于人民。这是我国宪法的基本原则。"这段话没有表达清楚，"我国是人民民主专政的社会主义国家"也是我国宪法的基本原则吗？如第5页正文中"一切权力属于人民的宪法原则"，第6页正文中"尊重和保障人权成为我国的宪法原则"。什么叫"宪法原则"，我国的宪法原则有哪些，教材没做解释和归纳，教师说不准，学生更难懂。如第27页正文中"在理解我国宪法主要内容的基础上，着重领会宪法的原则和精神"，第29页正文中"学会运用宪法精神来分析和解决学习和生活中的实际问题"，"自觉践行宪法精神"，什么是宪法精神，我国宪法的基本精神是什么，教材同样没做解释和阐述。

教材是教师教的重要依据，也是学生学的重要载体，教材对学生而言就是学本。编写的教材教师要吃得透，才能在教学中很好应用，并基于教材立意进行创新；要使学生看得懂，才能激发学生学习兴趣，引领学生深入思考。如果教师难以吃透，就很难成为有意义的教学资源；如果学生读不懂，就难以成为学习用的课本。因此，笔者认为，教材在研发编写时必须有学生意识和教学意识，初中教材的编写要充分考虑初中学生的身心特点、认知水平，充分考虑初中教学的特点和需求。话语表达应该大道至简、通俗易懂，使学生能够看得懂，能够领悟教材所要表达的道理。

在教材这种表达方式不改变的情况下，我们如何教？笔者认为，我们不能照本宣科、死抠字眼。教师首先必须深入研读教材，正确理解教材中的概念观点和阐述，不懂的、不清楚的必须查阅资料、与同行讨论。在教学中必须抓住知识和问题的精神实质，把教材上抽象的表达通俗化，把教材上繁杂的表达简约化。对教材中没有讲清、没有解释的一些重要概念和观点，必须做适当的补充，做简明扼要、通俗易懂的解释。

三、关于教材的情境材料

教材中安排了许多阅读材料和活动情境，帮助学生理解课本内容，引领学生观察思考。教材提供的资料、创设的情境，必须做到精确和真实。为了保护相关人员的隐私以及部分内容的知识产权，在表达时可以隐去姓名，可以做适当的改编，但必须尊重事实，讲究真实。真实的材料，真实的人和事，才能使学生信服，才能激发学生阅读和思考的兴趣。

在八年级下册教材中，有许多生活实例和法律案例，但大多实例案例中的人物是以"小×"来命名的。粗略统计一下有19处，如教材第2页"运用你的经验"中讲述的小眉的周记，第15页"探究与分享"中的情境是小玲、小康、小严、小马等四个人物的对话，第27页"探究与分享"出现了小凡和小刚的学习心得，第28页"探究与分享"中描述了小华同学的故事，第32页"运用你的经验"是小云的经历，第43页"探究与分享"讲了小强与小西之间的赔偿纠纷，第53页"探究与分享"使用的是小颖与妈妈的故事，第55页"探究与分享"讲述了小斌的犯罪案例，第67页"拓展空间"使用了小雨、小聂的故事，第90页"运用你的经验"呈现了小蕊、大海和阿梅的对话，第100页"运用你的经验"呈现了小涛、小蕊、大海和阿梅的讨论，等等。在道德与法治七年级教材和八年级上册教材中，也存在着这样的情况。以这样的方式呈现生活实例和法律案例，固然能够贴近学生，但往往又会失去真实性，学生总感到这些实例是教材为了教育学生而编造出来的。实际上应该从现实生活中收集和选择事例案例，可以用张某、王某等称呼来替代小张、小王，以突出事例案例的真实性。

我们在教学中一方面要对教材中的情境材料进行筛选，有意义的充分应用，意义不大的、明显不现实的就不用。另一方面，我们必须做生活的有心人，通过权威媒体等多种途径收集一些真实的事例案例,在教学中选用。我们在教学中可以让学生来举例,举自己生活、学习、交往中的实例,举自己所见所闻的社会生活中的实例,让学生根据教学内容举例的过程,本身就是引领学生观察生活、思考问题的过程。

(本文发表于《课程与教学》2019年第6期)

为生活而教

"两观"视域下的说课之道

笔者有幸作为评委参加了我市初中思想品德评优课说课比赛。参赛选手各显本领,绘就多彩篇章。综观本次比赛,笔者认为,要从宏观和微观两个维度把握说课之道。

一、宏观:课程价值是什么

做任何事情都有一个起点问题。也就是我们将从哪里开始或出发?就思想品德课教学而言,我们首先要思考的是本课程的价值。如果不能回答这个问题,继而开展的一切教学行为都是"脚踩西瓜皮,滑到哪里是哪里"。立德树人是整个学校教育的归属和落脚点,思想品德课是立德树人的重要载体,德育是本门课程的根本所在。从课程标准的要求来看,教师的核心职责是培养合格的公民,为初中生正确认识自我,处理好与他人、集体、国家和社会的关系,提供必要的帮助,帮助学生过积极健康的生活。

"保持乐观心态"是苏人版八年级上册第一单元第2课内容。八年级学生处于青春叛逆期,在生活中会遇到各种各样的问题和困惑,如与父母、老师、同学、自我都会存在这样或那样的问题。问题能否得到妥善解决,直接影响学生的健康成长。如何克服这些成长中的困惑,保持乐观的心态,是教师需要解决的首要问题。这既是对教材编写意图的认识,也是对学情的应有分析。

我们只有认清了上述问题之后,才会对教材有准确的理解,才具备整体驾驭课堂的能力。据此，在教学目标确定、教学环节设计等方面才会凸显生命力和张力。凡获得优异成绩的说课选手，无不在对课程价值的正确认识上胸有成竹，这也就是我们常说的"课程意识"。

需要指出的是，教师都要研读从七年级到九年级的整套教材，不能以总是上九年级课为由而放弃对七八年级教材的学习和研究。因为在比赛有限的30分钟时间内完成一篇说课稿，是一件很棘手的事情。

需要说明的是，关注宏观层面的课程价值并非抛弃微观层面，而是强调用宏观组织教学内容，从认识周围生活世界的各种现象入手，逐步提升教学水平，从微观向宏观不断扩展，逐步建立宏观与微观之间的有机联系，把课堂知识串联起来，使之成为有机整体。

二、微观：综合素养的锤炼

有了宏观认识，不一定就能上好课。要让正确理念落地生根，还需要打磨细节。

找准教学着力点。思想品德课程要为学生的健康成长提供必要的帮助，因而研究学生就显得非常有价值。在本次说课中，很多选手基于学生现实生活，课前或课堂中让学生说出所遭遇到的困惑，再让其自主探究保持乐观心态的方式方法，教学从学生中来，到学生中去。相反，有的选手被教材所束缚，就教材讲教材，无视学生，教学显得"假大空"，谈不上对学生进行有效的教育和引导。从学生立场思考教学，应成为教师开展教学活动的基本要求。

精巧设计导入。教师应向有水准的电影导演学习，把一节课的开头设计得让人或好奇，或质疑，或引起思维冲突。可以用学生熟悉的歌曲、漫画、故事、案例等导入。有的选手选择张韶涵的歌曲《隐形的翅膀》导入，进而提出"这首歌表达了一种怎样的心态"；有的选手选择了本校毕业出国留学学生的成长故事，让学生在真人真事的体验中感受乐观心态给予自己的力量；有的选手开展"头脑风暴"，抛出"谈到考试，你能想到哪些词语"问题，一石激起千层浪；有的选手借助"毛驴掉到井里"的小故事，让学生猜想结果，激发学生的好奇心……

设计要有大手笔。所谓大手笔，是指教师的教学设计要具有整体感、连贯性，层次分明，环环相扣，一气呵成。简而言之，就是要大气。比如，一位选手的教学设计是这样的：一是播放视频（介绍一位现在美国加州留学的学长）。教师根据真人真事向学生提出问题：他是怎样对待生活中困境的？二是微博吐槽。教师根据学生在微博中或埋怨老师，或埋怨家长，或埋怨作业，或埋怨生活的现象，设计问题：你是否也有过同样的生活？小组合作探讨，走出"负能量场"。三是基于学生实际，交流"产生消极心态的原因、影响和对策"。另一位选手的设计是：（1）头脑风暴：说到考试，你能想到哪些词语；（2）共享《江南 style》：找一找视频中的人物是采取何种方式保持乐观心态的，平时你是如何从生活中寻找快乐的；（3）搜集学生遇到的烦恼，即学习、生活、与人交往中不如意的事情，说说如何解决；（4）能力提升：2013 年度感动中国人物龚全珍是如何保持乐观心态的？

情境着眼体验。德育的最高境界是"润物细无声"，如何做到无痕？关键在于情境创设。好的情境设计，有利于促进学生的理解、参与、体验，促使学生调动内部与外部的资源处理问题，并对行动过程和结果进行反思。"作为一名教师，我的职责在于引导学生思考。至于得出结论则是他们自己的事，如果结论不正确，那他们就应该不停考证，直到结论正确为止。"（麻省理工学院教授理查德·拉尔森）引导学生思考的载体就是能够让学生主动参与的情境。在本次比赛中，"说到考试，你会想到哪些词语""平时你是如何从身边寻找快乐的""你是否也有过同样的生活"等问题情境都源自学生生活，学生身处其中，感同身受。

但是，一些选手在素材选择上就显得捉襟见肘，除了教材情境之外再无其他选择。因此，我们在平时要注意积累素材，做生活的有心人。

重点难点突破。好钢要用在刀刃上，一节课时间有限，要把宝贵的时间用在学生的困惑之处，没有必要对教材进行全面"轰炸"，要有所取舍，有所侧重。课堂如果没有主次之分，平铺直叙，就显得平淡、平庸。比如，有的选手对于教材中"保持乐观心态"的几种方法逐一加以讲解，教学过程显得冗长。

打造自信气场。比赛本身是对选手综合素养的考量。教师上课如同演员演戏，要有气场。你可以长得不漂亮或帅气，但不能没有激情和热情；你可以不富有，但不能没有自信和阳光。在教室里，教师就是上帝，要"高端大气上档次"。"关起教室的门，你就是国王！"对自己充满自信，在某种程度上是对自己的一种肯定和激励。有的选手一出场就显得大气、大方，举手投足间给人以美的享受。

成长为一名优秀教师需要多种因素，但总有核心素养在起作用。比如，对职业的认同、善于学习、勤于思考、不满足于现状、敢于超越自我、乐于研究等。

此外，要能够在常态课中不断打磨，自加压力，"不待扬鞭自奋蹄"，每节课都像比赛一样准备。心理学研究认为，在某一领域中，当你花到10000个小时时，你基本上就成为这个领域的专家了。就我们所从事的职业来看，一种是选择消极的状态，几十年如一日，重复昨天的"教案"，导致职业幸福感丧失；一种是积极进取，让每节课都成为自己生活的一部分，不遗余力地上好它。

（本文发表于《中学政治教学参考》2014年第9期）

为生活而教

讲讲自己的故事

一次，在学习"中华民族传统美德之尊老爱幼"内容时，让学生说说自己与父母之间难忘的往事。学生一开始出于怕被别人笑话的缘故，都不太愿意举手说。面对冷场，我自告奋勇地告诉学生，胡老师先来说说自己与父母难以忘怀的往事。学生的目光一下子聚集到我身上。接着我绘声绘色地描述了发生在我和母亲之间一段真实的故事。学生听完后，深受感动。慢慢地，一只手、两只手、三只手……接下来的课堂，我被学生的发言所感动，刚才还不愿意诉述的学生们，现在完全沉浸在亲情的感动之中。

什么叫以身作则，什么叫身体力行？说说教师自己过去那些事儿，就是最好的以身作则，就是最好的身体力行。学生为什么喜欢听老师过去的那些事儿？个中原因不难理解。老师过去的那些事儿往往是学生现在的年龄所做的，学生想知道老师在自己这么大的时候是什么样子。当教师说出来的时候，往往能使学生找到心灵的归属，找到心灵相通的地方，从而产生共鸣。在这样一种环境下，学生也愿意参与到教学中来。这也正验证了"最近发展区"理论的正确性。在教学中，如果我们善于抓住这种契机，将会收到意想不到的成效。您不妨放下架子，讲讲自己过去的那些事儿。

（本文发表于《德育报》2009年6月29日第977期）

我的"课堂规范"

学科教学要有利于学生个性的自由发展，但学科教学需要有一定的规范，规范能为教学的顺利开展提供制度保障，但不需要很多，只要守住底线即可。告诉学生哪些不能做，做了一定会受到惩罚。如果一个人的个性发展妨碍了他人，那么，就要用规范加以制止。在这样的理念支撑下，笔者与学生一起讨论，形成了思政学科课堂规范。内容如下：

1.见到老师进教室时，要保持足够小的声音以至没有声音，在情绪好的情况下要保持微笑。

2.上课预备铃声响之前或正在响时，你必须正坐在座位上并确保教材、固定学科必备资料和两支笔（一支必为红色）已准备好。同时，确保课桌上没有其他不需要的物品。除非你能给个理由说明它存在于课桌上的合理性。

3.不举手或不站起来就随意说话，将被认为是违规行为，除必需的小组讨论外。

4.别人回答问题时，要保持足够的耐心以保持安静，有不同意见时，等到发言人回答完毕后再表达。

5.坐到座位上时，确保你的教材已打开到本节课要上的地方。双手放到课桌上，除非你能说明放在下面确有必要。身体健康时不要躺着或趴着，这样你会被当成有"问题"。

6.教材忘记带来时，不要忘记在上课前向别的班级同学借阅，但归还时必须保持原状。

7.作业准时上交。你最多有两次机会（比如忘记做了、落在家里等），两次过后，你将接受一次相应的惩罚，当身体健康出现异常时例外。

8.要能非常熟练地说出周几有思政课，并能保质保量地在前一天完成预习任务。如果因为调课而没有完成的，那不是同学们的责任。

（发表于《德育报》2011年10月17日第1097期）

思维的碰撞

——《人生与责任》课例评析

【教学片段】

教师出示材料:

1964年2月9日,11岁的龙梅和9岁的玉荣姐妹俩赶着羊群在一望无际的草原上放牧。中午时分,一场罕见的特大暴风雪骤然降临在乌兰察布大草原上,气温降到零下37摄氏度。姐妹俩怕丢失任何一只集体的羊羔。她俩一前一后,不停地跟着羊群奔跑、拦挡。汗水和雪水在她们颈项四周和胸部、背部结成了厚厚的冰甲,脚下越来越沉重,每前进一步都十分艰难。当人们找到这对小姐妹时,发现她俩已严重冻伤,落下终身残疾。

40年后,玉荣说:"我记得当时一只羊的价钱是2块钱,384只羊死了3只,等于损失了6块钱。可是为了这6块钱,我们落下了终身残疾。"

但她们勇于负责的精神是不能用金钱来衡量的。

(本故事摘自江苏人民出版社八年级思想品德上册第10课第一框《人生与责任》P112)

请同学们思考:

1. 龙梅、玉荣姐妹俩承担着什么样的责任?
2. 她们是如何对待自己责任的?

3.她们因此落下了终身残疾,是否值得?

对前两个问题,学生都能按照教师预先设计的思路回答,但在讨论第三个问题时形成了两种截然相反的观点,"值得"和"不值得",而且认为"值得"的只占少数。现把课堂的讨论情况记录如下。

生1:我觉得不值得。因为死几只羊不要紧,不过6元钱,仅能买两瓶可乐。

(回答很出乎意料)

生2:我也觉得不值得。因为人的生命远比几只羊重要,而且现在不是提倡"以人为本"吗?

(运用了对比,不无道理)

生3:不值得。从玉荣后来所说的话中可以感觉到她有点后悔。她说:"我记得当时一只羊的价钱是2块钱,384只羊死了3只,等于损失了6块钱。可是为了这6块钱,我们落下了终身残疾。"(学生回答时在"可是"处加重了语气)从"可是"的表达中可以看出她对自己当初的行为选择是后悔的。

(学生对事例读得很仔细,而且注意了细节)

生4:我也认为不值得。因为这样她们两人今后就不能很好地生活,不能为社会做出更大的贡献。

(设身处地为她们着想)

生5:我反对,我认为值得。在现实中不是也有海伦·凯勒、张海迪、霍金等身残志不残的人吗?而且他们都取得了巨大成就。

(出现了不同的声音)

生6:不值得。记得在七年级时学过,人的生命都是独特的,而且是唯一的,我们不能轻易伤害自己,要珍爱自己的生命。她们姐妹俩不能很好珍惜自己的生命,我觉得这样做是对自己不负责任。"生命高于一切"嘛!

(到此,从学生的举动、表情看认为不值得的人数居多)

教师:根据大家刚才的发言,大致可以分为两类:一类认为"值得",一类认为"不值得"。认为"不值得"的理由简单可以概括为"人的生命比羊要重要";认为"值得"的理由是她们这种负责任的精神可贵。

(一学生迅速举起手)

教师:请问你有什么要说的吗?

生7:我觉得这种精神更不值得。这样做说明她们是不负责任的。因为这不仅给自己带来了伤害，还给家庭带来了痛苦，而且也给社会带来了负担。这样她们就没有了自由（意指行动不自由），反而成为一种负担。

（意想不到，但有道理）

教师：在汶川地震救灾过程中，也有解放军战士牺牲。那你能说他们的做法不值得吗？记得美国拍过一部电影叫作《拯救大兵瑞恩》，牺牲那么多人去找一个人，你能说这不值得吗？每个人的生命都是平等的，哪怕是一个乞丐！

生8：我不认为是这样。如果对方是一个罪犯就不值得救，因为他已经给社会带来了危害。

生9：每个人都是人，即使是罪犯，当他处于危险之中时，我们仍然要去救他，说不定通过救援这一举动能够让他良心发现，从而改过自新。

生10：对，假如我们自己身处困境时，难道你不希望自己被救出吗？

生11：那要看自己值不值得被救。如果用牺牲很多人的生命来救一个人的生命，就不值得。

（学生的积极性很高）

教师：同学们都很有思想，很有见地，讨论得也很激烈，观点在交流中碰撞。当你在某一个岗位上时，你就必须承担在这个岗位上的责任，有时为了自己的责任甚至可能牺牲自己的生命。董存瑞舍生炸碉堡，你能说他不值？殷雪梅老师在一霎间用自己的生命挡住疾驰而来的汽车，你能说她不值？很多时候，责任是不能用世界上的任何东西衡量的，包括生命。

（此时，还有相当一部分学生还想表达自己的观点）

教师：各位同学，我们今天的讨论就到这里。对此感兴趣的同学课后继续进行探讨。下课。

【反思】

由于时间关系，还有学生没有发表自己的见解。但从本次讨论的过程来看，已经很有意义了。这种意义体现在不仅发挥了学生的主体性、参与性和能动性，而且进一步加深了学生对责任的理解，同时也使学生认识到了当今时代的主流价值观——"以人为本""生命高于一切""要学会保护自己"。但仔细审视本片段，笔者觉得还有值得深入思考的地方。

第一，时代背景凸显得不够。1964年，正是中国经济刚刚走出困难时期，一群羊384只，在当时是一笔不小的财产。而且当时人们的价值观是非常神圣的,"集体的利益高于一切"根植于人们的心田。教师在这一点上没有加以很好的介绍,使得学生在发言过程中没能结合当时实际。

第二,在当时,她们俩一个9岁,一个11岁,自我保护意识还不强,她们在遭遇到如此自然灾害时她们的确也是无能为力,毕竟年龄小,体力有限。这也应该交代一下。

第三,在预设与生成的处理上,教师多少还是有些拘泥于预设。本节课完全可以直接让学生探讨下去,即使其他内容不讲。因为出现这样的思想碰撞与交融是难能可贵的,也是不可多得的宝贵教学资源。由此,我想到:教师在处理预设与生成时,要富有机智,既要有预设,更要能适时地把握课堂中即时生成的资源,也许这才是最珍贵的。

第四,什么样的素材和案例才是学生感兴趣的,才是学生乐于参与、善于发表自己见解的?从课程角度来看,无疑是要符合"三贴近"原则,即"贴近实际,贴近生活,贴近学生"。本段材料正符合"三贴近"原则。这要求我们在进行预设时,要筛选好教学素材和案例,这些素材和案例要能够给学生以震撼、给学生以惊奇,还要能够激发学生的思维点和兴奋点,让学生有话可说、有话要说、有话能说。

第五,教师要拥有驾驭课堂的能力,对学生的价值观和人生观做出正确引领。作为"导演"的课堂组织者——教师要能够根据教学实际改变策略,从宏观上把握好方向。案例中姐妹俩的做法用现在的眼光来看确实有值得商榷的地方,但正如案例最后所说的那样,"但她们勇于负责的精神是不能用金钱来衡量的"。我们要向她俩学习的正是这种内在的精神与价值——自己该承担的责任就要勇敢地承担。

(本文发表于《湖南教育》2009年第7期中)

第三辑
YU HAO REN
育好人

不忘孩子，方得始终

现在，多数教室大概是这样布置的：前面黑板上方是几个大字，正中间是国旗，后面黑板上方也是几个大字，这些大字自从贴上去之后，就再也没有更换过；教室两侧墙壁上多是名人的肖像和名言；教室前面还会有一个信息栏，用来张贴课程表、作息时间表和周历表，此外就基本上没有什么了。

新教育实验发起人朱永新教授提倡，教育人要"过一种完整幸福的教育生活"，要缔造"完美教室"。我心目中的"完美教室"是这样的。

一把钥匙，一个家。每个孩子都应该拥有一把自己教室的钥匙，因为每个孩子都是班级这个家庭里的一员。既然如此，拥有一把"家"的钥匙是无可非议的！谁先来，谁就可以打开"家"门，做自己该做的事情，而不是站在门口等别人来开门。当然，每个人都有开门的权利，同样也应该有最后一个离开关灯、关窗、锁门的义务。主人翁意识和责任意识可以通过一把小小的钥匙来进行培养。这种教育是无痕的。

一张照片，一家人。在教室门口的班级简介里，不妨来一张全班合影。拍照时不要求学生正襟危坐，可以随意按照自己喜欢的姿势摆出 Pose，这样更能体现学生个性，因为生命本身就是千姿百态的。马卡连柯说："我的基本原则永远是尽量多地要求一个人，同时也要尽可能地尊重一个人"。教育需要尽可能多地张扬学生的个性，尽可能多地尊重学生，尊重就体现在每个细节之中。

一幅画，一个世界。曾看过一篇介绍美国教室的文章，孩子们在天花板上画上惟妙惟肖的画，让教室变成画的世界，这是一件很有创意的事情。当我们在为雾霾苦恼的时候，如果在教室的天花板上贴上蓝天、白云和飞鸟，我们是否能够暂时忘却室外沉沉的雾霾？或者你与孩子们商量，贴上孩子们喜欢的画（世界地图、海底世界等），也是不错的选择。

一本书，一个未来。教室里需要一个书柜，装满孩子们喜欢的图书。提倡学生在所借的书的后面写出自己的读后感；也允许学生在书上做批注，随手写下自己的感悟。孩子们有感而发是多么宝贵的一件事！他们写感悟的过程就是与作者对话、与自己对话的过程，在这个过程中，学生会有自己的思考，会取得创新与发展。

一个班，一个超市。学生在学校里难免有需要买笔、草稿纸、作业本、橡皮等学习用品的时候，为了方便学生，急学生之所急，不妨在班级里设立微型"超市"，让善于理财的学生负责，从批发市场进货，以市场价销售。在这个过程中，学生可以养成理财的观念以及诚实守信的品质。

养花草，爱生命。在讲台上、教室角落、窗台种上花草吧，让教室变成绿色的世界。每一盆花与草交给一名学生负责，看谁的长得茂盛，有分工、有责任、有竞争，在与花草共处中共同成长。在养花护草的过程内省、自悟，培养爱自然、爱生命、爱自己的精神品质，这不就是生命教育吗？

小水壶，送温暖。在不提供热水的学校，教室里（建议三年级以上）可以配上几个热水壶和一个烧水壶。不要害怕烫着孩子，没有热水壶，不一定就意味着没有危险存在，告诉孩子们，生活充满了挑战，要敢于面对一切。寒冷的冬天，让学生整天都能喝上热乎乎的水，这是一件多么幸福的事。

小手套，大爱心。准备几副防水手套也是必须的。学校要求每个教室做到窗明几净，每天孩子们都要擦拭窗台。试想，在寒风凛冽的冬天，让孩子用通红的小手拿着湿抹布，擦洗窗台和瓷砖，是否有点不够"人道"？有人觉得这是对孩子的历练，但当你看到孩子的小手通红时，我想你会改变观点的。让孩子带上防水手套，不是很好的做法吗？

至于教室前后黑板上方的标语，就交给学生去集体讨论吧，发扬民主，各抒己见，让标语的形成过程成为孩子们思想碰撞的过程。把国旗插在教室门口，让孩子上学放学、上课下课都能够看到飘扬的国旗，而不仅仅是贴在教室正前方墙上静止的五颗星星。爱国主义教育也是可以通过"耳濡目染"来实现的。

（本文发表于《常州教育》2014年第1期）

评语撰写的优化策略

"君性温和诚实,最富于感情,挚于友谊,凡朋友及公益事,无不尽力;君家贫,处境最艰,学费时不济,而独于万苦千难中多才多艺;善演说,能文章,工行书;长于数学,毕业成绩仍属最优。"这是1917年周恩来从南开中学毕业时学校同学录上对周恩来的评语。今天读来,一位立体、活生生的学生形象跃然纸上。

写评语是班主任的基本功。写评语不难,难的是写出一份切合学生实际、话中有"人"的评语。如何写出一份让学生爱看、家长欢迎的评语,需要老师们做出努力。

学生缺点——明确指出还是委婉鼓励?

学生的缺点能否明确提出?过于委婉的语言,对孩子不实事求是,岂不是另外一种作假?

具体问题具体分析是哲学上的一个命题。对学生的评价,也要遵循这一原则。学生的性格、个性不同,班主任采取的评价手段也应不一样。对于善于接受他人意见和建议,并且与班主任的"个人关系"比较铁的学生,可以直接指出其缺点,但是这种方式尽量少用,毕竟,每个人的内心深处都希望得到他人的表扬;对于性格内向、自尊心比较强的学生,尽量避免直接提出缺点,而应委婉表达。当然,如果班主任能够借助学生的优点或长处来指出存在的问题,那将是再好不过了。如一位老师这样指出学生的不足:

老师多么希望你能像画画一样专心,成绩也像画画一样出色,对待学习也像对待分饭一样认真,那你远在外地工作的父母和养育你多年的爷爷奶奶将多高兴啊!

这样的评语,教学生以己之长克己之短,鼓励中有希望,希望中有鼓励,更有要求;这样的评语,不仅能够点燃孩子心灵的火花,更利于孩子在以后的学习中绽放光彩。

语言表达——文学性描述还是事实陈述?

在撰写评语过程中,不少班主任过分关注语言的文学性表达,出现了很多华丽的辞藻。评语如果空有华丽的辞藻,而没有真实的事例,是很难打动学生的,家长也难以了解到孩子的真实情况。如果我们能够基于学生真实的学习、人际关系、集体活动等场景,即使文采差一点关系也不大。在这个意义上,评语的撰写既要源于"事实"(要真实),又要高于"事实"(有文采)。

"祝贺你在常州市纵横码汉字输入比赛中获得一等奖,祝贺你的大作在《常州教育》上发表,我们班之所以能够成为市级优秀班集体,在各方面都取得一定成绩,都是与你这个班长的努力分不开的。"

对事实的表述,使学生看到了自己的进步,让昨日成功重现,再一次分享成功的快乐,用成功撞击学生的心灵,焕发出认真努力的劲头。

在用词上,力戒"共性化的语言"。比如聪明、智慧、能干、学习成绩优异等词语,可以用在绝大多数学生身上,这些共性化的语言其实是正确的废话。我们主张结合学生实际,用个性化语言来评价。"挚于友谊,凡朋友及公益事,无不尽力""学费时不济,而独于万苦千难中多才多艺""善演说,能文章,工行书""长于数学",都反映出周恩来总理的个性特征。

评价内容——全面"开花"还是重点突破?

评价内容是全面"开花"还是重点突破?对学生的评价是不是一定要面面俱到?

我们发现,不少班主任对学生的评价往往是大而全,既评价学生的学习成绩,又评价学生的课堂表现;既谈同学之间的关系,又写勤奋程度如何。什么都写,细细读来感觉什么都没写。评语,没有必要面面俱到,也不可能面面俱到,只要能够有针对性地写出一学期中发生在学生身上的两三个典型事例,通过典型事例凸显学生的优点、长处,让学生看到一个真实的自我,一个成长中的我,就容易让学生看到自己的进步,读来亲切、实在。

如一位班主任在评语中这样写道：

教师节时你送给老师的礼物，我至今还挂在书桌前，每当看到它，就似乎看到了你天真的大眼睛。每天中午，我总是默默地观看你分饭时那不太熟练的动作，那认真的表情，那穿梭于食堂与班级的忙碌的身影。

学生送给老师礼物和分饭两件小事表现出孩子的道德素养和集体荣誉感，也充盈着教师对孩子的浓浓温情与疼爱，教师对孩子的爱在表达中自然流淌。

评语读者——学生还是家长？

评语到底是写给谁看的？这是一个常识，但往往不被我们所认识。很多评语，从语气上看不是写给学生的，而是写给家长的。而一个不争的事实是，学生第一个拿到素质报告单，当然是第一个阅读者。所以，评语首先是写给学生看的，而后才有可能是家长。

既然评语的读者首先是学生，那么，评语的称呼就不应该是"该生"了，应以"你""某某同学""小家伙""小伙子""漂亮的你""帅气的你"等开头，更显人性化和生本化。如：小家伙，你的画画得棒极了……

既然评语的读者首先是学生，那么，就应当避免"必须""不能"等命令性的口气，而应抛开师道尊严的面孔，摒弃说教，代之以平等、尊重，蹲下来和孩子说话。

"每当看到你为班级天天打开水的忙碌身影，每当看到你在课堂上认真思考的神态，每当看到你在班内做好事的时候，我就感到高兴和惊喜。祝贺你进入初中以来的进步，盼望着你在学习方面取得丰硕成果，也预祝你在初二加入青年人的先进组织——共青团。"

呈现形式——电脑打印还是教师手写？

电脑的普及使得评语的手写成为一种"负担"，很多班主任为了便捷、快速，通过电脑打印出评语。学生喜欢电脑打印稿还是班主任手写？笔者曾在这方面做过调查，从学生的回答来看，他们比较喜欢老师亲手"写"的评语，而不是电脑打印稿。用学生的话来讲，手写体现出老师"对我们的重视"和"真正的关爱"，而打印的评语"缺乏人文关怀"，有点"冷冰冰的感觉"。

素材来源——临时抱佛脚还是平时积累？

快到期末的时候，一些班主任因为要写评语而感到头痛，总感觉无话可写，即使写，也是些不痛不痒的话语，让人读来感觉像"鸡肋"，食之无味弃之可惜，有些班主任甚至临时从网络上搜索一些评语"拉郎配"，对号入座。出现这样的问题，主要是因为平时缺乏对学生的真切关注。为此，班主任在平时就要关心学生的学习、生活，经常与他们交流谈心，了解他们成长中遇到的喜怒哀乐，以及对学习的感受；善于观察学生的一言一行、一举一动，发现学生的闪光点和不足之处。一句平常话，一件平凡事，一次有意义的活动，一次难忘的糗事，一次成败的经历，都可以作为评语的切入点。事实证明，对这些日常生活中琐碎小事的记录和描述，更能让学生和家长感受到班主任老师对孩子的关注。

写出好的评语，既是对教师的要求，也是教师对学生和家长应负的责任，更是教师"对学生的一次再教育、一次再促进、一次方向的再引领"。班主任要本着对学生负责、为家长服务的观念，关注学生的日常生活，学会用"评语"这个载体，表达对学生的爱，传递爱心，构建民主和谐的师生关系。只要我们有心、用心，评语也应该能够成为拨动学生心灵的琴弦，成为感人肺腑的诗篇。

（本文发表于《思想政治课教学》2012年第4期）

学生报告单应该"长"什么样

每逢期末，班主任都要撰写学生报告单。多少年来，很多学校的报告单大多是统一的格式，呈现的方式几乎没有改变。报告单传递的主要信息是班主任的评语、学生的学业（考试）成绩和其他与学生有关但不为学生所欢迎的内容（如本学期共上多少天课，身高、体重、视力，校长和教导主任的签章，奖罚情况等）。既然报告单是班主任一项必做的工作，就有必要赋予它特有的价值和意义。一方面，使它成为家校之间沟通的媒介，另一方面通过报告单让学生更好地认识自己。因为报告单不仅是给家长看的，更是学生正确认识自己的载体。我以为，可以对原有报告单进行优化。

一、报告单名称

眼下学生报告单的名称多为"某某市学生素质报告单"。整体观之，缺乏个性，既没考虑到各校校情，更没有融入班情。其实，报告单承载的主要是学生一学期以来在学校的学习和生活情况。所以，可以对原有名称进行优化。比如，可以命名为"某某学校某学年度第几学期某班某同学学校生活报告单"。这样显得自然、亲切。如果班级有LOGO，当然不能漏掉。

二、签名主体

报告单上往往会盖上校长、教导主任和班主任的印章，这个传统不知道从什么时候开始形成的。无疑，校长和教导主任在学校中不可或缺且承担着重要责任，但是，作为学生的任课老师却不在其中，总感觉少了点什么。想想看，一直陪伴着学生成长的任课老师不在学生的视野中，难道不是一种缺憾吗？所以，在报告单中要安排一栏，专门留给各任课老师签名，于无声处培养学生尊重老师、感恩老师的情感。起码，多年以后，当学生翻阅报告单时，在他们的记忆里，能够找寻出各任课老师的点点滴滴，不失为一种美好的回忆。

三、学业成绩

通常，班主任会把本学期期末考试成绩填在报告单上，学生自然可以直观地感受到自己的学习情况。但是，这样做的不足在于，学生只知道本学期期末的学业成绩。与以前相比，是进步了，还是退步了，学生难以自觉地去对比。因此，可以在报告单中设计一项内容，即除了期末考试成绩之外，把上学期期末成绩、本学期期中考试成绩也放在对应的地方，让学生有一个比较，通过比较发现自己的长处与短板，以便更好地改进自己。

四、评价项目

（一）学生自评。每个人的发展都是外在要求和内在自我教育相互统一的结果。只有外在要求，而没有内在的自我教育和"不待扬鞭自奋蹄"的意识，一个人很难有所发展。自评让学生总结一学期以来各方面的发展情况。这个过程是学生回忆一学期以来自我成长的过程。比如，有哪些有趣的事情，遇到哪些困惑，等等。同时，这个过程也是学生对自己过往学习、生活进行反思和剖析的思考过程。无论是从形式上还是从内容上来看，对学生都是一种鞭策。

（二）同伴评价。每个学生在学校生活中总是与他人形成了各种关系。比如，与同学之间结成的同学关系。这种关系是一个人成长过程中不可多得，也是不得不直面的问题。每个人都生活在群体之中，也离不开群体。让同班同学对自己进行评价，一方面能够加深同学之间的友谊，另一方面也能够通过他人的评价反观自己，审视自己，进而更好地提升自己，以及思考如何更好地处理人际关系，而这些都是学生成长过程中需要认真对待和处理的问题。当然，班主任要做好指导工作。同伴评价要实事求是、中肯，不能只见树木不见森林，更不能借机报复，影响"同伴评价"的初衷。被同伴评价的同学要正确对待同伴的评价，要把他人对自己的评价当成一面镜子，观得失，促成长。

（三）家长评价。学生的成长离不开家庭教育，离不开父母的关爱和养育。因而，在对学生的评价中，缺不了家长对子女的评价。家长评价放在学生自评和同伴评价之后开展，以有效保护学生的隐私，尊重学生。

（四）教师评价。这是现在报告单上的一项规定动作，当然是要予以保留的。按现有传统，这项工作由班主任负责。班主任评价放在最后，既起到总结作用，又不影响其他主体的评价。

五、集体照

学生在六年或三年的学校生活中，往往是在毕业的时候才会拍集体照，以示纪念。但是，学生的成长是一个过程。如果能够每学期（至少每学年）拍一次集体照，并把集体照作为报告单的组成部分，利用这种方式记录学生在学校的成长过程，将会是一件很有意思和有意义的事情。

六、重要事件

每学期，班级、学校都会举行各种各样的活动。学生参与其中，乐此不疲。如果把学生参与过的活动、班集体开展的活动、学校大事等通过行事列表的形式记录下来，也是一件有趣的事情。比如，某个学生在运动会上获得了冠军，某位同学的作文发表了，某位同学在竞赛中获奖了；班级举行了爱心义卖活动，开展了社区志愿者活动；学校在什么时候举行了运动会，在国庆的时候进行了文艺汇演，某个同学参加了表演……诸如此类，分点列举在报告单上，留下学生成长的印迹。其中，学校和班级大事由班主任统一填写，学生参与的重要事件由学生自己填写，班主任加以审核。

七、注意事项

在报告单的最后，班主任可以把假期里的一些要求附在后面。比如下学期开学报到、上课的时间，假期里的学业要求等。

在这个追求个性、张扬个性的时代，特别希望各种创新，报告单不妨放弃大一统的形式。不做统一要求，发挥班主任、学生的创造力和想象力，让每个班主任、每个班级设计具有班级特色的报告单。让报告单成为师生情感

的连接纽带、学生联络感情的桥梁、学生成长过程的珍贵记录文献。（附：报告单式样）

_____学校 ___学年度第 ___学期 ___班 _____同学学校生活报告单

班级LOGO

							任课老师签名							
班主任	数学	语文	英语	物理	化学	政治	历史	生物	地理	美术	音乐	体育	信息技术	可以加入其他学科

自我评价	
同伴评价	
家长评价	
班主任评价	
学校重要事件	
班级重要事件	
自己重要事件	

学业成绩											
时间	语文	数学	英语	物理	化学	政治	历史	地理	生物	体育	可以添加
本学期期末成绩											
本学期期中成绩											
上学期期末成绩											

全班留影		
校长	教导主任	学校（盖章）
注意事项	1.下学期定于 ____月 ____日报到，____月 ____日正式上课。 2.科学安排好假期学习时间，完成学习任务。 3.多参加体育锻炼，多阅读书籍，外出时注意人身安全，遵守文明礼仪。	

（本文发表于《常州教育》2015年第4期）

座位，不如让学生自选

排座位是班主任开学的一项必做常规工作，也是一件令许多班主任为难的事情。通常的做法是按照个子高矮、眼睛近视等情况来安排，而且是班主任的"行政命令"，一旦确定下来，如果没有特殊情况就很难再变动，最多是定期左右移动，学生在一个位置上一坐就是一个学期，甚至是一年。虽然班主任在编排座位时会统筹兼顾，但难免会有不合理、不公平的现象发生，班主任往往是吃力不讨好，更为重要的是学生几乎丧失自由选择座位的权利。为此，个人认为可以这样做：

每天谁先到，谁就可以自由选择座位，先来的先选择，后来的后选择。这种做法一方面把选择权下放给学生，把学生放在班级管理的主人位置上，化解师生矛盾，体现出教育的平等性、公正性。另一方面还可以减少迟到现象，因为要选择自己喜欢的座位，必须早到。不过，班主任要引导好学生，不能一味地为了选到好座位而过早到校。

在实践过程中，还需要注意把握好三个原则：一是前三排留给女生，因为女生的身高相对来说比男生矮，同时也向男生传递"女士优先"的现代文明理念；二是在选择时，相互间要友善、礼让，和谐相处，遇到问题协商解决，一旦发生争执和冲突，将被取消自由选择的权利，改由班主任指定座位；三是留出一定相对来说比较好的座位奖励给对班级贡献比较大的同学，或是进步比较大的同学，或是比较努力的同学。换句话说，这些同学有优先选择座位的权利，这有利于形成良好的班风，也能很好地培养学生的奉献精神。

（本文发表于《德育报》2011年9月19日第1093期）

表彰之后怎么办

每学期，特别是每学年，学校一般会对优秀学生进行表彰。但给人的感觉都很匆匆，有的甚至有点形式主义，而且对学生的触动不大，起不到很好的激励和推动作用。为此我们在实践中可以采取以下措施：

第一，张榜公布。学生报到第一天，就把上学期或是上学年学生所获得的所有奖项名单都贴在学校的橱窗里。这样不仅让学生能够看到，也能让陪孩子报名的学生家长看到；不仅营造了积极向上的学风，也有利于让学生家长看到孩子在学校的成长和发展，还能触发家长对自己教育孩子的方式和方法进行反思和改进，一举多得。

第二，召开表彰大会。表彰大会组织得要有深度。既要有先前的精心策划，比如印制荣誉证书、邀请家长、安排学生代表发言等，又要有及时的新闻报道，即通过校园网、美篇等途径把活动情况向全校师生及家长展示。在颁奖时，由校长亲自为每位优秀学生颁奖、握手、拥抱。表彰大会结束后，由校领导（主要是校长）、家长和学生合影留念。这样做对学生的价值引领很有效。

第三，张贴优秀学生照片。这不仅是对表彰大会的延续，而且能极大地激励优秀学生，更能激发其他学生的斗志和潜能，不断促进学生更积极、更有效、更有目标的学习。学生照片张贴一段时间后，再把照片送给学生，留作纪念，意义深远，回味无穷。

（本文发表于《德育报》2009年10月12日第992期）

家长会变脸

传统的家长会，班主任一般是主角；传统的家长会，也是一言堂的会议，在某种程度上会使家长产生心理上的负担和不适，而家长又会自觉不自觉地把这种负担和不适传递给孩子，使学生对家长会产生抵触情绪。针对这种现状，可以做出以下改变：

一、主持人、发言人由"班主任"变为"学生"

变班主任主持为学生主持，发言人也由班主任变为学生。让学生的主体地位在家长会上得以体现，把学生推向舞台，这不仅是形式上的变化，更是观念上的变化。

二、内容由"单纯的学习"变为"全面阐述"

改变传统家长会只讲学习，不讲其他内容的状况。选出一些学生作为发言人，分别从不同角度介绍班级、同学、任课老师、学校的管理等。

通过这种改变，把班集体甚至学校的情况通过学生的发言传递给家长。家长一方面可以了解自己想了解的情况，另一方面家长还可以看到自己孩子在学校的表现（尽管不是每个家长都能在家长会上看到自己孩子的表现，但通过学生和班主任努力，每个学生都可能成为发言人）。

三、家长由"静"变"动"

传统家长会上，家长听得多，说得少，写得就更少。可以在家长会之前，事先给每个学生发一张事先设计了五个问题的温馨文本。这五个问题包括：写给父母的话、写给自己的话、同学的话、任课老师的话以及家长的话。我们的设想如下："写给父母的话"要求学生写出对父母的感激之情，并借此机会把自己的内心想法（或感谢，或意见，或建议）通过文字表达出来，与父母进行心灵的"亲密接触"；"写给自己的话"是要让学生进行自我评价，这既是一次心路历程，也是一次自我反思，更是一次自我教育；"同学的话"目的在于让同伴对某位学生进行评价，让学生体悟来自同学的客观评判；"任课老师的话"是对学生更具针对性的评价，也为师生交流提供了一个很好的平台；"家长的话"是想让父母客观地评价自己的孩子，这种评价是一种亲情的自然流露和心灵沟通。前四项在家长会还没有召开之前由相应的主体（学生、同伴、任课老师）完成，最后一项留给家长在召开家长会那天由家长亲自写。当然，为了简洁，上述五个方面可以进行选择。上述环节结束后，再把这份由不同的主体对学生的评价交给学生。学生通过阅读这份富含他人对自己全面评价的温馨文本，体会到来自不同人的关怀和引领，有利于学生全面认识自己，进一步提高自我管理能力，促进学生全面发展。

四、意见反馈

家长会结束后，还可以发放"意见反馈表"，请家长对家长会提建议或意见，以便及时发现问题，总结经验，逐步提高家长会的质量和品位。

（本文发表于《德育报》2010年2月1日第1008期）

班主任专业成长的四种意识

第一,主动意识。班主任工作细碎、繁杂。虽然我们在不断培养学生的自我管理能力,但一个班级中少则三四十个学生,多则五十多个,每个学生都是一个独特的生命体。在如今复杂的社会环境中,孩子需要有一个良好的家庭环境,但他们在成长过程中也离不开老师特别是班主任的帮助与引导。为此,班主任要能够主动了解学生,要经常"沉"下来,反复地问自己:学生到底在想什么?我能够为学生提供怎样的帮助或做些什么?

第二,研究意识。让研究学生成为班主任工作的习惯。没有对学生的研究,就没有真正的班集体,就没有把学生当成发展中的"人",班主任也很难真正成长起来。纵观在班主任工作方面有所成就的名家、专家,我们不难发现他们都善于把学生当成自己专业成长中的重要他人和学习对象。越是差班、乱班,越是要敢于挑战,把其作为研究对象,而这也越能磨炼自己,使自己不断成熟,更加智慧。

第三,创新意识。创新对于班主任工作来说显得比较困难,但必须作为自己工作的推进器。在信息获得途径多样化的今天,班级工作如果没有创新,就很难使学生有兴趣投入到竞争日益激烈的学习中去。班集体也会失去对学生的吸引力,班级凝聚力和向心力的形成将成为空中楼阁。

第四,学习与写作意识。学习对于班主任工作的重要性众所周知。班主任订阅几份德育方面的报纸杂志是必须的,像《班主任》《班主任之友》《中小学德育》等都是不错的工作帮手，从中我们能够不断积累德育资料，汲取营养，丰富自己的工作内容。有的可以拿来即用，有的稍作改动就可以实践。

　　班主任工作最大的快乐和幸福莫过于经历的那些与学生共同度过的幸福时光，而这样一些过往的点滴正是班主任成长的宝贵财富，如果不记录下来，未免太遗憾了。每天在工作之余把教育中的酸甜苦辣诉诸笔端，酸楚着学生的困惑与磨难，享受着学生的成功与收获，品尝着学生的失败与重整旗鼓，回味着学生的个性与率直，乐在其中，岂不快哉！

为生活而教

教育有用还是无用

先看庄子在《人间世》中写的一个故事。南伯子綦到商丘去游玩，看到一棵大得异乎寻常的树，即便千乘车马，也可以被这棵大树所荫蔽。子綦吃惊道："这是什么树啊？肯定有非同寻常的材质！"仰望它的细枝，却扭曲纠结而不可以做栋梁；俯视它的大根，却木纹松散而不可以做棺椁；舔舔它的树叶，嘴巴就会溃烂受伤；嗅嗅它的气味，就会大醉如狂，三天都醒不过来。子綦感叹道："这就是没有用的树木啊，所以才能长得这么高大。神人之所以能达到精神凝聚而长存的境界，就是因为不成材的缘故啊！"你说这种树是有用还是无用？

莫言说："文学和科学相比较，的确是没有什么用处，但是文学的最大的用处，也许就是它没有用处。"教育是否"有用"可能一时半会儿看不出来，因为教育本身是慢的过程，是农业，需要精耕细作，而不是流水线上的产品。澳门一酒店员工在Facebook贴出如下见闻："昨晚遇到日本小学生足球队入住，稍微有点吵闹，虽然上火，忍了。第二天早上出发，看到该校老师带领他们向酒店致歉，一伙人异口同声'一泊二日的入住给酒店添麻烦了，谢谢照顾'。顿时火气全消！教育真的是立足之本！"教育何止是立足之本，简直是文明与野蛮的对决，我们缺的不是野蛮，而是文明，是素养。

话说有两个从德国移民美国的兄弟，1845年来到纽约谋生。这弟兄俩觉得生活很艰难，就商量怎么样能够活下去。作为外来的移民，哥哥原来还有一技之长，在德国的时候，他做泡菜做得很好。弟弟太年轻，什么都不会。哥哥说，我们外乡人在纽约这么一个都市，太难生存了。我去加利福尼亚吧，我可以种菜，继续做我的泡菜。弟弟想，反正我也没有手艺，索性一横心一跺脚，留在纽约，白天打工，晚上求学。他学的是地质学和冶金学。哥哥来到了加利福尼亚的一个乡间，这里有很廉价的土地，他就买下来种卷心菜，成熟后用来腌泡菜。哥哥很勤劳，每天种菜腌泡菜，养活了一家人。4年以后，弟弟大学毕业了，到加利福尼亚来看望哥哥。哥哥问弟弟："你现在手里都拥有什么呀？"弟弟说："我除了文凭，别的什么都没有。"哥哥说："你还是应该跟我扎扎实实地干活，我带你去看一看我的菜地吧。"在菜地里，弟弟蹲下来看了看菜，然后扒拉一下菜底下的土，在那儿看了很久，然后进屋去拿了一个脸盆，盛满了水，把土一捧一捧地放在里面漂洗。他发现脸盆底下，有一些金灿灿、亮闪闪的金属屑。然后，他非常惊讶地抬起头，看着他哥哥，长叹一声，说："哥哥，你知道吗，你是在一座金矿上种卷心菜！"

这就是教育的作用，有时候上帝给了你一座金矿，摆在你面前，你仍然会一贫如洗，而教育教会你怎么抓住一个机遇！怎样寻觅走向成功的路径。

教育有用还是无用，其实还要看教育的内容和教育的方法。如果单纯追求考试成绩，如果偏重知识灌输，如果一味讲解传授，教育真的会无用，也会很无聊。

近年来，当我们在用《弟子规》之类典籍向今天的青少年进行"启蒙"补课时，别的国家是怎么启蒙的呢？一位温哥华的朋友，把他5岁孩子上学前班的第一课发来，译成中文，是这样一篇小小课文：我很高兴我就是我／没有人看上去／和我一样／我注意到／这是真的／没有人像我这样说话／没有人像我这样走路／没有人像我这样玩乐／没有人像我这样叙述／我很特别／我就是我／我不想成为／其他任何人。这篇课文，真的很特别，因为它在教孩子做一个独立、有个性的人。不要以为，"独立之精神，自由之思想"只是大学要倡导的，其实，早在孩子丫丫学语的时候就应该无声地渗透。没有独立思想的人无异于一只容器。

（本文发表于《课程与教学》2016年第6期）

为生活而教

毕业班的孩子们

临近中考,课排得满满的。越是这样,我越是提醒学生,越要学会找乐子。这不,布置了周记:记录一件本周最开心的事情。想不到在书山题海中跋涉的初三学子,面对即将到来的焦头烂额的中考,竟有这样的洒脱与雅致,在时间的缝隙里书写着人生感悟、自我剖析和不灭的兴趣。

灿烂年华

周三的体育课,因为体育中考项目已过的缘故,难得没有练习项目,几个人坐在垫子上。

阿炀和我们一起,眉飞色舞地谈论书籍,偶尔换一个姿势,拯救已麻木的双腿。阿炀和潇潇每讲到激动处都情不自禁地尖叫,引得路过的小学生频频侧目。书婷说要枕着我腿睡觉,被我狠狠地拒绝了!嘿嘿,我怕痒。抬头时,透过香樟茂盛的枝丫,看见飞机留下的白色烟,就随口说:"看,飞机放的屁!"潇潇抬头看了一眼,撵走了三个小学生,说:"你文雅点,行不?!"好吧,这的确有点不文雅。我闭上眼睛躺在垫子上,继续听她三个人侃。再一睁眼,那串烟移了方向,竟与原来的那串近似垂直了!我一跚一跳地"逃"走,去看太阳,它依旧刺眼灿烂,如同我们此刻的年华。(虞鹭霞)

忙碌的校园里难得有这样的闲情逸致来感受生活的美妙和纯身体的放松,在中考一天天逼近的日子里,一节体育课,不,一节不太像课的体育课竟然让孩子们找到了一席空间，如此也就罢了，竟然能够把这简单的空间化为调侃、幽默和对话，甚至有人生感悟。写到这里我又想起了陈寅恪先生的那句话，"独立之精神，自由之思想"，振聋发聩。在应试的炮火下，留一席空地，任由祖国的接班人放飞言语，自由飞翔，这比许多知识和课堂更有意思！

寻求平衡

这一周是个悲喜交加的日子！

盼望已久的体育课终于来了（连续多日下雨）！我们踏着欢快的脚步，女生们肩并着肩，男生们抱着篮球，偶尔地拍打几下，走上了操场，一切学习压力化为乌有，有的只是一张张笑脸，一阵阵笑声，仿佛如童年的快乐。美好的时光总是转瞬即逝，下课铃声响了，又开始了奋斗。

周四的数学测试，我少了些慌张，多了份从容，致使我只扣了4分，居然超越了竞争对手，一种成就感、自豪感油然而生，顿时信心百倍。可好景不长，周五的英语测试给予我重重一击。我立即反思，中午的英语课作业有没有认真做？是不是复习还没到位？试卷是不是有许多不应该错的？翻开试卷，经分析，发现阅读错误太多，以后做阅读一定要仔细，注意总结方法，其中也有不该错的，这个周末要把单词过一遍，笔记过一遍，抓牢基础，争取在二模中考个好成绩。（夏之珏）

学生是多么向往能够放松并获得快乐的时光与机会。从行文来看，夏同学对学习很在乎并很努力。能够超越别人，并从中获得自信和成功是多么难得的机会。虽然我们极力反对不要把学生之间的关系搞得像政客一样，但必要的向上、超越的勇气还是应该鼓励和支持的，毕竟我们都还生活在竞争的环境中。

最难能可贵的是，珏同学能在成功与失利之间寻求平衡——英语的重重一击，让有一丝快感的瞬间变成了长时间的反思和行动。提心吊胆，如履薄冰，在如今的校园里成为学生毫无理由要面对的沉重心理应景。真的是难为孩子了！

欧冠决赛

本周抽空看了欧冠决赛，拜仁慕尼黑对阵切尔西，结局却出人意料，切尔西点球击败拜仁，蓝军不可阻挡，魔兽所向披靡，让人们再一次看到了奇迹。我希望我的中考也会像切尔西一样登上自己的巅峰，还有28天，我要努力改变自己，改正自己的不足和缺点，争取考一个好的高中！（王哲远）

男孩子的兴趣总是离不开足球、篮球、军事等，在"时间就是分数"的暴风雨中，有这样的机会与世界顶级赛事相约实属难得。"兴趣是最好的老师"，但还不够，还要再加上一条，"这个兴趣还要被别人许可、认可，至少不反对"，父母、老师，特别是自己。即使是看球赛，而且是自己的最爱，也要与学习挂上钩,学习的责任已在孩子们的心田里扎根,并牢不可摧！可喜,还是什么？

第四辑
ZUO HAO SHI
做好事

教师的突围与解救

看过影片《肖申克的救赎》的观众都知道，影片主人公安迪在极端困难的环境下，经过漫长准备和不懈努力，最终成功越狱，洗刷冤情。他能够成功越狱，靠的不是别人，而是自己的智慧和朝着目标不放弃的韧劲以及对希望的不灭之心。当下，许多教师有着诸多不如人意的地方，就像困境中的安迪，并且抱怨声声。如何实现突出重围，找到属于自己的自由之路，窃以为离不开教师对自我的救赎。

认识你自己。"认识你自己"据说是刻在德尔斐的阿波罗神庙的三句箴言之一，而且是其中最有名的一句。作为一个很有价值的哲学命题，我们对此却很少涉及并思量。也许，"吾日三省吾身"已成为一种奢侈，快节奏的生活让我们无暇顾及。而当我们不能很好地认识自己并进而完善自己的时候，往往就会心生抱怨，自己跟自己生气。"认识你自己"需要对"我是谁""我的价值何在""我能做些什么"等问题做出清晰回答。很多时候，我们已忘记了这些，结果就是整天感觉很忙碌，但不知道究竟做了些什么，更不知道为什么做这些。

每天不一样。有人说，三十年的教学生涯，就像教三年书，其后二十七年都是在重复着前三年的工作。教学成了一道简单的工序，每天都在重复着过去的教案。我们能够做些什么呢？不妨让我们的课堂富有创意点吧！哪怕每节课有那么一点点就已足矣。当我们尝试倒逼自己每天都上出不一样的课时，才有可能感受到因改变而带来的幸福与不同。

阅读改变生活。教师的发展离不开阅读，没有阅读就没有发展，没有阅读也不可能有真正意义上的创新。阅读的价值在哪里？在于促进教师发展，在于丰盈课堂，在于使教学生活充满思想。用加拿大作家阿尔维托·曼古埃尔在《阅读史》开篇所引用的话来讲，"阅读是为了活着"。富有哲学意蕴的阅读价值解读让我们领会到阅读对于人的精神生存和生长的意义。英年早逝的程浩在《站在两个世界的边缘》一书中毫不留情地写道，"读书反而倒更加暴露我们本身的无知。世界是庞大的，你所掌握的那点儿自以为是的知识，仅仅是沧海一粟而已，甚至对整个世界而言，它根本不配称为知识，那不过就是一点儿必不可少的生活常识。说到底，每个人都是一只坐井观天的蛙，仅此而已。"知道得越多，越感觉到知识的贫乏；知识越多，越能独立思考，越发感觉到自己需要改变。也正印证了那句话——"学然后知不足，教然后知困"。在阅读不被看好的现实环境下，不妨来重温这样几句话吧——"与书相伴的每一分钟，都是对人生最好的奖赏。""阅读，是要让真正的阳光住在心里。""在书中，不仅有眼前，更有诗和远方。""在书中，可以和优秀的人物为伴，思想共舞。""要过日子也要放飞灵魂，读书，与后者有关。""阅读，让内心强大，勇敢面对抉择与挑战。"这些与书有关的话语足以让我们爱上阅读。读点书，让我们的灵魂跟上身体。

　　做实在的研究。世界上没有两个完全相同的孩子，教育面对的是个性十足的儿童，而且教育每天都是新的，每天都会遇到新的问题，需要我们直面解决。你会遇到因父母不在身边而缺乏亲情之爱的留守儿童，你会面对完全不按你的想法出牌的天才，你会接触到你不曾想到过会真实发生的突发事件，你更会遇到作业不做、态度不好、与你唱反调的正常儿童，你会遇到……关注教育教学中的细节并研究之，为孩子做点实实在在的事情，让被束缚的你我感受到教与学的快乐。

　　诗意地组织教学。道德与法治课贵在体验，纸上得来终觉浅，只有真实的体验才会有内在精神品质的形成与升华，德育才有可能。德育如果只剩下教室里每天上演的说教，终将寿终正寝。"莫春者，春服既成，冠者五六人，童子六七人，浴乎沂，风乎舞雩，咏而归。"教育当如此。即使不能如此潇洒，在力所能及的范围内也能让教育教学富有诗意。学习了法律，不妨到法院、检察院看看；学习了环境问题，不妨组织调查小组，走出校园，看看环境问题的根在哪里；学习了服务社会、亲近社会、奉献社会，是不是可以组织学生走进社区、走进特殊学校、走上街头做一回志愿者……

写到这里，想起了这样一段话：在我年轻的时候，我曾梦想改变这个世界，可当我成熟以后，我发现，我不能够改变这个世界；于是，我将目光缩短一些，那就只改变我的国家吧，可当我到了暮年的时候，我发现我根本没有能力改变我的国家；于是，我最后的愿望，仅仅是改变我的家庭，可是这也是不可能的。当我躺在床上行将就木的时候，我突然意识到，如果当初我仅仅是从改变自己开始，也许我就能改变我的家庭；在家人的帮助和鼓励下，也许我就能为我的国家做一点事情；然后，谁知道呢，说不定我能改变这个世界。是的，改变世界的源头是改变自己，当我们在感喟命运多舛时，不妨从自己开始。减少教师的痛，只能靠教师的自我救赎，除此之外，别无他法。

（本文发表于《中小学德育》2014年第10期）

教师发展的现实困境与可能

"跳出课堂看课堂，让我们离课堂远一点，再远一点，我们就能把课堂看得更加清楚与明白；跳出课堂看课堂，让我们消除对课堂已经充溢的感性，培育更多的理性，或许这样才能把课堂从感性的海洋里拯救出来。"周彬博士在《叩问课堂》（华东师范大学出版社）一书中如是说。课堂的重要性已毋庸置疑。课堂的重要性直接要求教师要有能力把握好自己的课堂教学，使自己的课堂真实有效。如此，教师需要学会对自己的课堂进行反思与提炼，这里又涉及教师自己的能力问题，也即教师的发展问题。

一、阻碍教师发展的现实外在诱惑

当前，互联网的发展一方面方便了我们的学习和生活，另一方面我们也看到，互联网的发展使得我们大部分甚至所有的闲暇时间都耗在上面，用于看书学习和思考的时间大大减少，甚至于看书的时间全部被网络所占据了。网上购物、网上聊天、网络游戏、网络电视电影、微博等等，无一不在吸引着我们的眼球。往往会有这样的感觉，一个晚上"趴"在电脑上，东点点，西翻翻，静下心来，仔细想想什么也没学到，时间白白地浪费掉。于是下定决心，明天不能这样，可是明天又怎样呢？还是如此。陷入了"明日复明日，明日何其多"的窘境而不能自拔。也许有人会说，这是娱乐。其实这是一种误区。这种娱乐不仅伤害了自己的健康（比如眼睛健康），更多的是碎片化的收获。

长此以往，作为教师的我们，可持续发展就很难有保证。我们的视野不再开阔而变得狭窄。这种状况的现实存在，无疑给教师的发展布下了取决于教师自身的有形而又无形的"渔网"。对捕鱼的人来说，渔网是工具；对于鱼来说，"渔网"无疑是死亡之物。我们是捕鱼的人？还是水中的鱼？

当整个国家的经济在迅猛发展时，我们对待财富，直白点，对待金钱的热衷度越发猛烈。这其实无可厚非。问题在于我们不应该把自己所从事的事业财富化。如果我们只把自己的教育教学当成是谋生的手段，把学生当成是获取"资本"的媒介时，那也将会走入歧路，教师的发展也就变成了教师的"资本"发展，这样与教师的职责就会相去甚远，甚至于背道而驰。

二、教师发展的现实可能性因素

教师发展的现实可能性在于外在的驱动力和内在的需求。

外在的驱动力表现为校方在促进教师发展方面的作为。作为一所想真正发展的学校必须考虑这样一个现实而迫切的问题，即教师的发展问题。没有教师的持续发展，学校的发展就是一句空话。为此，学校需要在教师中间加大这方面的宣传力度，并从本校教师的实际构成和素质实际出发，为每位教师进行专业发展目标设计。专业发展目标设计就像我国五年规划一样，一个阶段一个阶段地发展，一个阶段一个目标，循序渐进，持续发展。这一点已迫在眉睫。

外在的驱动力还表现为家长对教师的期望。当教育越发变得重要时，家长乃至整个社会对教师的素质和要求也变得越发强烈。曾经以为只要能把教材中的知识传递给学生就足矣的想法已经被新课改所否定。就像彭德怀在评价抗美援朝时讲过的那样，"西方侵略者几百年来只要在东方的一个海岸上架起几尊大炮就可以霸占一个国家的时代，是一去不复返了。"没有广博的知识、没有博大的胸怀、没有不断学习的意识和行动、没有自我发展的规划，迟早将被教育的现实所遗弃。

教师发展的现实可能性决定权在于教师自己。我们很难想象一个不注重自己发展的教师今后的状况。即使想"游走"到法定年龄无所作为地退休，也是不足取的。在整个社会把教育神圣化的大背景下，教师自身不寻求发展等于是断了自己的后路，"自取灭亡"。

三、教师发展的现实可能性路径

1.敢于超越。有些教师到了一定的年龄后,失去激情,淡化使命感,进入"高原期"而不能自拔,安于现状,故步自封,逐渐形成了"职业倦怠"。因此,在大力提倡终身学习的今天,我们首先得唤起自己敢于超越的自信心。因为"在每一个教师身上,都有一种创造性地对待自己工作的思想火花,让它熊熊燃烧起来,于是,就能造就出一位对教学做出不少独特的贡献,工作上充满灵感并且取得优异成绩的优秀教师",每一位教师在教育生涯中都要敢于实现自我超越。

2.善于学习。教师学习的路径很多。可以向书本学习,可以向同行学习,可以向专家学习,可以向学生学习,可以向社会学习,可以向生活学习。但更为重要的是要"在实践中学习,在学习中实践"。要结合教育教学中的实际问题开展有效学习,促进教师教育教学实践能力的提高。这样将学习与教育教学有机地结合在一起,能形成一种良性循环,更好地促进教师发展。

3.精于合作。杨振宁指出,如果说过去还有可能一个人独立完成诺贝尔奖项工作的话,那么,进入20世纪80年代以来,尤其是进入信息社会以来,没有人们的共同参与、相互合作,任何重大发明创造都是不可能的。这里所讲的合作,一方面要求教师与同行合作,另一方面要求教师与学生合作。与同行合作主要发生在研究教学设计时,与学生合作主要发生在课堂教学中。特别要指出的是,教师作为学生学习的合作者,就要放下架子,当课堂出现一些无法预见的、从未经历过的教学现象时,特别是被学生"问倒"时,教师应以平静的心态面对,与学生共同学习、相互探讨,在与学生共同体验创造性学习的同时,实现自身素质的提高。

教师从教之日,也正是重新学习之时。正如马卡连柯所说的那样,"教育者的技巧,并不是一门什么需要天才的艺术,但它是一门需要学习才能掌握的专业"。在教育教学之余,我们起码安排一些时间用于自己的专业发展,用于自己素养的提升,用于对教育教学的反思与提炼,用于对未来的构想与憧憬。唯有如此,我们才能打造学生喜欢的课堂,起码在学生的记忆里留下美好且值得回味的回忆。

(本文发表于《课程与教学》2009年第6期)

不能让阅读缺位

——读程浩《站在两个世界的边缘》

看完《站在两个世界的边缘》，总想写点什么，聊以慰藉久久不能平静的心灵。

本书作者，年仅二十岁的程浩，在其短暂的人生中，用撼动人心的文字对周遭世界和世事进行了深度剖析。

"生命之残酷，在于其短暂；生命之可贵，亦在于其短暂。"书的封面上，一排小字清晰可见。通读全书，才真切感受到这是作者对自己生命的真实写照和预言，也是他对生命发出的极富哲理的喟叹。

在短暂的生命历程中，他从来没有下地走过路。他收到的病危通知书足有十厘米厚。心脏衰竭、肾结石、肾积水、胆囊炎、肺炎、支气管炎、肺部感染等病症伴随着他。他在书中写道："不幸与幸运一样，都需要有人去承担。""命运嘛，休论公道！"命运多舛，他坦然面对，这是什么样的力量支撑着他呢？

他在书中写道："我想说，真正牛逼的，不是那些可以随口拿来夸耀的事迹，而是那些在困境中依然保持微笑的凡人。"面对困境，他没有丝毫自怜。不断往下读，才发现，他是通过阅读、写作来"让生命的每一秒都有意义"的。没有机会接受正规的学校教育，只是在母亲的帮助下认识了一些字，而后他就不停地读和写。"虽然我不知道自己为什么要读书，但是，我觉得这是认真生活的表达方式。"他在书中如是说。把读书当成是自己的一种生活方式，就像每天要刷牙洗脸。通过阅读，他知道的越来越多。"你知道的越多，你就会觉得自己像这个世界的孤儿。"为此，他对自己、对周遭的世界做出下意识的审视和批判，而人类的进步不正是人们不断审视和批判的结果吗？

当我们在齐呼民族阅读量低而束手无策的状态下，对于逝者的话，我们是不是应该思考一下活着的理由，抑或是不是应该讨论一下我们的阅读问题。

为何而读？加拿大作家阿尔维托·曼古埃尔在《阅读史》一书的开篇引用法国作家福楼拜这样一句话："阅读是为了活着"。这句话一针见血点出了阅读的价值。反观当下，阅读与我们相隔虽然没有十万八千里，但阅读肯定不是我们多数人的生活方式。自媒体时代的不期而遇让书本阅读成为一种奢侈，在一些人那里已成为过去式。看着身边的高楼大厦，看着GDP的快速崛起，我们却高兴不起来，因为物质的丰富却不能同时带来精神的富足。

假期，想找个地儿看看书，自然想到了图书馆。图书馆里多数都是高中生，鲜有其他阅读者，在这里停留的少数成年人是接送小孩参加辅导班的爷爷奶奶。高中生在图书馆里忙的不是看书，而是做着没完没了的试卷。看着他们焦虑的表情，我就在想，我们的孩子在如此的环境下，硬是被试卷绑架了。如果他们没有大量试卷的束缚，在书的海洋里，他们会获得什么呢？

不必说别人了，不妨扪心自问一下：我有阅读的习惯吗？一年读几本书？是否有读书计划？是否可以让生命的每一秒都有意义？

一个没有上过一天学、曾被医生断言活不过五岁的少年，通过阅读改变了自己，改变了对世界的看法和对生命的态度。作为一个教育人，我想，阅读对于孩子们而言，对于成年人而言，怎么强调都不过分。

读书吧，虽然这不能让我们富有，但至少可以让我们的心灵找到归属；虽然暂时不能改变世界，但起码可以让自己丰富起来；虽然这是一个艰难的选择，但总比碌碌无为要好得多。

阅读，不能缺位！

（本文发表于《中学政治教学参考》2015年第1—2期）

为生活而教

雷夫：教育人的观照对象

知道雷夫·艾斯奎斯这个名字是在2010年，读他的书也是在2010年，比知道他名字的时间稍晚些，因为学校暑假里开展读书活动，我选择了他的《第56号教室的奇迹——让孩子变成爱学习的天使》一书。由于雷夫创下了辉煌的战绩，北京、成都和常州等地都留下了雷夫的足迹和他的激情演讲。各类媒体，包括知道他和读过他的书的人，对他献身教育、为孩子快乐成长做出的不可思议的创造性教育教学活动大加赞赏，溢美之词不胜枚举。我很佩服他，也很感谢他，给我们带来了不一样的教育教学创意，但我最看重的，是从他的传奇故事中得到了什么，我们毕竟不是雷夫，也不生活在同一国度。

面对雷夫，不同的人会有不同的解读和观照，但总会有交集。

雷夫的成功是雷夫自己创造性地做出来的。雷夫深知家在孩子们心目中的地位。"第56号教室为孩子们打造了一座躲避暴风雨的天堂。""雷夫老师用信任取代恐惧，做孩子可以信赖的依靠，讲求纪律、公平，并且成为孩子的榜样。"雷夫带领孩子品味经典名著，在旅游中学习历史，培养他们的公民意识，让他们通过亲自动手实践去接触自然科学，让每个孩子成为艺术爱好者，并在体育活动中让学生明白合作以及团队价值……虽然雷夫很谦逊地说："我这个老师没有特别突出的创造力……"然而没有创造与实干，就没有雷夫。

雷夫的成功是对信念的突破。他的教育历程并不是一帆风顺的，经历着绝大多数教师一样的痛苦。"像所有'真正的'老师一样，我经常失败。我睡眠不足。我在凌晨时分躺在床上睡不着，为一个我无力教育的孩子而感到极度痛苦。当一个老师，真的会很痛苦的。"雷夫的话是不是和你当下的生活一模一样，抑或比他的情况要稍好一些，抑或比他要糟糕，没关系，教师就是这样。然而，雷夫的过人之处就在于他没有止步于痛苦，他对教育有着独到而准确的理解，正如他本人所言："要达到真正的卓越是要做出牺牲的，需要从错误中汲取教训的同时付出巨大的努力。毕竟，教育没有捷径。"观照自己的实际，从教十多年，一届一届的学生，一点一点地进步，深切感受到教育的艰辛和复杂，但又必须冲破个体感受，改变对待教育的姿态和行走方式。这就是坚定信念，犹如虔诚的教徒们，可以没有面包，没有水，没有阳光，甚至没有空气，但不能没有信仰，不能没有信念。

　　雷夫的成功是不屈服于体制的自我救赎。时下，对教育体制的批判不绝于耳，认为教育的"病根"在于体制，把一切问题都归结于体制。与此同时，对自己没有一点改变。比如，我们都深知阅读对孩子成长的重要性，但一直都以学校文化课抓得紧、没时间阅读为由避而不谈。"我不建议年轻教师和既有势力抗衡。"雷夫说。原来，雷夫也面临着体制问题！"你对阅读文学的努力推广，只会招致更多行政官员不断到教室对你表示'关心'，让你备受干扰。与其浪费精力去打赢不了的仗，不如顺势而为，按照学校的计划走，避免任何一方蒙受损失。"——困境困扰着自己科学而有意义的规划。"只需要在一天当中找到阅读杰作的空当，例如在午餐时间或放学后进行读书会。"——方法总比困难多。雷夫教给我们方法，更教会了我们如何智慧地冲破体制的束缚。我们无法改变体制，但我们可以改变自己。"新教育实验"发起人朱永新教授一针见血地指出："教育的问题再多，教育管得再死，但是作为一个老师，关起教室的门你就是国王；作为一名校长，关起学校的大门你就是国王。不管是教师还是校长，在自己的国度里多少还是能做事情的。"我们要做的就是冲破精神倦怠，仰望星空，追寻属于自己的梦，不管世态如何，我们仍然要风雨兼程。若如此，你我都可以像雷夫一样出彩！

　　这些年，我们在不断地学习各种教育教学范式和先进人物。学习雷夫，重要的是唤醒教育人的职业自觉。教育人需要认准目标，在自己的"王国"里像农夫一样辛勤耕耘，任尔东西南北风，我自岿然不动。这才是我们要做的，也是我们能够做的。

（本文发表于《中学政治教学参考》2014年第5期）

为生活而教

不要因为走得太远而忘记为什么出发

——读《不要因为走得太远而忘记为什么出发》随想

敲下上述文字的时候,有一种无以名状的感觉,就像头顶上那层很难散去的雾霾。

"不要因为走得太远而忘记为什么出发",这是北大教授徐泓编著的纪念陈虻的同名书名,我把书名变成这篇小文的题目,算是倚靠名人。

喜欢这本书,是因为这本书的名字;能把这本书阅读到底,是因为这本书中蕴含的思想。正如崔永元在序中所说的那样,"一个从不停止思想的媒体人是值得尊重的"。小崔还说,"陈虻的说法和想法并不一定都对,可是有几个人在边做边想?"特别是独立地想,独立地行。当思想者不断思想,以至停不下来时,那么"思想者和同事的差距就显得很大,通常都不是在一个层面上思考问题,鸡同鸭讲成了常态。"小崔的话很"毒",但很在理,至少,我是这么认为的。

作为一名教育工作者,自然会把所看到的与教育联系起来,更会站在教育之外更远处解读当下教育。

"一定要问自己为什么要拍这部片子,并对你的答案反复审视。"陈虻说道。我也时常问自己:教育是为了什么?当我们每天面对教育,面对学校生活的时候,是否有过如此朴素的思考,还是一如既往地按部就班地一心扑在备课、上课、批作业、讲作业、考试等如此往复的教学轨道上？当我们一如既往按部就班地一心扑在备课、上课、批作业、讲作业、考试等如此往复的教学轨道上时，有没有曾经停下来驻足思考过这些环节存在的必要性，或者这些环节是否有变化的必要？一些司空见惯的教育教学行为中，哪些是违背人性的，哪些是可有可无的，哪些是完全可以剔除的。为此，我们是否可以做一些减法，而不是无休止地给教育施加无谓的不堪承受之重的加法。

如果给"教育是为了什么"一个令人满意的答案的话，"为了人"应该是一个终极的回答。"教育——这首先是人学"，这是苏联教育家苏霍姆林斯基的一句至理名言。教育就是为了孩子们成为真正意义上的人。除此之外，再没有其他答案了。围绕"人"开展一切教育教学活动才是真教育，才符合教育教学规律。如果不以"人"为本，不管是谁，不管提出怎么光鲜的口号都是镜中月、水中花。而且这里的"人"是指个性化的独特的人。众所周知，世界上没有两片相同的树叶，当然也不存在两个相同的人。既然如此，尊重每个孩子的个性和选择当是教育的应有之义。

每个清晨，我们目接孩子们进入校园，胸前戴着校牌。这校牌就陪伴着学生一整天，上课戴着，下课戴着，吃饭戴着，上厕所也戴着。学生时常在课堂上站起来回答问题时，不小心把带子给扯断。我一直不明白，让学生佩戴校牌除了所谓的让学生始终处在监视之下，它还有怎样的教育功能。真的有坏人想混进校门，凭校牌就能够阻挡？当我们这样追问的时候，居然发现，校牌不戴也无妨，反而方便了学生，更是对学生的尊重，毕竟我们是在为学生提供成长的沃土，而不应该成为抑制学生健康成长的钳子。

陈虻说："关注中国现实生活中所出现的种种问题，这可以说是中国纪录片的生命和基础。"对于教育，是不是可以套用这句话，"关注学生生活中所出现的种种问题，这可以说是中国教育的生命和基础。"教育的问题很多，作为教育者，有责任也有义务关注学生的生存状态。身体素质的下降，肥胖人数增加，近视低龄化，睡眠严重不足，厌学等问题都成了教育的"新常态"，有增无减。对此，整个社会变得束手无策，更多的是消极应付，"不求有功但求无过"。某地原来从高中招收飞行员，近年来转移到了初中。想必是高中学生的身体素质不能满足飞行员选拔的标准，只好重心下移。发现了问题只是在形式上寻求思路，而不是从根本上解决问题。其实，初中生与高中生相比又有多大优势呢？埋头于题海、考试中的学生谈何有良好的身体素质。学生整天面对的不是平均分，就是及格率、优秀率，至于个人的兴趣爱好早就被挤压扁平。

  写到这里，钱学森之问又在我的脑海里徘徊。我倒有一个梦想：上午是文化课的学习，下午是各种选修课、社团活动，包括各种体育活动。喜欢唱歌的就放声歌唱，足球爱好者就驰骋在绿茵场上，篮球迷就打篮球，喜欢阅读的同学尽管徜徉书海里。实验室里，图书馆里，操场上，教室里，走廊上，学生做着自己感兴趣的事情，这才是因材施教，这才是尊重个性化选择，这才是一切为了学生，为了学生一切，为了一切学生，这才是"目中有人"的教育。这样的场景学生会不喜欢吗？学生还会厌学吗？二十年之后，三十年之后，想不得"诺贝尔奖"都不可能。在这种状态下，我们也就不需要一会儿要求京剧进校园，一会儿国学进校园，一会儿又是什么进校园。空喊口号不如来一点行动，口号喊了多年，学生的负担却有增无减，厌学情绪丝毫没有减弱，反而变得更加沉重；生命在一点一点地耗去，我们却无动于衷；有时胆子大一点，步子大一点，只要是遵循教育规律，符合儿童发展规律的事情，我们为什么瞻前顾后，迟迟不肯下狠心迈出那关键的一步？

  我们为什么而出发，这真是个问题。

（本文发表于《常州教育》2015年第2期）

教育当细致而微

——读佐藤学《教师的挑战》

眼下，教育改革风生水起。纵观人类发展史，改革基本上有两种路径。一是自上而下，一是自下而上。目前，国家层面的教育改革正在徐徐推进，力图扭转当下教育发展的困境。但个人认为，教育改革更需要学校内部的变革，从课堂开始。近来，看了日本教育学者佐藤学教授写的《教师的挑战：宁静的课堂革命》一书后，发现他的研究正是基于学校内部的课堂实景，并且研究得细致而微，针针见血。以此观照我国当下的教育及教育改革，颇有感触。

"可以毫不夸张地说，除了包括日本在内的东亚国家和地区之外，那种以黑板和讲台为中心、众多儿童整齐划一地排坐的课堂，以学科为中心、让儿童习得教师所传递的知识、技能，然后借助考试来加以评价的教学方式已经进入历史博物馆了。"佐藤学所描述的不正是我国当前教育真实写照吗？在欧美诸多国家的课堂里，"儿童以有探究价值的题目和课题为中心，借助大量的资料和多彩的活动追求着高品质的学习。"教师只不过是"课堂学习的设计师或是儿童学习的促进者"。我知道"言必称希腊"是不好的，但当读到这些振聋发聩的话语时，心中像海啸一样翻滚着，内心无数话语无以言表。现在大多数的课堂是这样的："众多儿童整齐划一地排坐"在封闭的教室里，"聆听"着几乎对今后发展没有用处只能暂时应付考试的知识点和考试技能。

为生活而教

如果看看每天在教室里发生了什么，我们就不难发现当下教育改革是多么的迫在眉睫。

佐藤学的特别之处，在于他是一个十足的"彻头彻尾"的实践者和教育爱好者。他的教室之旅持续至今，一刻也没有停止过。他走访过全世界2000多所学校，听课超过10000节，他是真研究。正是他的真研究，他才会说出"必须直面教师和儿童，具体了解他们的苦闷、协助学校每天的教育活动的开展。如果不能从这点出发，无论怎样的改革论断和政策都不可能取得任何成果"等掷地有声的话。我们的确提出了素质教育，并有文件，但落地了吗？"这些大谈学校改革和制定政策的人们是否去过一次学校、是否曾经仔细观察过课堂并从教师的工作和儿童的活动中学习过。"实践是检验真理的唯一标准。没有调查就没有发言权。我们很多政策没有效果的症结就在于没有到学校中去，没有深入了解学生，没有按照教育规律办事。比如某个部门下发了不准许在学校里抽烟的规定，一纸文件下发了，由于没有跟进措施，就没有了下文，看看现在的校园里，是不是没有了抽烟现象？教育无小事。教育管理部门和教师如果不能关心教室里每天发生的小事并研究之，学校"将会从内部瓦解"。

在佐藤学看来，教师要学会倾听、信任并尊重学生，这是教育教学的起点。他在书中通过一个个真实的课堂实录，向读者展示了教师是如何倾听儿童的，是如何信赖并尊重儿童的。正是因为师生之间、学生之间的相互倾听、信赖和尊重，才使课堂像珍珠一样"串联"起来，课堂才有了韵味，学生才享受当下的学习。"如果不能实现当下的学习、不能感受当下生活的快乐，那么将来的学习也不会幸福。"说得多好！我们常常以"为了孩子的未来"或是"为了儿童的发展"来规定学习，其结果是，学生越来越讨厌学习，越来越讨厌学校。当我们发现"学生一听说哪天不要上学就欢呼不已"的时候，是不是需要思考"教育要向哪里去"？享受学习的每时每刻，而不是为了未来的幸福而丢弃当下的快乐。我们常以追求未来的美好为名而毫不留情地掐断孩子们当下的幸福，这让人痛心不已。

在课堂教学中，要"以'不懂'的儿童为中心"，需要"教师对每一个学生的尊严有深切体验和共鸣，首要的是教师要有对每一个学生成长的期待与意志"。实际上，在课堂这个物理空间里，所谓"不懂"的儿童多数情况下不是真的不懂，而是他们不确定自己的想法是对的，此时不妨让学生进行

"多样的思考相互交流，充分共同探讨"，进而让"不懂"的学生跨越障碍，实现课堂教学的律动。

请允许我摘录本书中几句话："教师要像采撷珠宝一样珍视每一个儿童的发言。""教师的活动追求的核心是倾听。""对儿童的发展来讲，儿童的学习与交流比教案更加重要。""对每位儿童进行耐心细致的回应。""我们试想一下考试的排名曾经伤害了多少儿童的尊严和信任。""正是由于儿童是脆弱的，所以才充满了成长的可能性，他们是值得尊重的。"……佐藤学通过一个个课堂现场为我们如何尊重儿童提供了参照和样式。是的，只有尊重儿童才会有儿童的发展，也才有可能促进儿童的发展。

佐藤学教授所记录的课堂是有趣的。是的，一切有趣的事情都可能发生在课堂里，课堂是一切都有可能发生的场域，是师生精神成长的主阵地。由此不难理解，不研究课堂教学就没有教师的发展，就没有学校的发展，也不可能有学生的成长。"把基于教学观摩的课例研究会（校内研修）作为学校运营的中心。"而且这种研究是长期的，不可能一蹴而就。"学校改革至少是需要以十年为单位精雕细琢地实施的'永远的革命'，它不是局部的改革，而必须是整体的结构性改革。"早就有人说过，教育是慢的艺术，教育是农业，要遵循季节的发展而春耕秋收。学校里任何一项研究都不要指望在短期内就获得所谓的巨大成功，这不仅不可能，也是自欺欺人，甚至是可笑的。十年树木，百年树人，十年磨一剑，教育需要的是小火慢炖，急不得。

人生为一件大事而来，但必须从小事做起，细致而微，教育之事概莫如此，教育工作者当铭记。

（本文发表于《常州教育》2014年第3期）

为生活而教

做自己的英雄

——读《在与众不同的教室里》

"事实上,地球上的每间教室都是英雄的诞生之地,因为,正如哲人康德所说,教育是世间最难的事。"李茂在《在与众不同的教室里》的前言中不无感叹地写道:"教室里有什么样的教师,就有什么样的教育。有什么样的教育,就有什么样的国民。在杰出教师的身上,我们既能看到一个国家的传统,也能看到一个国家的未来。"作为教师,我们何尝不想自己成为"杰出教师",成为英雄?读罢《在与众不同的教室里》,留下个人无尽的憧憬和疯狂的幻想。人类的未来难道不是在憧憬与幻想中前行的吗?

"我从来不会年复一年地重复劳动。"作为1988年美国"国家年度教师"的菲利普·比格勒总是尝试新的东西。虽然教育有其内在的规律,但是,没有创新,固守老旧的教法和教育思想,是怎么也激发不了学生学习热情的。尤其是在这个信息时代。当人工智能(阿尔法狗)轻而易举地4:1击败人类顶级高手的时候,如果我们的教育还在整日以刷题、传授固定的知识和僵化的模式一成不变地应付的时候,我们不知道与世界落后了多远,可能不是甩掉几条街的问题了,而是甩掉几十条街了。

当我们从事教育教学一定时间后,或多或少都会产生职业倦怠。其实,产生职业倦怠的一个重要原因就是感觉到教育变成了重复劳动。课堂因为没有了创新，所以会感到索然无味。可以想见，每天如此般"涛声依旧"，不产生厌恶感都是一件困难的事。窃以为，要让教师职业有趣，摆脱陈旧感，需要对自己不断提出新的要求，让每一学期的内容都上出新鲜感来，常上常新，让每节课都有趣。"每一天我走进教室，我就在想我能学到什么。""我是教师——学习者，而不是知识的传递者。"是啊！教室里，每天都会有故事发生。每当走进教室的时候，我们可以发现，那些坐在下面的孩子是多么的可爱，是多么的与众不同，与孩子们相处难道不是前世修来的福分。如果孩子们在你的影响下学有所成，有所收获，起码变成一个合格的公民，难道不是对社会的一大贡献吗？

保持课堂的不重复，需要我们读书不辍。"我努力做到每天晚上读书一小时，以此拓宽我的知识基础，让自己成为一个更好的老师。"比格勒如是说道。苏格拉底说："我只知道我一无所知。"克里希那穆提也有类似的观点："禁锢于自己的想法、判断及价值观念的心，是无法鲜活起来的。"孔子也有言："吾有知乎哉？无知也。"把自己作为一个无知的人，你就会不断要求自己，也才能做到不"年复一年地重复劳动"。

另一个引起我兴趣的是1997年美国"国家年度教师"德雷珀的观点。"记住，你教的不是一门学科，而是一群年轻人。"多么精辟！我们往往把自己囿于学科范围之内，不敢越雷池一步，传授着干瘪的知识，常常令学生望而却步，除了完成必要的作业，再无兴趣。在德雷珀看来，课堂一定要有趣！"如果你上的课让你自己都感到枯燥，我敢说它也会让你的学生感到枯燥。"这与比格勒的观点有点相似。

我们总是把课上得很有"内涵"，往往忽视孩子的内在感受。课堂首先要有趣，然后才能谈得上有内涵。当学生都不感兴趣的时候，任凭你的内涵有多深，意义有多大，孩子都不会买你的账，更谈不上消化了。有人说，每节课要让学生笑三次。对啊！每节课笑五次又何妨呢？好多课堂搞得严肃的很，学生正襟危坐，大气不敢出一口，处于这样拘谨状态下的学生，他们会把更多的精力放在如何才能使自己处于安全状态下，哪里还有心事听教师讲授的内容。所以，营造一个安全自由舒适的课堂环境是教师需要认真思考的一件事。

学生有什么需要，教师要学会研究。他们希望你成为他们的朋友，所以你要学会倾听他们的声音；他们也想走进你的生活，了解你的所思所想，所以你要学会与他们分享你对生活的感悟；他们是成长中的孩子，他们需要你

为生活而教

的鼓励和表扬,所以你不要吝啬自己的真诚夸奖。当我们把自己置于更加广阔的时空的时候,你会感觉到与一群群年轻人在一起是一件无比快乐的事情。

我们成为不了他人的英雄,就做自己的英雄;成为了自己的英雄,你也就成为了他人的英雄。

(本文发表于《常州教育》2016年第2期)

坚守爱心教育

——读李镇西《爱心与教育》

多次在生活中体会到人们对理想坚守的事例,感动得让人落泪;多次在自然界里感受到动物那种爱的本能体现,感动得让人不可思议。近日读了著名特级教师李镇西的素质教育探索手记《爱心与教育》,感动得让我不禁潸然泪下。那一桩桩自然而又朴素的师生故事,让人感慨万千!

作为班主任的李镇西老师对教育有一份执着,有一种情怀,有一颗"痴心",这份执着叫坚守,这份情怀叫坚守,这颗"痴心"仍然叫坚守。

他坚守用爱心和童心与学生相处。给学生送生日礼物,为学生举行生日晚会,三年或六年,年年如此。那是发自肺腑的没有半点功利味道的爱心付出。给予了家庭困难学生真情、无私的帮助,受助学生竟然舍不得花掉那5元钱,而是珍藏起来作为纪念。这是何等的师生情谊见证。为了把爱心沁入学生的心田,他用"读"的方式传递着"爱的教育"。

他坚守与后进生打交道。后进生在被家长老师批评、同学嘲笑的环境中能坚持下来是何等的执着!当忽视了对后进生的教育时,我们的教育将变得多么虚伪。为后进生营造民主、科学与个性的发展环境,让他们体会到学校教育的快乐与幸福,让他们过上与其他学生平等的生活,让他们赢得尊严,这对后进生来说是何等重要,又是何等弥足珍贵。

他坚守与"优秀学生"共同成长。对待优秀学生，不溺爱，不纵容，既有刚性的管理策略，又有柔情似水的儿女情长，根据不同学生的个性，为他们"私人订制"教育策略，或是"唆使"竞争班长，或是"鼓动"策划别样的班级活动，或是用集体的力量让优秀学生实现自我超越，不断战胜自我。从某种意义上说，"优秀学生"的教育难于"后进生"的转化。李镇西老师不仅把这个教育难题给破解了，而且做到了极致。他用自己的教育智慧锻造着学生的卓越人格，实现优秀学生的全面发展。

他坚守对学生进行青春期教育。"老师讲的不是我们想的，我们想的，恰恰没人回答！"学生发自肺腑的声音，让教育者惭愧不已。当广大教育工作者包括家长正苦于无法疏导青春期学生心理问题的时候，李老师却用自己的心灵唤醒着学生的心灵，打开了学生心底的一捆捆心结。或是开设专题讲座，或是进行个别谈话，或是与学生保持书信交流，或是向学生推荐有益读物，等等。他从学生中存在着的问题出发，回答了学生所想，打开并走进了学生的心灵。他用自己的爱心、细心，呵护着学生心灵的幼芽，让这些幼芽在肥沃的土壤里茁壮成长。

他坚守对教育现象的不断思考。这种思考，使我们对教育有了新的审视和探索。一向只关心分数的应试教育把"人"放在分数之后，把"人"作为一种获得某种利益的工具，不断扼杀学生的个性发展和素质的全面提高，尤其是忽视教学生如何学会做人，进而使一些处于极度恐惧、忧郁、自卑中的学生的价值观、人生观以及世界观发生了扭曲，产生了不良后果（譬如逃学、自杀等）。李老师用自己的亲身经历给德育工作者提供了对德育工作的反思，很有借鉴意义。"育人为先"应成为我们教育特别是德育的一条铁律。

他坚守和素昧平生的远方学生进行着长期的通信。这需要何等的气魄和意志力。一张纸，一支笔，一个信封，一张邮票，连接着两头。他用自己的学识、经历和学生的故事激励着来自远方的学生朋友。爱自己的学生是职责，爱远方素不相识的学生则是一种壮举，这种爱是博爱，是孟子所描述的理想社会中的"老吾老以及人之老，幼吾幼以及人之幼"的高尚境界。读着，读着，想哭，但又哭不出来，是伤心，还是忧虑，我自己也说不清楚，但越是说不清楚，越感觉作为教育者的责任重大。就像鲁迅的《呐喊》一样，我们要对教育者呐喊：爱我们的学生吧！因为只有爱学生，我们才会问心无愧，才能心安，才能欣慰，才能算是合格的教育者。

他坚守"让人们因我的存在而感到幸福"。让学生牢记这句话，并在班级生活中践行。他在书中写道："让人们因我的存在而感到幸福！"做一个好孩子，让家长幸福；做一个好学生，让老师幸福；做一个好伙伴，让同学幸福；做一个好少年，让社会幸福；做一个好教师，让学生幸福；做一个好校长，让师生幸福；做一个好公民，让祖国幸福！这不仅是一种幸福观，还是一种教育观，更是一种无比开阔的人生情怀。

　　爱不需要虚情假意，爱需要真心投入；爱不分贵贱，爱需要坚守的情怀；爱不需要回报，它是一种幸福的方式；爱是对非爱的反思，需要真爱；爱更是对心灵的唤醒与呵护。

　　教育者请牢记：让爱心与教育一路同行，不管遇到怎样的暴风疾雨，都要坚守这种情怀。因为，没有爱就没有教育。

（本文发表于《课程与教学》2015 年第 5 期）

阅读之思

读书、思考、写作当是教育者的不二选择。读书不仅能够学习新知识，开阔视野，更能够让被浮躁纠缠的心灵沉静下来；在阅读中观照自己，使自己不走歪路，以免误人子弟；写作是对读书思考的再反思，是对自己行为的深度剖析，以更为精准的视角指导自己的教育行为。

喜欢读点书，从中也悟出些许物质上所不能企及的精神慰藉。

读张丽钧老师的《做老师真好》，能感受到文字的美丽和魅力以及汉字的意蕴。作者从自己每天的周遭中发现师生的情谊，课堂教学的精彩，以及对美好生活的赞叹，当然也不乏对一些问题和现象毫不留情的批判。她的文章"始于教育又不止于教育，充满了对生命的关怀，直击人性，启迪心智"。是啊，教育如果离开对生命的关怀和呵护，那不是南辕北辙吗？读罢《做老师真好》，心中涌动着一股暖流，做一个善于思考的老师也是挺美的差事，起码能够让自己每天都有新的故事，每天都有收获，收获幸福，幸福每一天。

读孙明霞老师的《孙明霞的创意作业》，让人忍俊不禁。作业也能设计得与众不同，风生水起，别具一格。或是学生日记体的笔记，或是让学生参与家庭劳动，或是参加项目调查写调查报告，或是发挥学生特长，通过漫画记录学习内容……兴趣是最好的老师，孙老师把这句话与自己的教学实际恰到好处地对接。学生有了内在需求和兴趣，做起来就特别带劲，也倍感轻松。我有足够的理由相信，学生喜欢做的理由还有一个，恐怕就是这些作业比较"好玩"。摆脱了题海，注入了"好玩"因子，贴合了儿童的天性。由此推而广之，教育者当思考的是，怎样让教育中的常规变得让学生觉得"好玩"而愿意投入？我想，投学生所好也是教育应有之义。

读郑也夫教授的《吾国教育病理》，窥见了当下教育的困境与突围的可能路径。身处教育体系中的所有教育者都在痛斥教育的种种不是，都在摇旗呐喊，但说得多，行动的少。熊培云在《这个社会会好吗》一书中这样写道："普通人能做什么？就算你做不了华盛顿，你还可以做马丁·路德·金；做不了马丁·路德·金，你还可以做罗莎·帕克斯，你还可以做一个为他们鼓掌的人。"其实，我们仅有批评的激情还远远不够，社会的发展需要每个人都能搭把手。教育的改变亦然。

读万玮老师的《向美国学教育》，我们会发现异国他乡有许多值得学习的地方。对外开放已经多年了，对外来文化我们以取其精华去其糟粕的态度面对。教育规律是相通的，有些成功的路径完全可以借鉴。邓小平说："不管黑猫白猫，能捉到老鼠就是好猫。"在全球化趋势无法阻挡也无须阻挡的态势下，对于具有普世价值的做法和观念，不要问姓什么，都可以采取"拿来主义"，为我所用。古有"中学为体，西学为用""读万卷书，行万里路"，今有"世界那么大，我想去看看"，不要被传统所羁绊。毕竟，传统也需要与时代相适应，并在实践中不断创新，否则就会被时代所抛弃。

读迈克尔·阿伯拉肖夫的《这是你的船》，让人耳目一新。我们时常需要跳出教育思考教育。"这是你的船，一定要让它成为最好的！"当我们把教育当成是我的"船"的时候，就会全力以赴，不辞辛劳，事情可能会做得比现在完美。教育者每天都要面对几十个甚至上百个学生，如何让学生喜欢你的课堂，如何管理好你的班级，都是我们时常思考的问题。如果我们能够让学生深刻认识到"这是你的班级""这是你的课堂""这是你的学校"等核心问题的时候，我们的教育在很大程度上就是"走心"的教育。如果我们每位教师能够认识到学校是"我的船"，教书育人是"我的船"，那么，我们的教育要比现在要好得多，我们自己也会快乐很多。

读河合隼雄的《孩子的宇宙》，给予了我们了解儿童世界的窗口。儿童立场就是教育的立场，教育要顺应儿童立场才符合教育应有的规律。过多的试题，重复的抄写，控制式的课堂，成人化的教学设计，枯燥的课堂讲解都是脱离学生实际的无用功。教育必须思考孩子的世界。没有儿童在场的教育是伪教育，甚至是破坏儿童健康成长的绊脚石。儿童世界需要我们花大力气去了解和研究。唯有如此，才有可能真正走近儿童，也才有可能为儿童的成长提供服务和帮助。

读卡罗尔·西蒙·温斯坦的《中学课堂管理》，惊叹于作者对课堂管理研究的细致与严谨，这是实实在在的真研究。透过作者的文字，我们可以看到作者是如何深入到教学一线的，每一个管理策略的诞生都是基于对课堂的悉心观察和思考。读这样的书，时常会鞭策自己对自身的教学行为进行剖析，进而会深深察觉到我们日常进行的所谓研究是多么的肤浅，多么的可笑，甚至多么的"可耻"。潜下心来，抓住一个问题不断深入思考、实践，再思考、实践，如此反复，我们对问题的研究就会有真正意义上的突破。

（本文发表于《课程与教学》2016年第4期）

寻教育之梦

——观《寻梦环游记》有感

在我看来，梦工厂、迪士尼、皮克斯动画片一直是比较有趣的。由此而来，近些年，只要有机会，对于梦工厂、迪士尼、皮克斯出品的动画片，我基本上都能够走进影院，一睹真容。观看这些影片带给自己的不仅仅是一次次精神之旅，而且也接受精神的洗礼，荡涤着现实世界的不足，也让自己保持那份童心，更保持对世界的好奇以及对影片所传递的正能量和具有普世价值内容的汲取。近来口碑不错的《寻梦环游记》即是如此，给予了笔者诸多思考。

该片带给笔者最大的冲击是其亲情的演绎。世界上最重要的情感非亲情莫属。影片围绕着家庭的亲情展开叙事，但情节充满着起伏跌宕。显然，叙事当中如果没有了逆转，故事就会显得呆板，也会失去吸引力。影片开始所展示出来的家庭前辈照片中那个没有"头"的曾曾爷爷，是一个抛妻弃女的负心汉，起码给观者的第一印象即是如此，导演也是这样设计的。随着故事不断推进，主人公小男孩米格因为喜欢音乐而被家人百般阻挠，他在困惑无助中却又智慧地跑到墓地，准备借一下过世的歌神德拉库斯曾经使用过的吉他一用，不巧穿越到了另一个神秘世界，按照中国的说法是"阴间"，见到了他家里一些过世的长辈们。在这个神秘的世界里，他通过千辛万苦找到了歌神德拉库斯，即他的"曾曾爷爷"。但是，戏剧性一幕出现了，米格之前在神秘世界首先遇到的没有亲人供奉其照片的也很有音乐才华的男子埃克托把自己和歌神在真人世界里的真相说了出来。此时的歌神德拉库斯非常愤怒，真相被揭露，歌神德拉库斯原来用毒酒毒死了合作伙伴，也就是那个没有人供奉其照片的男子埃克托。他在外闯荡期间非常想念妻女，于是准备回家，但被他的合作伙伴德拉库斯用毒酒毒死。德拉库斯拿到了埃克托的音乐作品，从而一举成名。影片中文版主题曲《请记住我》就是埃克托离家之前专门写给女儿的。"请记住我，虽然再见必须说；请记住我，眼泪不要坠落，我虽然要离你远去，你住在我心底，在每个分离的夜里，为你唱一首歌；请记住我，虽然我要去远方；请记住我，当听见吉他的悲伤，这就是我跟你在一起，唯一的凭据，直到我再次拥抱你；请记住我，你闭上眼睛音乐就会响起，不停的爱，爱就永不会流逝，你闭上眼睛音乐就会响起，要不停的爱……"当他回忆自己离开家站在女儿面前弹唱这首歌的时候，给予观者的是父亲对女儿的不舍和爱，但为了追求自己的音乐梦想，又不得不离开妻儿。这一刻，令观者无比动容。那该是一种多么痛苦的离别啊！还好，影片在后来还原了他的思念亲人之痛苦，他还是毅然决然地准备回家，因为"没有什么比家人更重要的了"。

静静地看着，静静地思考着，世间的事事，唯有家人是难以割舍的，那份亲情是任何东西都无法替代的。如果把场景拉回到教育现场，我们不妨思考，教育中最重要的东西是什么呢？没有什么比让孩子健康成长更重要的了，也许是一个不错的应答。可是我们能够为孩子们的健康成长做点什么，特别是为每一个具体的孩子做点什么？这才是你我，作为教育工作者要用心思考的问题。有人说，高负荷应试教育的模式不变，一切真正育人的尝试，不说空谈，也皆难事。诚哉斯言。是啊，除了应试，我们能够为孩子的健康成长做点什么呢？

梦工厂也好，迪士尼也罢，甚或皮克斯，他们从来都不缺乏创新，或者说，没有创新就没有他们。无论是画面的设计，还是细节的呈现；无论是情节的设置，还是语言的表达；无论是人物造型，还是背景音乐，等等，都给人以美的享受。加上影片所要传达的意图，使得该片获得了很高评价。这是一个创新的时代，每个行业都在不断创新。教育亦然。课堂教学如果没有创新的元素，将很难激发学生的兴趣。一节课哪怕有一个细节的创新，也是不错的实践，有小创新才会有大进步；起码，教育者要有创新的意识，并把这种创新意识传递给学生，没有创新就没有出路，就没有未来。不要羡慕人家动画做得好，要看到人家动画为什么做得好。

另一个不得不说的方面是，影片围绕着米格的追求——追求音乐梦想而徐徐推进。从开始家人的坚决反对到最后的释然和坚决支持，一路走来，米格收获了亲情，也收获了自己的梦想。这个收获是米格坚持不懈的结果，也是他不抛弃不放弃的结果，更是他关心帮助他人并获得他人帮助的艰难追求的结果。坚持并"莫失良机"，最终实现了自己的音乐梦。想想现在的孩子们，还有多少有自己的梦，又有多少在为自己的梦而坚持并"莫失良机"。教育面对的是一个个鲜活而个性迥然的孩子，每个孩子在最初都会有自己的梦，但随着在学校时间的增加，梦想越来越成为梦想。当教育能基于孩子的个性特长而适应孩子而教的时候，教育才能发挥其应有的功效。当然，家庭教育亦然。家长要有定性，尽量不被应试裹挟，遵循孩子的兴趣爱好。

影片的全球视野和开放的胸怀也给笔者留下了深刻印象。影片的开始是小男孩米格的叙述，画面呈现的是剪纸，这对于中国观众来说是非常熟悉的。可能是迪士尼公司为了吸引中国观众的一种商业需求，但他们能够不拒优秀文化，采取兼收并蓄的姿态融入中国传统文化并宣传中国传统文化，实属可贵。不管是商业上的需求还是迪士尼公司的文化追求，起码我们感受到了影片非常贴近中国人的生活和传统。不过，后来发现，不是中国的剪纸，而是墨西哥剪纸。墨西哥剪纸是亡灵节的装饰之一，其最大的主题便是骷髅；而中国的剪纸多用在结婚、过年等喜庆的事上，图案也多为吉祥之物。如果不太注意的话，可能不会发现这个"秘密"。当然，中国传统文化博大精深，历史悠久，源远流长，内涵丰富，给予了我们丰厚的文化滋养。在教育教学中，我们要有意识地渗透传统文化，用优秀传统文化滋养下一代，增强民族文化认同感。与此同时，不要忘记告诉孩子们，世界很大，优秀文化很多，要拥有博大的胸怀，学会尊重各种文化，学习和吸收世界其他民族的优秀文化成果。不妄自菲薄，也不故步自封。

在中国人看来，善有善报、恶有恶报。在世人看来也是如此。坏蛋最终都没有好下场。德拉库斯为了成名，用毒酒毒死了埃克托，而埃克托原以为是吃了有问题的辣香肠，后来真相被揭穿。德拉库斯是在一次演唱会上被掉下来的大钟砸死的,这可能是一种报应。德拉库斯为了维护自己的名声,在神秘世界的一次演唱会现场做出了出格的事情——把米格推下类似深渊的地方,想置米格和埃克托于死地,他的行为被现场直播,全场观众一片哗然,进而失去了粉丝的青睐,并被粉丝们唾弃。在神秘世界里,他最后被会飞的怪物叼走,被甩了下去,正巧又被大钟给砸了并被罩在钟的下面,算是他的最终下场。毋庸置疑,影片想告诉观众:做人要做善人,而不能作恶。教育要立德树人,首要的是要向孩子们传递"善"——善待自己,善待他人,善待大自然中的一切。

教育人在寻梦。希望有一天我们的教育来一个大逆转,来一个峰回路转,让亲情、创新、包容、尊重、开放、自由、善良等成为教育实践。

（本文发表于《常州教育》2018年第1期）

教育应该向电影学点什么

——《火星救援》观后

很喜欢看电影,特别是好莱坞大片,当然也包括美剧。喜欢的原因有很多,但最吸引我的是其中关注人性的部分。因为人性是人类永恒的价值追求,当然也是教育人应该始终追求的。近来观看美国电影《火星救援》,很想跟大家分享一下观后感。

在影片的开头,就已经可以看到最后的结果了,但我还是很认真地看到结束。从道德与法治学科教学的角度来看,教科书中关于个人与集体的内容,如果可能的话,只要把学生带到电影院,把这部电影看一遍,就可以实现课堂教学中的"三维目标"了。也就是说,学生只要看完这部电影,就可以知道应该如何处理好个人与集体的关系。主角马克的成功被救,除了NASA(美国国家航空航天局)不抛弃不放弃的努力外,马克个人的能力起到了决定作用。通过影片我们可以看出马克不只是一位伟大的植物学家,也是一位伟大的宇航员,还是一位伟大的化学家、物理学家,堪称全能科学家,而且他的语言也很幽默。作为教育者,我思考的是,我们现在从小学就开始分科教学,是否是最佳的选择?我们已感受到了分科教学带来的知识的割裂,其最大的弊端就是束缚了人的思维力和创造力,特别是遇到困难时,难以用系统思维进行全面思考,这是当下教育要思考的问题之一。

为生活而教

拯救马克的过程不是单兵作战,而是团队合作的胜利。在营救过程中,一位貌似"不咋地"的科学家非同寻常的想法让人刮目相看。的确,在团队合作中不要轻视任何一个人的力量,哪怕这个人的想法如何的"不可能"。在初中思政课程中,有一部分教学内容是关于合作的。教学中,我们一直在强调合作的重要性,但是往往忽视个人潜力的重要性,特别是对本来认为不重要的那个人的忽视。合作中,自己认为不重要的那个人的观点也是不可忽视的。从另外一个角度来看,对于教育者而言,本片启发我们在日常教学中要关注"后进生"。之所以称之为"后进生",就狭义的角度来看,主要是学科成绩的落后,当然这种称呼是一种不得已而为之的事情。其实,在教育领域就不应该用"后进生"这个称呼。因为在实际意义上,每个人都有不同的潜在的能力,"天才指挥家"舟舟恐怕就是一个很好的例证。当某一位学生在学科成绩上成为班级最后一名的时候,为师者要把他作为一个人才来培养,因为他可能在某一方面有特殊的才能,尽管暂时不那么明显。如果我们能像对待学习成绩优秀者一样对待"后进生",我们的教育才是真正的公平教育,教育也才有希望。

每一次观看美国电影和美剧,都很惊叹其中的想象力,《火星救援》也不例外。整个影片是未来人类与外星球接触的一次想象之旅。在学校教育中,从课堂到校园,从教师到学生,我们还有多少想象力?当学生从进校门的那一刻,他们对学校有一个怎样的想象?当他们进入校园生活一段时间之后,他们起初的想象还有多少影子?课堂也好,校园也罢,该给学生留下想象的空间。

还有一个不得不说的现象,影片中的演员都是俊男美女,帅哥靓妹。从观众需求的角度来看,这是商业电影的必然追求。就教育而言,我们面对的是未成年人。他们对教师虽然没有外貌上的硬性要求(当然即使有也不可能得到满足),但是帅哥美女教师更受学生欢迎当是不容置疑的。为此,为师者"为人师表",除了传统意义上需要有良好的人品学问外,注重外表也应该成为教师需要面对的现实。学生喜欢干净整洁利落的外在形象,曾有学生对我的发型提出过合理的建议,当然该学生的发型也是颇具特色的,看起来精神十足,为此我也尽量注意自己的形象。

(本文发表于《常州教育》2016年第1期)

第四辑　做好事

成为改变的力量

很久之前就认识老凌这个人了。但他不认识我。不过这并不影响我阅读他写的文章和书。他的观点总是比较犀利。但在犀利的观点之后，他会随之提出建设性的建议。

《你也可以成为改变的力量》是由凌宗伟老师针对教育话题撰写的系列文章汇集而成的一本书。很喜欢书的名字——你也可以成为改变的力量，尤其喜欢陈佳琪老师在本书"序一 在'本分与责任'之外"所说的一段话："'你也可以成为改变的力量'，我们每个人都似乎应该有那么一段离开麻将、广场舞、手机、电脑的时间，慢慢来，想想面对貌似不可改变的教育生态，我们能干什么。想什么，自然是自己的事，而凌老师，只不过告诉了我们他所想到的一些事而已。"是的，本书之中，只是凌老师表达了他对教育现象的一些看法而已，而且这些教育现象也是我们每天、每月、每年都在经历的看起来稀松平常的事情，往往是见怪不怪了。同时也是一些呼吁了多年但仍然没有多大改观的事情。不过，即使从宏观层面来看没有多大改观，但并不意味着在微观层面我们教育人就无能为力，无可作为。事实上，我们每个教育者都应该成为改变的力量，而且也能成为改变的力量。因为有些事情我们教师可以静悄悄地去做。

"一个优秀的教师，绝不单单只是一位学科教学专家，还应当帮助学生寻找自身存在的意义，感知生活的苦乐，让'精神贫困'的学生，尽早走上'脱贫致富'的道路。"一个优秀的教师当然应该是一位学科教学专家，成为一位极具"匠心"的教者。但更要成为一个发现者、精神力量的引导者，学生成长路上的激励者，让学生体悟到生活中的苦与乐。在学生中间，总会有跟不上学习节拍的，但这并不影响他日后成为他自己想要的样子。为师者在教育教学过程中，要有一颗宽容之心，要有一颗爱心，要有一种让学生成为他自己可能成为他自己模样的勇气。想让所有学生都达到教师心目中的样子，不仅不可能，也是不现实的。你的学生中既可能有百度李彦宏这样的"学霸"，当然也会有无人机行业第一位亿万富翁、大疆掌门人汪滔这样的曾经"学渣"。社会发展需要每一行。哪一行都不可或缺，甚至于你的学生中在未来还会创造出新的行业。虽然"干一行行一行，一行行行行行"是一种美好的愿望，但干一行行一行还是真实存在的。

每一届学生中，总会有表现与众不同的学生，这是无法改变的事实。为师者能做的、要做的，就是基于每一个学生的实际，给予他们合理的期望，在力所能及的范围内给予有效的帮助，推他们一把，而不是用统一的标准，让每一个学生都成为教师心目中的"成功者"。因为对于每一个人来说，成功的定义也不一样。而且，与其说让学生成为成功者，倒不如说帮助他们成为一个幸福的人。每一届学生中，有的升入了高中，有的进入了职业学校，这是一种正常的教育结果。各美其美，美美与共。

在当下，人们呼吁教育要回归常识，那教育常识到底是什么？如果罗列的话，应该有很多。事实上，教育常识无非就是"使人成为人，帮助一个个个体形成健全的人格"。蒋梦麟先生认为，教育要培养的是"活泼泼的，能改良社会的，能生产的个人"。是啊，教育如果不能为学生当下的生活、未来的生活提供帮助的话，那他们为什么要进入学校接受教育呢？杜威有言，教育即生长。通过受教育，学生长成自己应该有的样子——成为各行各业爱岗敬业的劳动者和建设者，这不是一件很美妙的事情吗！这也应该是教育应有的责任。

"与其埋怨体制，或是哀叹现实，不如每个人都从反思身边教育做起，从每一天可以把握的改善做起。"教育就像每个人一样，不可能十全十美，总会有这样那样的问题。但我们可以做些微观层面的改变。可以让自己的课堂更具趣味性，更能吸引学生；设计出少而精的作业，减轻学生的作业负担；少一些对学生的埋怨，多一些个性化的辅导，多一些与学生面对面的深度交流，了解他们的家庭情况、了解他们内心的感受，了解他们对你所教学科的感受，如此等等。

学校教育除了升学，还有更为重要的价值，诚如美国学者埃利奥特·艾斯纳所说的那样，"对于学校应当变成什么样子的问题，我们需要有一个清晰和人道的观念，因为我们的学校将成为什么样子和我们的文化以及我们的孩子将变成什么样子息息相关。"诚哉斯言！学校是什么样子，教师是什么样子，将极大影响着身处其中的学生当下和未来的样子。到底成为什么样子，当然是美好的样子，在这其中，你我都可以贡献一份力量。

立德树人，可以这样做

我们常说，教育的根本任务是立德树人，但我们却常常难以回答"如何立德树人"，因为我们总觉得这个命题太宏大、太高深。

看了罗恩·克拉克的《优秀是教出来的：创造教育奇迹的55个细节》一书，对这个问题的理解有了更深入的思考和体会。如果用一句话来概括的话，是否可以说：立德树人在某种意义上是培养学生的优良品格。

问题是，为师者如何培养学生的优良品格？

在这本书中，作者所描述的管理班级的55个细节，我们都不陌生，甚至可以说都是我们一直在强调的常识。如说话先要讲礼貌、眼神沟通很重要、真诚祝贺获胜者、相互支持创奇迹、满招损谦受益、主动询问表示关心，等等。是不是很平常。还记得一个故事中说的那位诺贝尔奖获得者的话吗？"您在哪所学校学到了最重要的东西？""在幼儿园，我学到了不是自己的东西不要拿、做错事要道歉、仔细观察大自然，从根本上说，这是一生学到的最重要的东西。"太阳底下没有新鲜事。

冯恩洪在本书的"中文版序言"中不无感慨地说，"反思我们的教育，发现我们常常是注重整体而忽视细节。""从细节入手提高人的质量，这是克拉克先生给我们的宝贵启示。"如，克拉克在书中谈到学生上厕所时要注意的清洁问题。他说，"我反复对孩子们强调，学校的管理人员维护环境卫生十分辛苦，我们只要顺手做一点小事，就可以帮助他们。第一件事是确保不要把纸落到厕所的地板上,这点几乎做不到,因为十几岁的男孩总认为他们是迈克尔·乔丹,所以没有命中篮筐的纸在垃圾桶周围堆了一堆。"我之所以不厌其烦地引用这么多的文字,是因为,我发现全世界的男孩都一样,你的班级里的男孩是不是也如此。作者在书中为我们提供了解决问题的诸多策略。事实上,我们在做班主任的时候,也会引导学生,尤其是男生,教导他们如何上厕所。你看,教会学生上厕所,够细节的吧,但只有在这些细节的润泽下,学生才会逐步培养起优良的品质。

就我个人的经验来看,我们在平时教育教学中也在不断地践行着立德树人的理念,但还不够系统,不够持之以恒,或者说细节意识、落地意识还不够。一时的激情会有的,但往往在事务繁杂之时,将之束之高阁。

此外,还有一个非常重要的方面是,我们往往对教育的价值缺乏真正深入的思考:我们到底要教给学生什么?从显性角度来看,是传授各种知识。不可否认,既有的知识是人发展不可缺少的。但教育的价值不仅在此,它还有一个隐性功能,而且这个功能的价值可能大于显性功能,即"让学生在学习过程中形成自己的个人品格和心智模式,在充满挑战和困难的学习中,塑造个人迎难而上的品格和拥抱困难不逃避的心智模式",以及拥有绅士、贵族风范的交往礼仪。当然,这里的绅士、贵族风范不限于绅士和贵族,而是指作为人应该具有的文明交往礼仪。传授知识是需要智慧的,而且这个过程也是培养学生品格的过程。比如,在学习过程中遇到难题怎么办,如何及时完成作业,课堂上如何保持专注,如何倾听,如何与同伴相处,如何与老师家长相处,如此等等。为师者要明确,学生离开课堂后他们会面临什么问题,他们为此需要做哪些准备,教师能够为这些准备做些什么。

"只影响到一个孩子就认为自己成功的想法是远远不够的。我有一个想法,那就是我要在一年的时间里,让我们班上每一个孩子的生活都有好转,我要把能给他们的都给他们。"在本书中,克拉克说他们班有30多个学生。人数也不少啊!我有一个平凡的想法,帮助所教的每一个学生实现他能实现的目标。通过每个学生的不懈努力和家长老师的帮助,让每个学生在他们力所能及的范围内实现自己的人生阶段性目标,是一件多么美好的事情!教师通过自己的力量帮助学生实现自己理想的过程,不也是在培养学生为了理想而不断超越自己的意志力吗?这个过程能让学生深刻感受到每个人都需要关照他人，每个人都不是孤立的，每个人也都需要他人的帮助。

书中多处写到克拉克先生创造让学生难忘的时刻、让学生体验那种特别的情感。如给学生分发自己亲自下厨做的夹心饼干（很佩服他的这项技能），通过筹措资金带学生参加白宫见面会等。有一次，克拉克先生获得一个年度奖项，他想带着学生去，但缺乏必要的资金。于是，他通过各种途径筹集。之后，他把学生和家长都召集到一起开会，他说可以带三个学生一起前往，然后抓阄，看看谁幸运。在他把手伸进放阄的鱼缸里搅动纸条时，突然停了下来，说道："你们知道吗，其实我没有必要在这儿抓阄，因为——孩子们，我们已经筹到了足够的钱，下个月我们全体都去洛杉矶！"可爱不可爱，惊喜不惊喜，好玩不好玩，学生当然大声欢呼了！如果你是他的学生，想必也会高兴得手舞足蹈！

宏大的理论表达在某种情况下是需要的，但更为重要的是要把认为重要的宏观理论转化为可操作的做法，不能仅有飘在空中的美丽彩虹。为师者需要有一颗虔诚的职业态度，热爱教育，热爱学生，通过不断学习，不断转变观念，不断创新，不断创造惊喜，不断把立德树人的论文写在你的学科里，写在每一间教室里，写在每一位学生的心坎上。

立德树人，你我都可以，而且都能做得非常棒！

给七年级教师的建议

七年级是初中阶段的起始年级,也是从小学生转变成初中生的开始阶段。这个阶段与小学相比,有诸多不同,如学习科目变多,学习内容逐步增多,难度逐渐增大,接触到了新的老师和同学,校园环境也不一样,等等。这些不同或多或少会给学生带来一些困惑。作为七年级教师,需要认真思考这些问题,做好起始阶段的教育教学工作。

一、认真研究教材,注重激发学生学习的兴趣

对于"兴趣是最好的老师"的道理,我们并不陌生,但我们常常却忘记这个朴素而又深刻的道理。虽然我们暂时还摆脱不了考试,但不能一开始就那么应试地教学,而且在核心素养背景下,如果还是抱着以往知识教学的老路子,也很难让学生获得很好的考试分数。

面对新的学生,课堂教学需要在激发学生学习兴趣方面下功夫。为此,需要教师认真研究教材。在开始教学之前,要通读全册教材,整体上解读,找准教学的方向和着力点,设计与学生生活紧密联系的学习活动,激发学生学习的动机和兴趣。一旦学生感兴趣了,后面的教学将会变得顺畅。

在教学过程中,要尊重教育规律,结合心理学、脑科学等科学知识开展教学活动。比如,课在上到25-30分钟时,不妨"打个岔",如和学生谈谈最近的热点新闻或引导学生关注地方趣事。心理学证明,青少年的持续注意力一般保持在 30 分钟左右，因而要想保持学生的专注度，有必要在适当的时间点"打个岔"，再把学生的注意力拉回来。张弛有度，提高学生听课效果。

在开始的一到两周，甚至一个月内，教学难度要相对容易一些，教学容量要相对少一些，让学生慢慢适应你的课堂节奏，要有一个缓冲阶段。不能一下子用力过猛，让学生适应不了。一旦学生感觉到学习吃力，时间长了，就会产生厌学。这当然是我们不愿意看到的。当学生适应之后，再逐步增加难度和课堂容量，慢慢走上正轨。小火慢炖，一步一步来。

此外，一个不容忽视的事实是，七年级的老师多数是从九年级（毕业班）返回来的，会自觉不自觉地用对待九年级学生的标准要求七年级学生。这往往会让新生适应不了，而且也会给教师带来"这届学生不行"的错觉和思维定式，产生不良情绪，进而影响到对学生的正确定位和教学的把握。教学中，要避免不顾学生实际眼高手低的情况出现。

二、师生共研规范，培养学生良好的学科学习习惯

实践证明，七年级学生各种习惯养成得好，到八九年级时学习成绩一般不会差。而且，良好的习惯有利于班级形成浓厚的学习氛围，增强班级凝聚力。反之，如果七年级，尤其是第一学期的开始阶段，任课教师没有帮助和引导学生形成良好的学习习惯和相应的规范要求，到了后面，特别是到了八九年级就会出现比较严重的两极分化现象。

没有规矩，不成方圆。学校有校规，班级有班规。对于班主任而言，期初会带领学生认真学习校规，在一定时期内会基于校规制定班规。对于任课老师来说，因为有校规和班规，通常情况下，学生在课堂上有违反纪律的情况，更多的时候会把违纪学生交给班主任处理。这往往在无形中增加了班主任的工作量和工作难度。因为该学生是在学科课堂上发生违纪的，具体现场任课老师最了解，班主任不是太清楚，处理起来也会带来麻烦。虽然任课老师会把具体情况告知班主任，但毕竟和亲历还是有区别的。此外，当任课教师总是让班主任处理学生违纪行为时，说明该教师课堂管理存在问题，同时也在向学生证明自己育人能力的缺失，在某种程度上也会让学生对你的能力表示怀疑。当然，也不是什么样的学生违纪行为都不能让班主任处理，如果遇到比较重大的违纪情况，又必须告知班主任。

事实上，对于任何一门学科的课堂教学而言，都要有自己的学科课堂规范。这个规范可以是基于学科教学的经验而由教师制定并经过学生表决通过的，或是由教师和学生共同讨论通过的。不管是哪一种，在实际操作中，规范不要超过十条。规范一旦通过，就必须严格执行。规范面前人人平等，一视同仁。规范既能保证课堂教学的有序性，又能保障教学的稳定性；既规范学生的课堂行为，又能保障学生顺利学习，提高学习效率。

在学科课堂规范内容中，需要明确告诉学生，你的学科学习要求有哪些。如书写、字迹等要求，可以展示以往优秀学生的作业。对新生提出自己的高期许，求上则居中，求中则居下，并在后期的教学中持之以恒地坚持高标准。不符合标准的重新书写，重新完成。哪怕教学进度慢一些也不要紧。这时的慢实际上也是快。因为学生在学习过程中，一旦养成了好的学科学习习惯，就会如鱼得水。

三、师生共同探讨，让学生深刻认识到学习的价值

总体而言，小学生的学校生活是比较宽松的，对学习价值的认识还不够清晰与准确。对刚进入初中的七年级学生而言也是如此。为什么要进入学校学习？学习对于学生来说有怎样的价值？怎样才能提高学习质量？等等，这些问题需要与学生一起探讨。正确学习观的确立是学生持续投入到学习生活中的内在驱动力和最本质的源泉。可以说，没有正确的学习观，就难有后续对学习的激情和热情，在学习上也很难有大的进步。为此，任课老师要结合自己的学科特点，与学生一起探讨该学科的价值，学习该学科的价值，学习的价值，如何学好该学科等；班主任围绕"为什么要学习"主题让学生查阅资料，进行访谈，在课堂上组织学生讨论，形成文字资料，分发给每个学生阅读、内化。各学科教师齐心协力，发挥各学科的育人价值，从而实现各学科的相互融通，形成合力，引导学生树立正确的学习观。

当然，在正确学习观的确立过程中，可以建议家长也参与进来。如让学生了解父母长辈的工作情况，了解学习对于父母长辈工作的价值所在。通过身边的实例，让学生从感性上理解体悟学习的价值，树立终身学习的观念；同时也增强学生的责任感和使命感，体会父母长辈的付出和努力。

在帮助学生树立正确学习观的过程中，教师可以结合自身向学生阐述在

工作中仍然需要不断学习、不断提升的事实，如结合教师自身的持续阅读经历、每学期参加各种培训、参加职称考试、参与评选优秀教师、参加基本功优秀课比赛等事例，发挥教师的示范榜样作用和激励作用，最好的教育莫过于感染和润物细无声的影响。

四、家校形成合力，在手机管理上达成一致

网络成为信息化社会不可或缺的重要组成部分，而手机更是交流和获取信息的重要渠道。不可否认，手机的使用给生活带来了诸多便捷。但也不可否认，诸多"问题学生"（包括厌学、逃学、抑郁等）的产生大多数跟手机有关，或间接有关。据笔者接触过的"问题学生"来看，无一不跟手机有关（当然背后的深层原因可能还包括家庭教育的缺失等因素）。

就班主任工作来说，需要在起始阶段有计划地开展关于手机使用情况的调查，组织"手机使用利弊"讨论，召开家长会，让学生和家长认识到手机使用的利害关系，规范手机使用。当下，不要说未成年人，就是成年人，也被手机"绑架"。我们不妨看看每天有多少时间花在手机上，就可以看出手机对每个人的影响力。未成年人使用手机更多的是玩游戏、聊天（有的借此相互传作业答案），当然也会利用手机查作业的答案。在某种程度上，未成年人使用手机的弊端多。在对待手机这件事情上，家校要达成一致意见，形成共管合力。如果在这一点上不能达成共识，会给后期的班级管理增添诸多麻烦，也会让家庭教育不堪重负，最终受到伤害的还是学生、家庭。班主任和任课老师要通过具体而鲜活的事例明确告知家长学生不当使用手机的危害。为此，建议家长不要给学生买手机，尽可能不要让学生拥有、使用手机，即使使用了也要有一个规则，比如使用时间、用途等。班主任老师还有必要告知家长和学生一个重要文件，即教育部办公厅印发的《关于加强中小学生手机管理工作的通知》，让学生和家长认真学习，尤其要明确，原则上不得将个人手机带入校园。

在后期的班级管理中，发现有因为使用手机而带来问题的学生，班主任要第一时间与家长取得联系，及早发现，及时沟通，及早拿出解决方案，把问题扼杀在前期。一旦学生沉迷其中，轻则学习成绩下降，重则导致学生隔断与他人交往，沉浸在自己的世界里，产生抑郁，后果不堪设想。学校教育

不是万能的,从某种意义上来说,面对来自家庭教育缺失的学生,学校教育也是无能为力的。这不是学校不尽责,推卸责任,而是学校的确无法纠正因为家庭教育缺失带给学生的不可逆转的伤害。家校是教育学生的共同体,但不能有一方缺位。

当然,学生工作是艰难的,也是繁琐的,上面只是列举了几个关键点,还有诸多工作需要教师在实践中不断推进和提升,比如作业的优化、班级活动的设计,等等。